义乌丛书编纂委员会 编

义乌名士文化

范昀 陈圣荣 著

義烏叢書

义乌区域文化丛编

上海人民出版社

义乌丛书编辑部

总 序

自秦王政始置乌伤县，义乌迄今已有两千两百多年历史。古老的义乌大地，山川秀美、物华天宝，文教昌盛、地灵人杰。勤劳智慧的义乌人世世代代在此耕耘劳作，繁衍生息，改造山河，创造了灿烂的历史文化。

由于独特的地理环境及历史原因，在义乌大地上产生了独特的地方文化。她既是江南文化的组成部分，又具有自身鲜明的特征。

"勤耕好学，刚正勇为，诚信包容"是义乌精神；"崇文，尚武，善贾"是义乌民俗；义乌的民风则是"博纳兼容，义利并重"。义乌精神及民风、民俗遂成为源远流长的中华民族文化之泓泓一脉，成了中国历史上不可或缺的一页。千百年来，义乌始终在传承着文明，演绎着辉煌，从而使义乌这座小城艳光四射，魅力无限。

自古以来，特别是唐代之后，义乌学风渐盛，至有"小邹鲁"之称。自宋以来，县学、社学、书院及私塾等讲学机构多有设立，而"莅兹土者，莫不以学校为先务"。故士生其间，勤奋好学，蔚成风气，学有成就，烨烨多名人。并且，辐射出巨大的文化能量，不仅本地名儒代有，在浩浩学海与宦海中大展宏图，而且还活动过、寄寓过数不胜数的全国各地的文化名人，从文人学者到书家画师，从能工巧匠到杏林名家，其生动活泼的文化创造与传播，绵延不绝的文化承续与传递，从来没有湮灭或消沉过。在博大精深的中华文化领域里独树一杆颇具特色的义乌文化之帜，在优雅千载的儒风中诞生了许多屹立于中华民族之林的英杰。也正是文化底蕴的深厚与文化内涵的博大，造就了令人神往的义乌，使其作为中华文化渊薮的鲜明形象而历久弥新。

历史，拒绝遗忘，总要把自己行进的每一步，烙在山川大地上。

时间逝而不返，它带走了壮景，淘尽了英雄，留下了无数文化胜迹和如峰的圣典。只有在经过无数教训和挫折之后的今天，人们才逐渐认识到作为一个复杂系统的组成部分，城市的各要素所具有的种种不可替代的价值和功能，它们饱含着从过去传递下来的信息，而《义乌丛书》正是记录这些信息的真实载体。

历史是无法割断的，许多古老的文化至今仍然在现实生活中发挥着重要作用。当我们向现代化的目标迈进时，怎样继承古老文化的精华，剔除其封建糟粕，在传统文化的基础上建立社会主义新的文化格局，是一个摆在我们面前与物质生产同等重要的任务。

一位哲学家曾经说过，哲学就是怀着乡愁的冲动去寻找失落的家园。今天，我们正处于一个重要的历史性转折时期，越来越多的有识之士也开始意识到，对民族民间文化源头的追寻迫在眉睫，鉴于此，我们编纂出版《义乌丛书》，既有历史意义，也有现实意义。概而言之，有三大作用：

文化典籍的传承保护 中华民族有着光辉灿烂的传统文化，文化典籍中的善本古籍，是前人为我们留下的宝贵精神财富和历史见证，极富文献价值和文物价值。义乌也同样，历代文士迭出，著述充栋。这些历经沧桑而幸存下来的"国之重宝"，或则出于保护的需要，基本封存于深阁大库，利用率甚低；或则由于年代久远，几经战乱，面临圮毁，因此，亟待抢救。如今，《义乌丛书》编纂工作的启动，为古籍的保护与使用找到结合点，通过影印整理，皇皇巨著掸除世纪风尘，使其化身千百，为学界所应用，为大众所共享；同时，原本也可以得到保护。真可谓是两全之策，是为民族文化续命，是为地方文化续脉。

传统文化的现代创新 在义乌历史上，有许多人文典故值得挖掘，有许多可歌可泣的先进事迹值得记载。拨浪鼓文化需要传承，孝义文化值得发扬，义乌兵文化应予光大。但由于历史上的义乌是个农业县，文化底蕴虽然深厚，载入史册的却寥若晨星。而深厚的历史文化传统能孕育和产生强大的文化力，能为塑造良好的城市形象提供重要基础，这种文化力所形成的精神力量深深熔铸在城市的生命力、创造力和凝聚力中，是推动城市经济和社会进步的内在动力。因而，《义乌丛书》编纂者坚持传统文化与现代文化相衔接，精品文化与大众文化相兼顾，创作出义乌历史上从未有过的文化系列丛书，既是精神文明建设的需要，也是物质文明建设的需要。

发展经验的文化阐释 义乌经济的发展，并非无源之水，无本之木。"参天之木，必有其根；环山之水，定有其源。"义乌发展的文化之源，义乌商业的源流之根，义乌文化圈的形成特质包括宋代事功学说对义乌"义利并重，无信不立"文化精神的影响，明代"义乌兵"对义乌"勇于开拓，敢冒风险"文化精神的影响，清代"敲糖帮"对义乌"善于经营，富于机变"文化精神的影响等。因而，如何用文化来解读义乌，也成了《义乌丛书》的重要组成部分。

广义的文化几乎无所不包，狭义的文化基本限于观念形态领域。从以上包含的内容可看出，《义乌丛书》对“文化”的界定，似乎介于广、狭之间，凡学术思想、哲学原理、科技教育、文学艺术等多个类别与层次，均在修编范围之内。

几千年岁月蕴蓄了丰赡富饶的文化积淀。面对多姿多彩、浩瀚博大的义乌文化形态，我们感受到了其内在文化精神的律动。

保存历史的记忆，保护历史的延续性，保留人类文明发展的脉络，是人类现代文明发展的需要。如今，守望岁月的长河，我们不能不呼吁，不要让义乌失去记忆。

这也正是我们编纂出版《义乌丛书》的主旨与意义所在。

《义乌丛书》卷帙浩繁，她集史料性、知识性、文学性、可读性、收藏性于一体，以翔实的史料、丰富的题材、新颖的编排，全景式地再现了江南“小邹鲁”的清新佳景和礼仪之邦精深的内涵。走进她，就是走进时间的深处，走进澎湃着历史的向往和时代的潮音的宝地，去领略一个时代的结束，去见证另一个时代的开始。宏大精深的传统文化曾经是，也将永远是义乌区域文化赓续绵延的基石，也是义乌继续前进乃至走在全省、全国前列的力量。在建设国际商贸名城的进程中，抢救开发历史文化遗产，掌握借鉴先哲遗留的丰硕成果，是全市文化学术界的共同期盼。因而，编纂这套丛书既是时代的召唤，也是时势的需要。

谨为序。

中共义乌市委书记　盛秋平

义乌市人民政府市长　林　毅

目 录

绪 论

义乌，位于浙江省的地理中心，南通广东、福建，西接长江腹地，东靠中国最大的城市上海。改革开放30年，义乌这座城市逐渐脱离了原有的传统形态，经济与社会结构发生了深刻变化，从一个既不沿边，又不靠海，既无工业基础，又少农业资源的内陆小县，发展成为蜚声海内外的小商品集散中心。如今谈起义乌，人们自然首先想到的是那句“小商品的海洋，购物者的天堂”，若非专事研究义乌历史或生于斯长于斯熟谙这座城市底蕴的“老义乌”，大多数人可能会忽略这座城市其实拥有悠久的历史与深厚的文化。

确实，一个国家或城市的经济发达程度似乎会在某种程度上降低人们对其文化发展水平的期望值，就如世界之美国，中国之香港，常会被人贴上“快餐文化”或“文化沙漠”的标签。尽管贵为联合国、世界银行等国际权威机构确定的世界第一大市场，义乌似乎也难以摆脱这样的命运。在谈及义乌的软实力时，总难免有“不缺钱，缺少文化品位”这样的遗憾。这种遗憾究其原因，除了地方主义的偏见以外，也跟现代经济的单边突进有关。在现代全球消费主义浪潮的冲击下，古典意义上的深度文化自然遭遇了前所未有的冲击与挑战。似乎除了商业之外，别无其他。义乌本身所特有的丰富历史积淀和文化资源，被城市过浓的商业气氛所淹没，是这座城市在全面发展的过程中难以回避的一个问题。

不过，当我们跳脱当代的视野，走近义乌两千多年的历史时，关于义乌的“文化沙漠论”就会不攻自破。在中国漫长的历史中，婺州地区的义乌一直是华夏的文化重镇，不仅学术昌盛，而且名家辈出；虽然“自古是穷地”，但是却为中华文明增光添彩。明末清初义乌名士骆宁桢曾对义乌本土文化有这样的概括：

> 儒者讨理于经，而不可不穷其要；铸才于史，而不可不会其通。况邑有前模，颜氏之孝，忠简之忠，文清之学，忠文之文，有不必远宗他域者。①

这里的“儒者讨理于经”指的是程朱理学，“颜氏之孝”指的是颜乌孝父，“忠简之忠”

---

① 嘉庆《义乌县志》卷十四《儒林》。

是指宗泽忠国，“文清”与“忠文”则是指徐侨和王祎。骆宁桢在此选取了义乌最具代表性的人物与学说，为义乌的历史文化作了最精当的概括。由此可见，深厚的学术文化底蕴与杰出的历史名人是互为影响的。

义乌世代名人辈出、群星闪耀，“昔称邹鲁之邦也”。晋代的道教学者葛洪曾在此传道；南北朝时期出现了中国维摩禅祖师傅大士；初唐有才华横溢且性情耿直的骆宾王，唐代大诗人元稹也曾过境义乌，留下动人作品；南宋时期政治上有宗泽，儒学上有徐侨；在元代则出了历史学家、文学家、画家黄溍；明代则有宋濂、王祎，号称“浙东二儒”；明代中后期，由于抗倭战争出现了吴百朋、戚继光等民族英雄，义乌兵一时名震四海；清代的朱一新是正直的士大夫、优秀的学者；到了现代，有教育家、翻译《共产党宣言》的陈望道、左翼作家冯雪峰以及历史学家吴晗；在当代，还有走上对日诉讼道路的王选，极富音乐才华的歌手王力宏的祖籍也是义乌。

历代的义乌县志一再表达着这样的观点：“吾邑山川之胜，不过绣水云黄，习俗之纯，不过急公慕义，而人物之盛，较无愧于大邑通都。”可见，真正令义乌人骄傲的并非其秀丽奇绝的山川，而是由这方山水孕育出来的风流人物，不是纯朴的民风，而是催生出这般民风的文化传统。明代义乌籍官员金世俊曾言：“敬业一檄千秋诵义，曰义乌骆宾王，而义乌重矣。东京留守只手中原，过河之呼至今犹壮，曰义乌宗泽，而义乌益重矣。”①当代义乌人也以自己家乡的名人为傲，称他们“以道德文章、民族精神闻名于世，以正直与风骨名扬中外。真正称得上是时代的骄子、民族的精英”。一代一代的义乌名士为中华文化的承继与发展创新贡献甚巨，名士之于义乌意义非凡。

关于义乌的名士文化，国内已陆续有人展开研究，并取得如下成果：其一，名人事迹及传记的整理工作已有了坚实的基础，如《义乌名人》、《义乌名人传》、《义乌名人录》陆续得到出版，对义乌历史上的名人有了较为详细和全面的梳理；其二，义乌历史文化名人的评传研究达到一定规模，从国内的研究来看，傅大士、骆宾王、宗泽、朱丹溪、倪仁吉、朱一新、陈望道、冯雪峰、吴晗等都已有专门的传记及研究型作品，部分人物的传记已有数种；其三，关于义乌发展的文化探源工作业已展开，由中国社会科学院课题组承担的“义乌发展之文化探源”已从历史层面对义乌文化的发展状况，进行了全面的考察，为继续深入考察义乌名士文化打下了良好的研究基础；其四，浙江文化史的编纂与研究

---

① 崇祯《义乌县志·序》。

工作，为义乌名士文化的研究提供了更丰富的历史线索与更宽广的文化视野。

尽管义乌名士研究已初具成果，但就目前已有的研究来说，把义乌名士文化作为一个整体来总结和探讨的并不多，大多流于个别人物的介绍与评价，尤其忽略了把义乌人物置于义乌历史发展的语境中进行考察。为此，本书将致力于探讨三个问题：第一，义乌特有的名士文化的内涵是什么；第二，形成义乌名士文化的主要原因是什么；第三，义乌的名士文化对当代义乌社会发展究竟产生了怎样的影响。这些问题的梳理与澄清，有助于拓宽义乌名士文化研究的视野，也有助于促进义乌在着眼经济发展的同时，进一步重视传统人文学术与名人资源的巨大潜能与开发价值。只有将传统文化的精髓与时代要求融合在一起，将义乌的文化发展与它的经济建设置丁同等的高度，才能进一步为义乌的经济社会发展不断注入生机盎然的“源头活水”，义乌也才能真正走上历史文化的现代复兴之路。

第一章 义乌精神与名士文化

"义乌自古是穷地,人多地少缺粮米。为了解决温饱大问题,鸡毛换糖做生意。"改革开放一路走来,义乌人硬是用"拨浪鼓"摇出了奇迹。30 年间,义乌从一个面积仅 2.8 平方千米的闭塞小城,发展成今天的面积超过 50 平方千米,充满浓郁的国际化气息的现代商贸城。它的小商品市场海内外闻名,它的发展模式也引来了海内外众多经济学家的注意。有人从经济政策的角度解释义乌腾飞的奥秘,也有人从义乌的商业历史传统中寻找现代小商品经济的根源,更有人从文化的角度来深层挖掘义乌崛起之谜。尽管文化对于现实的影响通常以一种潜移默化的方式进行,不如物质经济那样明显直接,但这种力量却极为巨大。早有人指出,义乌的崛起之谜,其终极答案是一种"勤耕好学、刚正勇为、诚信包容"①的"义乌精神"。正是这一历史悠久、绵延不绝的"义乌精神"令"地下无资源,山上无金银"的义乌走出了一条独具特色的发展之路,并为当代义乌的社会与经济发展注入了强大活力,创造出一个又一个义乌奇迹。谈到"义乌精神",就不能不想到义乌历史上的名人名士,如果没有他们的理想、坚持、传承和革新,也就不会有真正的义乌。甚至可以这样说,没有精英意义上的名士文化,也就没有大众意义上的义乌精神。

第一节 何为"名士"

在传统文化中,"名士"是特别的称谓。作为"名士"是一种荣耀,它既是一种身份的象征,也是一种精神品质的代表。清代孙容克的《题采石》写道:"从古江山闲不得,半归名士半英雄。"将名士与英雄并提,可见"名士"在传统文化中的重要地位。尽管传统意义上的"名士"早已不再,但"名士"一说依旧家喻户晓、深入人心。今日,它以另一种方式继续存在,成为时尚界的重要品牌。在当代中国的任何一个城市,在各大商场里,在

① 1988 年,义乌市就开始征集"义乌精神",第二年正式提炼为"勤耕、好学、刚正、勇为"。2006 年,义乌开展了新时期"义乌精神"大讨论活动,将原有的义乌精神丰富发展为"勤耕好学、刚正勇为、诚信包容"。

各种传统与新兴媒体上，人们都可以看到以“名士”为品牌的事物，名士馆、名士饭店、名士俱乐部、名士手表、名士眼镜、名士家具、名士服饰等，不一而足。今日所谓“名士”，恐怕早已丧失了原有的含义，沦为消费时代的广告用语，甚至显得有些俗气。但我们不得不承认“名士”招牌的非凡魅力，“名士”称号的不同凡响。

“名士”究竟是指哪类人？既称“名士”，首先自然是“士”。从训诂学来看，古代对“士”的解释众说纷纭。许慎的《说文解字》认为：“士，事也。数始于一，终于十，从十一。孔子曰：推十合一为士。”段玉裁注曰：“引申之，凡能事其事者称士。《白虎通义·爵》曰士者事也，任事之称也。故《传》曰：通古今，辩然否，谓之士。”许慎以“事”训“士”，这里的“事”究竟为何？近人吴承仕注《汉书·蒯通传》曰：“东方人以物臿（插）地为事”，指出：“事，谓耕作也。……盖耕作始于立苗，所谓插物地中也。人生莫大于食，事莫重于耕。故士为插物地中之事”，可见“士”字即为插苗地中，而耕作插苗为古代男子之事，所以“士”引申为古代“男子”的美称。如《诗经·郑风》：“女曰鸡鸣，士曰昧旦。”“士”又可以引申为“兵士”意，如屈原《楚辞·九歌·国殇》：“旌蔽日兮敌若云，矢交坠兮士争先。”《吕氏春秋·简选》注：“在车曰士，步曰卒。”但后世则不分乘车或徒步，均称为士。顾颉刚也指出士从武士转化而来。①但余英时认为原始意义的“士”存在于远古时代，就现存文献而言，大概指各部门掌事的中下层官吏。以此过往，便不易再作更精确的推断了。②

关于“士”还有一说。《礼记·王制》中说：“王者之制禄爵，公侯伯子男，凡五等。诸侯之上大夫卿，下大夫，上士中士下士，凡五等。”《孟子·万章下》中说：“君一位，卿一位，大夫一位，上士一位，中士一位，下士一位，凡六等。”③综合两文来看，“士”指古代贵族阶级中最低的等级，介乎大夫与庶人之间，其地位直到春秋战国才发生变化。由于动乱，社会阶层开始流动，贵族地位下降，庶民地位上升。士阶层处于两者之间，为上下流动的汇合所，故士的数量激增，在社会中发挥的作用也随之变化。

总结上文，先秦时期的“士”可指男子、士兵、低级贵族和中下层官吏，涵盖范围颇广。虽所指有性别、职业、社会阶层等不同，但共同之处在于是对有一定地位者的称呼，是一种尊称。从这个意义来说，当时虽无“名士”的提法，但“士”的含义已接近“名士”。

再来看“名士”。“名士”一词最早出现于战国。作于这一时期的儒家经典《礼记·

---

① 顾颉刚：《史林杂识初编》，中华书局1963年版，第85页。

② 余英时：《士与中国文化》，上海人民出版社2003年版，第4页。

③ 朱熹：《四书章句集注》，中华书局1983年版，第321页。

月令》写道：

是月也，生气方盛，阳气发泄，句者毕出，萌者尽达。不可以内。天子布德行惠，命有司发仓廪，赐贫穷，振乏绝，开府库，出币帛，周天下。勉诸侯，聘名士，礼贤者。①

这里的名士或可理解为道德高尚的人，但道德高尚的人无法概括名士的全部含义。据《史记》记载：

秦之灭大梁也，张耳家外黄。高祖为布衣时，尝数从张耳游，客数月。秦灭魏数岁，已闻此两人魏之名士也，购求有得张耳千金，陈余五百金。张耳、陈余乃变名姓，俱之陈，为里监门。②

张耳、陈余是战国末期的豪杰，在秦末的历次战争中都可见他们的身影，因此，名士可以泛指有名之士。从汉朝开始，封建土地私有制逐渐发展，地方大族越来越多，名士数量也开始增多，《后汉书》多次提到名士。到魏晋时期，出现了各种不同的名士，东晋袁宏在《名士传》中对当时的名士进行了分类：

以夏侯太初、何平叔、王辅嗣为正始名士，阮嗣宗、嵇叔夜、山巨源、向子期、刘伯伦、阮仲容、王濬冲为竹林名士，裴叔则、乐彦辅、王夷甫、庾子嵩、王安期、阮千里、卫叔宝、谢幼舆为中朝名士。③

魏晋时期的名士以"风流"著称。按牟宗三的看法，"名士"的特征在于其具有"清逸之气"，清则不浊，逸则不俗，而"逸则不固结于成规成矩，故有风：逸则洒脱活动，故曰流。故总曰风流"。④因此，"名士"总是与"风流"联系在一起，"清逸、俊逸、风流、自在、清言、清谈、玄思、玄智"成了名士的特质。东晋王恭言："名士不必须奇才，但使常得无事，痛饮酒，熟读《离骚》，便可称名士。"《世说新语》里袁恪之论某人时说："门庭萧寂，居然有名士风流。"王导曾评价一人："此君风流名士，海内所瞻。"这里均将名士与"风流"连在一起，所谓"是真名士自风流"。

当代学者李零曾将历史上的名士分为八种类型：一为上古揖让型，二为以死明志或逃隐山林型，三为佯狂避世型，四为隐市隐朝型，五为酒色财气型，六为琴棋书画型，七

① 《礼记》，上海古籍出版社1987年版，第87页。

② ［日］泷川资言：《史记会注考证》，新世界出版社2009年版，第3991页。

③ 余嘉锡：《世说新语笺疏》（上），中华书局2007年版，第322页。

④ 牟宗三：《才性与玄理》，台湾学生书局1985年版，第68页。

为附庸风雅型，八为太公钓鱼型。①不过，“名士”的含义演变至今，早已不限于此。据《现代汉语词典》，“名士”含义有二：(1)“旧时指以诗文等著称的人”；(2)“旧时指名望很高而不做官的人”。《辞海》的解释更宽：“名士，也泛指有名的人士。”还有人为“名士”总结了五种含义，大致概括了古今对“名士”的定义②：

其一，指名望高而未出仕的人。《礼记·月令》：“(季春之月)勉诸侯，聘名士，礼贤者。”郑玄注：“名士，不仕者。”孔颖达疏：“名士者，谓其德行贞绝，道术通明，王者不得臣，而隐居不在位者也。”《晋书·刘颂传》：“今阎闾少名士，官司无高能，其故何也？清议不肃，人不立德，行在取容，故无名士。”

其二，指旧时以学术诗文著称的知名士人。桓宽《盐铁论·褒贤》：“万乘之主，莫不屈体卑辞，重币请交，此所谓天下名士也。”颜之推《颜氏家训·名实》：“有一士族，读书不过二三百卷……多以酒犊、珍玩交诸名士，甘其饵者，递共吹嘘。”侯方域《朋党论下》：“朝廷有顽钝无耻之大臣，而后草茅有激浊扬清之名士。”

其三，指恃才放达、不随俗流之士。《红楼梦》第四十九回：“是真名士自风流！你们都是假清高，最可厌的。”瞿秋白《〈乱弹〉代序》：“固然，乾嘉之世的绅士之中已经掺杂了些盐商‘驵侩’——郑板桥之类的名士所瞧不起的。”

其四，指刑名之士。《史记·律书》：“自是之后，名士迭兴，晋用咎犯，而齐用王子，吴用孙武，申明军约，赏罚必信，卒伯诸侯。”

其五，泛指有名的人。《吕氏春秋·尊师》：“由此为天下名士显人，以终其寿。”杜甫《陪李北海宴历下亭》：“海内此亭古，济南名士多。”老舍《四世同堂》：“他的人虽小，而气派很大，平日交结的都是名士与贵人。”

不同的历史时代对“名士”的解释也各有不同，定义有广、狭之分。在今天，“名士”跟“名人”的含义大致相同，泛指具有名望的人。因此，在谈论义乌名士文化的时候，我们也更多地取名士的宽泛含义，所谓“义乌名士文化”主要涉及义乌历史上对义乌及中国文化的发展作过贡献的名人大家。

---

① 李零：《放虎归山》，山西人民出版社 2008 年版，第 209—213 页。

② 见百度百科“名士”，http://baike.baidu.com/link?url=Bet-nLrJ5heJPOCOnuvGqyI_eyOr3nRQFki7kLp1YeZRlLyjtFLGtk3mBTKPfQrY。

第二节 名士与中国文化传统

在中国历史的不同时期，名士扮演着不同的角色。春秋之前的礼乐传统由贵族阶层守护，但战乱致使礼崩乐坏。官学意义上的礼乐传统转变为民间的知识形态，“士”阶层承担起贵族阶层所捍卫的使命。“士”以“道”为使命初露端倪，捍卫“道”也成了“士”阶层的重要标志。孔子在《论语·里仁》中说：“士志于道，而耻恶衣恶食者，未足与议也。”①在《论语·泰伯》中，他的弟子曾参也同样提出：“士不可以不弘毅，任重而道远。仁以为己任，不亦重乎？死而后已，不亦远乎？”②孟子更以“道”为“士”的安身立命之本：“天下有道，以道殉身；天下无道，以身殉道。未闻以道殉乎人者也。”③此外，虽然荀子、墨子等人的思想都各有异同，但对“士”与“道”的看法大抵一致。因此，对“道”的捍卫成为中国名士的重要传统，在几千年的历史中源远流长。

据不少学者观察，自“士”阶层诞生以来，“士”在古史上的整体面貌并未发生太大改变。阎步克认为：“从战国时期‘士’阶层的诞生，此后有两汉之儒生、中古之士族，直到唐、宋、明、清由科举入仕的文人官僚，尽管其面貌因时代而不断发生着变异，但这一阶层的基本特征，却保持了可观的连续性。”④总的来说，这一评价是中肯的，士阶层在中国历史中扮演的角色是稳定的，具有延续性。在保持延续性的同时，各个时代“士”所体现出来的社会地位与精神面貌却有所不同。

战国时期，“士”所处的环境相对宽松，很多时候，他们能够得到君主的礼贤。部分贤士愿与官方合作，另一部分则绝不肯向政治妥协。在当时出现“稷下之学”，稷下先生不在官僚系统之内，却依然保持“士”的身份，能够“不任职而论国事”。他们既不用向王侯屈服，也毋需为生活担忧，还能得到王侯的礼遇。因此，稷下学兴盛之世是古代士阶层的黄金时代。据《史记·春申君列传》记载，战国四君子广为纳士，成为一时的风尚：“春申君既相楚，是时齐有孟尝君，赵有平原君，魏有信陵君，方争下士，招致宾客，以相倾夺，辅国持权。”由于当时的“士”没有固定产业，往往依附于王侯，故也被称为“游士”。

这种无根的“游士”，处境在秦、汉时代发生改变，他们逐渐从“游士”转变为具有深厚社会经济基础的“士大夫”。余英时认为这种巨变体现在两方面：一是士和宗族紧密结合，即“士族化”；二是士和田产紧密结合，即“地主化”或“恒产化”。孟子所谓“无恒产

---

①②③ 朱熹：《四书章句集注》，中华书局1983年版，第71、104、370页。

④ 阎步克：《士大夫政治演生史稿》，北京大学出版社1996年版，第1页。

而有恒心者,唯士为能”,只适用于先秦的游士。①到汉代,有些“士”则身兼“吏”与“师”双重身份,或被称为“循吏”,主要从事“富民”和“教民”的事业。他们尽管是汉代士阶层中的一个极小部分,但往往利用“吏”的身份推行“师”的教化,为沟通精英传统与民间传统作出了重要的贡献。

一谈到名士,我们首先想到的便是魏晋时期的名士。魏晋名士与其他时期的名士相比,数量最多,个性最鲜明。魏晋时期,由于正统的名教礼法被统治阶级肆无忌惮地践踏,又被用来打压士大夫,因此,士大夫集团往往以放荡不羁的怪异言行与名教礼法作对。嵇康、阮籍等竹林名士便是典型。他们崇尚清谈,任情纵欲,“越名教而任自然”、“非汤武而薄周孔”,大胆否定“名教礼法”,向往“自然放达”,其实质是对现实政治、社会秩序的叛逆。魏晋名士看似风流飘逸,其实内心深处是伤感、痛苦和矛盾的。他们虽以过激的形式表现其反抗,实质上并不想成为真正的放达之士,如阮籍不同意自己的儿子阮浑步自己的后尘,加入放达者之列;嵇康留给儿子的遗著《家戒》,则要求他慎言慎行,慎饮酒,以名教礼法为准则。正如鲁迅在《魏晋风度及文章与药及酒之关系》中说:

> 魏晋时代,崇奉礼教的看来似乎很不错,而实在是毁坏礼教,不信礼教的。表面上毁坏礼教者,实则倒是承认礼教,太相信礼教。因为魏晋时所谓崇奉礼教,是用以自利,那崇奉也不过偶然崇奉,如曹操杀孔融,司马懿②杀嵇康,都是因为他们和不孝有关,但实在曹操司马懿何尝是著名的孝子,不过将这个名义,加罪于反对自己的人罢了。于是老实人以为如何利用,亵渎了礼教,不平之极,激而变成不谈礼教,不信礼教,甚至于反对礼教。——但其实不过是态度,至于他们的本心,恐怕倒是相信礼教,当作宝贝,比曹操司马懿们要迂执得多。③

魏晋士大夫的另一个特点是个体自觉,这一方面体现在外在表现中,如仪容和言说;另一方面则体现在其内心之旨趣。如阮籍在母亲去世的祭祀期间饮酒食肉,不拘礼法。按余英时的看法:“此等思想情感若非具高度之内心自觉,而敢于对一切流行之观念与习俗皆抱持批判之态度,即断不能有也。”④在当时,士普遍有避世的思想,而这种思想的产生并非仅仅由于政治上不如意,还与内心的自觉有关。

---

①④ 余英时:《士与中国文化》,上海人民出版社 2003 年版,第 52、285 页。

② 司马懿死于公元 251 年,嵇康死于公元 263 年,杀嵇康的其实是师马昭,而非司马懿,鲁迅此处说法有误。

③ 鲁迅:《魏晋风度及其他》,上海古籍出版社 2000 年版,第 195 页。

此外，魏晋之士注重养生。《晋书·嵇康传》曰："嵇康……长好老庄……常修养性服食之事。"老庄思想与养生修道，既同为汉晋以下士大夫人生理想中之重要构成分子，亦即心身寄托之所在。他们追求养生并不仅在于求自然生命之延长，尤在于获得内在之自足自乐，不为外物所累。魏晋士大夫还寄情于山水，游山玩水成了当时士大夫生活中不可或缺的部分，七贤有竹林之游，名士有兰亭之会，一度也成风尚。很多士大夫有田园或别墅，也体现了他们怡情山水的想法。当时，士大夫最常练习的技艺至少有音乐、书法及围棋三种。魏晋时期士风出现变化：就思想而言，出现了易、老、庄的三玄之学代替汉代的经学的倾向；就行为而言，突破了传统礼教的藩篱而形成了一种"任诞"的风气。①

东晋南朝时期，因五胡乱华，五马渡江，东晋皇帝的权力大大减弱，士族的力量则不断增强。田余庆指出东晋的政治并非传统的皇权政治，而是门阀政治，"琅邪王氏王导、王敦兄弟与司马氏'共天下'，开创了东晋门阀政治的格局，建立了祭则司马、政在士族的政权模式，维持了一个世纪之久"②。皇权的被瓜分，使得士族力量增强，名士的特点也发生变化。在政治上，他们可以通过九品中正制，按世代门阀的高低做官。据日本学者宫崎市定的《九品官人法研究》，乡品二品以上者绝大部分来自名门望族，出现了"上品③无寒门，下品无势族"的不平等现象；经济上，从东汉后期开始，随着大土地所有制的发展壮大，士族一般都有庞大的庄园，成群的仆役，经济上能够独立自主，谢灵运的《山居赋》描述的就是一个独立的庄园经济体，此外士族还具有免役的特权；文化上，士族往往各自都有世代相传的家学，文化修养颇高。所有这些条件使得士群体的独立性不断增强，社会地位不断提高，故陈寅恪指出"六朝及天水一代思想最为自由"④。但物极必反，由于东晋南朝的名士不亲自耕种，又不服兵役，使得他们不懂耕战。颜之推曾记载了一段掌故："建康令王复性既儒雅，未尝乘骑，见马嘶喷陆梁，莫不震慑，乃谓人曰：'正是虎，何故名为马乎？'其风俗至此。"⑤因此，一旦社会有动乱，"及侯景之乱，(士大夫)肤脆骨柔，不堪行步，体羸气弱，不耐寒暑，坐死仓猝者，往往而然"⑥。面对战乱，他们往往

① 余英时：《士与中国文化》，上海人民出版社2003年版，第257页。

② 田余庆：《东晋门阀政治》，北京大学出版社2005年版，第6页。

③ 乡品二品以上的算上品。

④ 陈寅恪：《论再生缘》，载《寒柳堂集》，三联书店2001年版，第53页。

⑤⑥ 王利器：《颜氏家训集解》(增补本)，中华书局1993年版，第322页。

束手无策，坐以待毙。

南北朝时期经历侯景之乱、北周出兵江陵，以及北周灭北齐三次战乱后，大量的士族死于战乱或被俘虏到北周当奴隶。位于长江中下游的湖北、江南及黄河以北的河北地区士族的势力遭到重创，一蹶不振，而崛起于代北的关陇集团则以武力见长，并非名士群体。南北朝名士作为一个整体在历史上逐渐消失。

魏晋南北朝时期也是佛教昌盛的时期，当时的名僧与名士交往密切，有许多共同的特点。东晋孙绰在《道贤论》中，将两晋时期七个名僧比作魏晋之间的竹林七贤：以竺法护比山涛，竺法乘比王戎，帛远比嵇康，竺道潜比刘伶，支遁比向秀，于法兰比阮籍，于道邃比阮咸，认为他们都是高雅通达、超群绝伦的人物。

唐朝是大一统的国家，中央集权加强，士族地位衰落。士人要提高自身社会地位，往往需参加科举考试。科举对应考者一律平等，不少庶族也因科考登上政治舞台，提高自身地位。因此，唐代名士中的庶族数量相对于魏晋南北朝时期大大增加，其政治力量也加强。陈寅恪在《唐代政治史述论稿》中对唐代“牛李党争”的看法，就由社会阶级入手。在他看来，牛党代表进士出身的官僚，李党代表北朝以来山东士族出身的官僚。他们之间的分歧不仅是政见不同，也包括对礼法、门风等文化传统的态度之异。大体上认为牛党是新兴的庶族地主，而李党则是没落的门阀世族。此外，由于科举考试十分重视诗赋，加上唐朝皇帝对诗歌的提倡，这些都激起士人对诗歌创作的热情，因此唐代的名士往往是著名的诗人，如李白、杜甫、刘禹锡和柳宗元等。

唐代不少名士并非汉人，或具备胡族血统。据郭沫若《李白与杜甫》一文的考证，诗仙李白出生于中亚碎叶，并非汉人。唐代文化的包容性很强，唐代帝王自认为是道家老子的子孙，大力提倡道教。佛教在唐代十分发达，大的宗派就有三论宗、法相宗、律宗、净土宗、禅宗、华严宗、天台宗、密宗等八个，唐代名士大多儒释道三教思想都有，区别只在于成分多少，或隐或显而已。如韩愈是唐代的大儒，他的《原道》写道：“吾所谓道也，非向所谓老与佛之道也。尧以是传之舜，舜以是传之禹，禹以是传之汤，汤以是传之文、武、周公，文、武、周公传之孔子，孔子传之孟轲，轲之死，不得其传焉。”韩愈在此建立了著名的道统论，并暗示自己继孟子之后延续道统。这纯粹是护卫儒教的举动，但陈寅恪的《论韩愈》则认为：“退之从其兄会谪居韶州，虽年颇幼小，又历时不甚久，然其所居之处为新禅宗之发祥地，复值此新学说宣传极盛之时，以退之之幼年颖悟，断不能于此新禅宗学说浓厚之环境气氛中无所接受感发，然则退之道统之说表面上虽由孟子卒章之言所启发，实际上乃因禅宗教外别传之说所造成，禅学于退之之影响亦大矣哉！”①陈寅恪的推论虽无过硬证据，但从宏观上看，韩愈的例子却可以说明唐代名士的思想受多种文化的影响。

宋代的基本国策是偃武修文，宋代的祖宗之法是“不杀大臣及言事官”②。在这种历史背景下，士大夫的队伍开始扩大，主体意识逐渐觉醒。范仲淹提出“以天下为己任”的口号，余英时认为这“可视为宋代‘士’的一种集体意识，并不是极少数理想特别高远的士大夫所独有”③。当时的士大夫试图超越汉、唐，重建“三代”，与此同时，士大夫追求内圣外王，逐渐从坐而言走向政治实践。他们试图通过走上仕途实现天下理想。那个时代的士大夫具有极强的主体性，他们本着所持的原则和皇帝“共治天下”，不为爵禄所动。打破“士贱君肆”，实现“皇帝与士大夫共治天下”的格局，自始至终都是宋代士大夫的奋斗目标。宋代有虽居高位却不忘为民请命，先天下之忧而忧的范仲淹，也有坚决抵抗金国，抨击朝廷腐败苟安的陆游，还有壮岁参加抗金义军，写过《美芹十论》以及大量慷慨激昂诗词的辛弃疾；更有以不朽诗句“人生自古谁无死，留取丹心照汗青”长存人间的文天祥。

经世济民的理想在宋代士人身上表现得淋漓尽致。王安石被认为：“盖有志经世，非甘老于山林者。”朱熹的天下情怀尤为浓烈。他在《感怀》诗中写道：“经济夙所尚，隐沦非素期。几年霜露感，白发忽已垂。”陆九渊更是满怀“得君行道”的梦想，尽管这种梦想至死都无法实现。宋代士人为了理想“虽九死而其犹未悔”的精神，不断激励着一代又一代的士大夫。

元代是我国历史上阶级矛盾和民族矛盾极其尖锐的朝代。终元之世，民族对立情绪十分严重，且吏治腐败，阶级压迫深重，社会激烈动荡。由于蒙古统治者推行民族歧视政策，科举制度又废除长达三十六年之久，大部分士人仕途断绝，沉沦到社会底层。当时描述社会各阶层顺序有“一蒙古二色目……八娼九儒十丐”的说法，士人地位介于娼妓乞丐之间，这便是对士人社会地位低下的最好说明。即便如此，元代依然不乏士人的风采。许衡鉴于社会干戈扰攘，民生凋敝的形势，一再向元世祖建议重视农桑，广兴学校，以“行汉法”作为“立国规模”，并亲自通过传道授业，对于汉、蒙文化的融合和交流

① 陈寅恪：《金明馆丛稿初编》，三联书店 2001 年版，第 320—321 页。
② 顾炎武：《日知录集释》，上海古籍出版社 2006 年版，第 920 页。
③ 余英时：《朱熹的历史世界》，三联书店 2011 年版，第 218 页。

作出了卓越的贡献。关汉卿因对世间的黑暗不公深有体会，抛弃功名利禄，写下了感天动地的《窦娥冤》；萨都剌虽身为色目人，但从不以异族自居，而是以诗人的锐利眼光和正义感大胆谴责、揭露元皇室争权倾轧的丑恶，以及元代统治集团给汉族人民带来的深重灾难。

明清时期，士人在社会中享有较高的声望与地位，享有“士为齐民之首，乡民之望”的尊崇。①与此同时，士人的风骨依旧得到一批精英的继承：方孝孺被诛灭十族的壮烈早已广为流传。李梦阳正直敢言，尽管四度入狱，却依然不惧权贵，令人敬佩。汤显祖不肯攀附权势，抨击朝政，创作出“临川四梦”的故事更是人所共知。更不用说提出“天下兴亡，匹夫有责”的顾炎武。

随着社会经济的发展，商业地位的提高，明清士人阶层也出现了新的特点。传统士大夫重农抑商观念的开始转变，他们逐渐重视商业，黄宗羲甚至提出“农商皆本”的口号。社会上“弃儒就贾”的现象也有所增加。大量士人因科举竞争激烈，从政机会减少转而投身商界，舆论在价值观上也出现了对从商的赞赏和对追求利益的正面肯定。这一点在当时的“义利之辨”中可见一斑。在传统文化中，“义”与“利”长期以来水火不容。孔子曰“君子喻于义，小人喻于利”，用明义与明利来区别君子和小人。到了明清，这种观念受到挑战。不仅有士人提出“义利合”的思想，他们甚至公开为奢侈辩护。有学者认为，正是在对“义”与“利”的辩论和澄清中，明清士人思想中出现了“现代”精神。

明清以降，“士”的内涵发生了极为重要的变化。西方意义上的“知识分子”逐渐取代了“士”在文化传统中的位置。人们开始接受知识分子不依附于权贵，不追求仕途的独立价值。这一点最集中地体现在陈寅恪先生的这句“独立之精神，自由之思想”之中。那个时代的知识分子第一次彻底地与君权决裂，第一次批判性地反思自身的文化传统，第一次将眼光投向国外，投向世界主义性质的普适价值。不过需要指出的是，近代的知识分子依然怀抱民族国家的情结，有不少知识分子尽管追求自由、民主、科学与博爱，但与此同时，毅然自觉承担起救亡图存，追求国家强大与民族独立的使命。这也使得这些知识分子在中国的百年近代史中处于某种特殊的位置，很难对他们作一个简单的界定与分类。

---

① 张仲礼：《中国绅士》，李荣昌译，上海社会科学院出版社1991年版，第55页。

第三节 义乌名士文化

义乌名士王祎在《国宾黄先生之官义乌主簿赋诗奉赠》一诗中，对义乌的文化风尚和名士功绩作过全面而准确的概括：

乌伤古汉县，土壤非膏腴。我实此邑民，习俗固昔知。君今莅其邑，为尔略陈之。昔当暴秦世，孝子曰颜宜。亲丧负土葬，哀感群乌飞。衔土来致助，吻伤血流滋。邑由是得名，遗冢故累累。凄凉千载下，林风撼余悲。建炎宋南渡，中原戎马驰。时维宗忠简，独建勤王师。汴京既恢复，渡河将有期。回銮二十疏，沥血以陈词。神州未全壁，讣表書缄哀。遂隳中天业，南北成分离。至今读遗事，令人双泪挥。忠孝实大节，至行出天彝。吾邑乃兼有，简册耿光辉。

颜乌孝父的故事，使得这座城市从一开始就以孝而闻名。一位至孝的儿子，其孝心感天动地，引得满天的乌鸦为其父亲衔泥筑坟，导致嘴喙俱伤。从此人们就知道，乌伤这个地方的人，以"孝"著称。有孝就有忠，在家为孝，在国即为忠。这里说的忠，不是愚忠，而是忠于天忠于地，忠于这片生养他们的土地。两千多年的历史中，这个小小的浙中城市，孕育出无数忠孝之子、饱学之士、忠臣良将。他们中的不少人是中国历史上赫赫有名的人物。

郁达夫曾有诗《过义乌》云："骆丞草檄气堂堂，杀敌宗爷更激昂。别有风怀忘不得，夕阳红树照乌伤。"①骆宾王与宗泽无疑是这座城市最为名声煊赫的人物。作为中国历史上的知名诗人，骆宾王七岁即能作《咏鹅》，被誉为"江南神童"，日后他写讨武檄文更是得到主流社会的共鸣，被看作忠臣义士的代表。甚至称"唐之中兴，兴于一檄可也"。义乌骆宾王，几乎成了后世知识分子政治上崇拜的偶像。而作为抗金名将的宗泽，能在整个王朝羸弱的政治环境中，痛快地击溃来敌，保卫了南宋王朝的半壁江山。像他们这样的人，永远都会是这个国家的宝贵精神财富。

这片土地常出耿介之臣，节义之士。楼图南反对与金和议，不惜得罪秦桧；黄中辅一句"快磨三尺，欲斩佞臣头"，酣畅淋漓，实显浩然正气；金汉蕙、傅亦僧宁死不降敌人，面对生命危险毫无惧色；在集中营里，冯雪峰忍受万般折磨，却能坚守信念，誓死不屈；即便在那个疯狂的年代里，吴晗也绝不放弃他作为历史学家的客观与公正。尤其对今天来说，他们的道义担当和无畏气概更显得异常珍贵。

---

① 义乌丛书编纂委员会编选：《历代名人咏义乌》，浙江古籍出版社2006年版，第94页。

义乌历史上的不少地方官，也为义乌这片土地留下了极其宝贵的精神资源。他们对这片土地怀着极其强烈的责任感和使命感，他们为民请命，他们为国捐躯。东吴骆俊体察民生疾苦，拒绝借粮给袁术而惨遭杀害；龚泰忠心卫国，忠臣不事二主；王祎不远万里招谕梁王，却不幸罹难；王绅千里寻父，感天动地。他们的忠孝之心，报国之志，荡气回肠，天地可鉴。在被雷海宗称为“无兵的文化”国度中，义乌的将军与士兵捍卫着兵文化的荣誉，他们骁勇善战、刚烈威猛、前赴后继，直叫倭寇闻风丧胆。

此外，义乌名士格外强调亲身实践、经世济用，在儒家的大文化传统中走出了一条独特的道路。去官还乡的王槐尽管年事已高，却还身体力行召人修筑蜀墅塘，为百姓做了大好事；傅大士以佛法普度众生，广做善事；朱之锡是清代大禹，其治水之功利国利民；朱丹溪走遍千山万水，救疾病患者于水火之中；从贾维承那里所流传下来的红糖技术，为这片贫瘠的土地带来了温暖与希望；而治病救人更是成为陈无咎、朱章赓一生奋斗的事业；当然还有冯泽芳，他为中国的现代棉作事业作出了不可磨灭的贡献。他们从不夸夸其谈，都是讲求务实、埋头做事的人，以自己的一言一行、真才实干成为后世的楷模。

同普天下的名士一样，义乌名士在文学造诣和创造精神上绝不逊于他人。骆宾王的诗歌开风气之先，走出了宫体诗的禁锢，为盛唐诗的辉煌奠定了基础；“乌伤四君子”诗风淳厚，才华横溢；黄溍的词，感情充沛，辞藻优美，富含哲理；金涓的诗歌则是清新自然，富于禅趣；倪仁吉的诗歌流光溢彩，感人肺腑；楼俨在词学上的造诣，也得到公认；在现代文学史中，以冯雪峰、王西彦为代表的作家，为普罗大众的疾苦呐喊，体现了文学作家的个体良知与社会责任。

当代义乌人为了纪念与继承过去与现在的优秀的名士文化传统，曾经评选出“义乌四大家”(骆宾王、傅大士、宗泽、朱丹溪)。2008 年 7 月，义乌又评选出“十大历史文化名人”，其中包括惠约、黄溍、王祎、吴百朋、倪仁吉、朱之锡、朱一新、陈望道、冯雪峰、吴晗。正是在这些历史上的名人所汇聚成的文化环境中，义乌社会才会有今天的发展与繁荣；也正是在一代代名人故事的激励下，无数的义乌人才创造出一个又一个伟大的奇迹。

第二章　义乌名士文化的多重背景

要想了解某个地区的文化，首先要研究的是这个地区文化产生的特定背景和原因。义乌所处的地理位置，使其在古代政治与经济中心南移的过程中受益匪浅；义乌特有的山区环境，对义乌人形成不屈不挠、坚韧硬气的山里人性格产生了重要的影响；义乌山多田少、土地贫瘠的不利条件，逼出了义乌人骨子里独特的忧患意识和开拓精神；义乌的宗族传统和外来文化的融合，则为出产杰出人才奠定了重要的传统伦理和多元知识的基础；义乌在学术传统中的边缘优势，使得思想自由成为可能，为一种义利并重的儒学思想开辟了发展的空间。正是在这样的多重背景中，义乌名士文化才得以逐渐发展、蓬勃壮大。

第一节　钟灵毓秀

"一方水土养一方人"，一个地方的地理条件，包括地形地貌和气候条件，对一个地区的文化有重大影响，特别是对该地区最初的风土人情的形成和发展至关重要。18 世纪的法国思想家泰纳(Taine)特别强调自然地理环境对文化特性的决定性影响。人文地理学家阿·德芒戎(Albert Demangeon)也曾提出："凡是人类生活的地方，不论何处，他们的生活方式中，总是包含着他们和地域基础之间一种必然的关系。"①因此，义乌地区之所以能形成一种充满矛盾张力的特有文化和精神气质，与它充满灵性、蕴秀含幽的地缘特征不无关系。若论义乌地区的名士文化，首先要考察的就是它所处的地理环境。本节将侧重从人文地理学的角度考察义乌地理风貌与其人文底蕴之间的内在关系。

山水因缘

根据 2011 年版《义乌市志》的记载，义乌地处浙江中部，东接东阳，南邻永康、武义，西毗金东、兰溪，北邻浦江、诸暨。在自然地理上，以丘陵为主，东、南、北三面环山，构成一个南北长、东西短的长廊式盆地，总面积达 1 104.53 平方公里，处于金衢盆地东部。义

① 阿·德芒戎：《人文地理学问题》，葛以德译，商务印书馆 1993 年版，第 9—10 页。

乌境内多以低山、丘陵、岗地为主，平原交错，地势自东北向西南缓降。[①]南部与永康市交界的大寒尖，海拔925.6米，为该地区的最高峰，北部大陈江的瓦窑头，海拔44.7米，则为全市最低点。东北部的大山，南部的大寒尖，以及西部的鹅毛尖，这三座山成三足鼎立之势耸立在义乌的边界。

义乌中部为义乌江、大陈江、洪巡溪冲积而成的河谷平原。河流属钱塘江水系。境内最长的河流为义乌江，源出磐安县大盘山龙乌尖，流至廿三里街道何宅村入义乌市域，主干流经江东、稠城、稠江街道及佛堂镇，直至义亭镇的上低田村出域，流入金东区。境内流长38.39千米，流域面积812.9平方千米，一级支流24条；其次是大陈江，源于巧溪六都坑、八都坑、九都坑3条支流，注入浦阳江，境内干流长22.81千米，一级支流7条；此外尚有浦阳江支流洪巡溪等。东阳江过义乌经兰溪入钱塘江，早有航船直达杭州。

除此之外，义乌一带的多山地貌，在自然景观上也是独树一帜的。嘉庆《义乌县志》有这样的描述：

> 统观四履，负山而治，堑设天险，层冈盘错，汇以绣川，环以长江，吞吐包络，势若建瓴。右跨航溪，左负魏麓，前则文峰玉几，而枫坑、铁岩奠于坤巽之维；后则莲岩锦屏，而龙祈、五云应于乾艮之位。其最胜者黄檗龙蟠、青潭鹰啄、潜厓象踞、金峰麟集、画坞涵碧、覆釜列翠、瑞云轮囷、灵泉瀑布。武岩聚八景之秀，龙门挺双尖之奇；大士遗喂虎之岩，葛仙存炼丹之窟。若幽踪秘迹，为耳目所不经见者，不可胜记也。[②]

从今天旅游者的眼光看，义乌地区确实多名山秀水，奇异的自然风貌自然会吸引大量的文人骚客、名士才子前来驻足观赏或题诗咏叹。徐永明在《婺州文人群体之构成及其形成之地域文化背景》一文中曾指出，婺州地区的地理风貌为当时文人群体的交游提供了极好的空间，从特定的地理角度解释了婺州地区多名士的自然原因。[③]

天然的奇异山水孕育了一大批志士仁人，文人才子。先来看义乌的山岩，嘉庆《义乌县志》中谈道："邑治诸山脉，从北发至南，而支分黄檗、洪堂屏列于后，为一邑之主山。

① 《义乌市志》，上海人民出版社2011年版，第43页。
② 嘉庆《义乌县志》卷一《形胜》。
③ 参见徐永明：《婺州文人群体之构成及其形成之地域文化背景》，《浙江学刊》2004年第6期。

东则石楼对峙，西则五云孤撑，而葛仙、云黄高倚南天，势与郡山芙蓉青同削出。其他峰、岭、岩、洞亦多窄崿窅窱，别开异境，故并志之以见。钟毓英流，争奇崧岳，非徒为蹑屐登高临风舒啸者纪名胜也。”①

鸡鸣山，在义乌市主城区东，为大盘山余脉分支之一，最高峰海拔123.6米。据明崇祯《义乌县志》记载，曾有人听到上面有金鸡鸣叫，群鸡皆应，故得名。古代文人笔下的鸡鸣山是“山峙东江之左，屈曲盘旋，来若无因，止若无去，突者若螺，垂者若带”。是古代达官、文人、隐士怡情山水的景点。王祎曾登山赋《登鸡鸣台述怀诗》一首。

云黄山，一名松山，在佛堂镇塔山下村旁。海拔371.8米。据志书记载，当年傅大士于此行道，黄云盘旋其上，状如车盖，故得名云黄山。后黄溍、刘杰、龚士骧等多人登山后写诗题词。其中龚士骧的《雨后同陈大孚登云黄山诗》颇具特色：“探奇乘兴复如何，浅涧深松牧者多。树杪人从云里度，山家春是雨中过。烟明兰若雄幢盖，水渍花原冷薜萝。登眺不妨归路远，陌头试看踏青歌。”②

五云山，唐时有五色云幔其峰，故得名。宋代理学家徐侨曾居于此山，在《题五云寺》中他这样写道：“黄云不似五云深，隐隐回还坐此林。峦阜几重遮入路，陇冈百里护来峰。单僧怜汝喧鱼板，漫叟便余玩鹤琴。茶罢策筇无个事，登高时复一长吟。”

黄檗山，本名黄栌尖。位于后宅街道寺前村境内，海拔257.8米，因山上多黄檗（乔木，皮和根可入药），改名黄檗山。黄溍曾描述道：“其起如鹜，其伏如踞。其支而出也如附，弥迤而不绝，抵县治乃已。”黄檗山南麓有净居教寺，创建于唐咸通八年（867）。广明二年（881）赐号宝胜，宋大中祥符年间（1008—1016）赐额净居院，明代改为教寺。其后屡圮屡建，为历来佛教活动和旅游胜地。

葛仙山，又称葛公山、葛仙峰、葛峰、炼丹岩，距市中心城区约25千米。万历《义乌县志》称：“葛仙山，县南五十里，高一百五十丈，有炼丹石，相传葛仙翁炼丹于此。”葛仙翁指葛玄，是东晋道教学者、著名炼丹家、医药学家。葛洪为葛玄从孙，也曾在此炼丹修道。葛仙山是道教文化一大胜地。山顶相传是葛洪炼丹之地，称葛公岭，山顶巨石至今仍有烟熏火燎、锤凿剑刺的痕迹。

月岩，下临大溪，其形如月。宋代诗人杜旃在与辛弃疾同游月岩后写下这样的诗句：“雾露朦胧晓色新，半空依约认冰轮。婆娑弄影寒山露，中有钗横鬓乱人。”

---

①② 嘉庆《义乌县志》卷二《山》。

青岩，王袆曾作《青岩山居记》，喻良能也为之作诗："寒食江村路，东风野渡航。一篙春水碧，两岸落花香。飞絮匆匆远，青山故故长。兹游自奇绝，底用更寻芳。"

再看义乌的水。嘉庆《义乌县志》曰："水之在乌境者，有江，有溪，有湖，有塘。江为东南之襟带，古亦名溪。溪在诸乡者，有南流合大溪入金华，北流经浦江入诸暨之分。绣湖为一邑之巨浸，其流南入于江。塘多于溪，大者亦如湖，苦竹、蜀墅其最著者也。他如井、泉之属，为水虽小，以类附焉。"①

华溪，在武岩山下，源出东阳，汇入东江。虞方谟作《华溪春涨诗》，其中写道："幽溪窈窕澹娱人，闲泛轻鸥点绿萍。濯锦彩痕初映日，浣花香气自生春。曾闻流水传觞咏，还见微风卷钓纶。岂是桃源忘汉姓，渔郎重到欲迷津。"

绣湖，绣湖又名绣川，位于义乌市城西。其四周群峰环绕，云霞掩映，景色如绣，所以取名为绣湖。明初宋濂《重浚绣川湖记》称其"广袤九里三十步"。明代有"绣湖八景"，分别为：驿楼晚照、烟寺晓钟、花岛红云、柳洲画舫、湖亭渔市、画桥系马、松梢落月、荷荡惊鸥。不少文人墨客曾游历于此，为绣湖题诗写词。其中主要名人有宋濂、黄溍、王袆、金涓、楼仁、龚永吉、朱肇等。②

此外，义乌绝大多数名士都成长于义乌的小乡村，小乡村的环境滋养着他们的心灵世界。元代金涓在《蜀墅头》中这样描绘义乌乡村："溪头自舒散，天澹夕阳微。拂石松边坐，看云水上飞。旧矶双鹭下，小棹一渔归。不觉吟成久，苔痕湿上衣。"在《康湖山居》中，他写道："康湖环十里，半世乐吟身。白屋居寒士，青山是故人。松多天不暑，瀑近地无尘。颇得渔樵趣，生涯日又新。"此外还有《云门道中》："三月山南路，村村叫杜鹃。白云千嶂晓，斜月一溪烟。水冷长松井，春香小荠田。何时移别业，来往绣湖边。"义乌的山村带给诗人宁静的心境与无限遐想的空间。清代李渔《乌伤道中》："竹舆轻便莫愁程，谷转溪回路欲平。村酒十千难论价，山花一半不知名。春来峭壁呈秋色，晴日

① 嘉庆《义乌县志》卷二《水》。

② 如王龙泽在《绣水南环》中写道："湖光潋滟印天清，花木楼台映水明。一派流分南绕郭，画桥双拱地钟灵。"吴澄的《驿楼晚照》："夕阳遥映驿楼明，景缀丹青画不成。征路马嘶寒暝散，虚檐鸦噪暮天晴。平吞山色千重秀，下瞰湖波几度清。多少往来人眺望，迥含一段古今情。"金涓的《绣湖重游》："绣湖八月景堪题，士女扁舟尾尾齐。白水青山图画里，淡烟疏雨夕阳西。芙蓉濯濯偏临镜，杨柳依依密护堤。满眼浪涛终古事，华川望断意都迷。"王袆的《春日绣湖上与德元同行》："十里华川上，年来足胜游。雨花林下寺，风柳驿边楼。漠漠芙蓉浦，依依杜若洲。平生身外事，未许付浮鸥。相携偶出郭，纵目路忘赊。山色初晴好，湖波积雨加。春浓浮酒兴，人壮惜年华。世事犹多故，芳辰重叹嗟。"冯孚的《绣川即事》："山色映千重，湖光满十里。扁舟何处来，白鹭翻波起。川上时将暝，余辉照晚林。小桥人去还，回首白云深。"

飞泉作雨声。谁说樵居农事少，白云多处有人耕。”义乌的这些风景如画的山水风光，为文人墨客提供了极其丰厚的想象资源。

成就坚韧

尽管对于文人才子而言，义乌地区的山水美妙得令人留恋，但对于世世代代生活在这个地区的义乌普通百姓而言，这样的山水带来的并非诗情画意，反倒是饥饿与贫穷。义乌地区，它的自然环境通常被概括为“五山半水三分田，建设用地一分半”，主要就是指义乌的自然资源匮乏，人均耕地极少，土层浅薄，据说那里甚至连一般的小农经济都维持不下去。有研究指出：“义乌发展的初始条件可谓‘一穷二白’，没有支撑发展和推动崛起的最基本的要素，不仅高级生产要素如资金、技术和人才十分匮乏，而且初级生产要素如土地、淡水等自然资源也十分短缺，没有任何优势可言。”①《义乌县志》就曾这样记载义乌的水利状况：

乌之水利与浙西异，势居上江，左负山陵，土不湿而燥，势不夷而险，产不麦而稻。当水之来也，暴雨骤盈。夹五六月之霖潦，建瓴而下，吐泄不及，奔溃淫溢数为菑，及其杀也，倾泻立涸，骎骎乎不足以终日。故邑陇亩淤坟，非独横决漂没之足虞。又田近山不便浸灌有易竭之患，俗有靠天之谚，非虚语也。

现代著名作家、义乌人冯雪峰也曾深深地为家乡的闭塞感到叹息：

我们的周围都是山，虽然并不高，可是从山那边和我们来往的只有飞鸟与云，从不曾有过一个生疏的人类到过我们那里；因此我们就很缺乏流动的性质了。……一切自然于我们都是灾难，不管于人们是怎样的恩惠，而且这结论也决不会错。②

尽管义乌开发较早，但长期来一直停留在自给半自给的自然经济状态。矿产资源贫乏，棉麻蚕茧等纺织原料缺少，加上远离大城市，交通相对闭塞等因素，在新中国建立前几无现代工业可言。③

然而，正是这样相对恶劣的自然环境，对义乌地区的民风世气却产生了积极的影响。在与大自然恶劣条件的激烈斗争中，逼出了义乌人吃苦耐劳、坚韧不拔的品性特征。无论是一般的民众百姓，还是史上出名的名士豪杰，都带上了义乌地区特有的不屈不挠、坚韧倔强的气质。义乌后来的发展就跟义乌人的坚韧有关，在当地流传的“义乌

① 《义乌发展之文化探源》，社会科学文献出版社2007年版，第3页。

② 冯雪峰：《月灾》，《雪峰文集》第1卷，人民文学出版社1983年版，第151—152页。

③ 《义乌县志》(1987年版)，浙江人民出版社1987年版，第2页。

道情”揭示了义乌发展的奥秘：“义乌自古是穷地，人多地少缺粮米，为了解决温饱大问题，鸡毛换糖做生意。改革开放春风起，义乌人赶上好时期。经商做生意，拨浪鼓摇出了新天地。”①可见，穷则思变，恶劣的山地环境塑造了义乌人的优秀品质。

此外，曾经成为于越属国的义乌也具有于越文化的特有气质。浙江的古越之地，濒临东海，江河纵横，以船为车，以楫为马，惊涛骇浪，习以为常。生活在这种自然环境中的人，自然会形成一种勇敢、刚劲、不怕死的性格。正如明代王震在《岱山院记》中所说：“士生其间，往往多钟山沧海硕大之气。”生活于星罗棋布的湖泊河流、层层叠叠的山峦之间，自然需要有勇气、智慧与冒险精神，这也养成了于越人的冒险精神与慷慨之气。左思在《吴都赋》中写道：“士有陷坚之锐，俗有节慨之风。”越王更是在《越绝书》中对越文化有一针见血的概括：“锐兵任死，越之常性也。”同为浙江文化的传承者，义乌人身上似乎也有以鲁迅为代表的绍兴人所有的“硬”和“韧”的秉性。人以群分，鲁迅先生身边就有不少义乌朋友，他也对义乌人冯雪峰的性格极为了解。此外，还有研究指出，从义乌春秋战国时期青铜器物中，也可以看到于越青铜文化的影响。于越人“精勤耕战的文化品格和经济为本的价值取向”应当也是今天义乌精神的文化源头之一。②

义乌经济的崛起同样得益于义乌人的坚韧品格。传说义乌兵回家乡后，由于地少人稠，便肩挑货郎担，手摇拨浪鼓，走街串巷“敲糖”谋生计。后来越来越多的农民在农闲季节加入“敲糖”队伍，换取鸡毛沤肥来改变当地酸性过重的贫瘠土壤。贫瘠的土地使义乌人不得不重视商业，当代敲糖帮到1982年时已经成为遍及全国的小商贩群体，对各地的小商品需求极为敏感，而更多的义乌当地人也纷纷开始为他们提供货源，后来就成了义乌小商品市场的雏形。这种坚韧的性格，最终促使义乌人在20世纪末创造了辉煌的经济奇迹。

第二节　社会教化

传统社会教化在中国历史上一直发挥着规范个体行为以服从群体，减少以至避免社会纷争，整合家庭、家族、民族共同体，促进社会和谐的作用。古代很多善出名士学人的地区，往往社会教化的功能发挥得特别好。义乌这样的社会小环境，从行事规范上来

---

①② 《义乌发展之文化探源》，社会科学文献出版社2007年版，第37、79页。

讲，受到更多的并非来自最高朝廷的政治控制，而是宗族权威的影响。从文化继承上来讲，义乌地处浙江中部，有利的条件注定了要融汇四面来客、八方文化。义乌的宗族传统和外来文化的融合，为出产杰出人才奠定了重要的传统伦理和多元知识的基础，正是在家族教育、民间规范、文化认知等共同构成的成长大背景下，义乌名士才能既以独立的面貌又以群体的形象，立足于中华名士之林。

宗族与望族

在《中国宗族史研究入门》中，钱杭指出："宗族虽具有世界性和普遍性，却没有哪一个地区、哪一个国家、哪一个民族存在过如同中国汉族一样完整、严密、漫长的宗族制度。这些地方的人们从来就没有把自己的生活和他们的宗族组织，像中国汉人那样牢固、长久地联系在一起。"①认识传统中国社会，宗族是绝对绕不过去的。

所谓"宗族"，是人类学上的术语。有学者对其作这样的定义："宗族，就是有男系血缘关系的人的组织，是一种社会群体。这里需要特别指出的，它不只是血缘关系的简单结合，而是人们有意识的组织，血缘关系是它形成的先决条件，人们的组织活动，才是宗族形成的决定性因素。"②家庭是宗族的基础，班固在《白虎通义》中这样写道："一家有吉，百家聚之，合而为亲。生相亲爱，死相哀痛，有会聚之道，故谓之族。"《尔雅·释亲》中又说"父之党为宗族"，也就是说，在"父系"世系框架内的各"家"所联结成的"族"，才能叫"宗族"。

宗族在传统社会中发挥了教育民众与维持礼俗秩序的功能。义乌社会多以多代共居为荣，外来的迁居人口也大多以宗族为单位，因此我们在谈论义乌社会的时候，尤其要重视宗族在义乌社会历史中的地位。

在义乌，绝大多数村落的人们都是聚族而居，一姓即一宗族。一个或数个同姓村落建有宗祠，一般为三进，作为悬祖像、供牌位、收租息、岁时祭祀和续修宗谱的场所。尤其在明清之际，通过建祠堂、祭始祖等方式，义乌地区同族的联合得到了强化，宗族社会的色彩也日趋显著。此外，义乌地区的外来人口比例很大。据《义乌县志》的记载：

> 历史上宗族家系不断发生兴衰续绝、赘继融合的变化，故世居土著人口比重不大。汉末群雄争霸，西晋、五代和北宋末年，中原多战乱，从北方避乱南来在义乌定

---

① 钱杭：《中国宗族史研究入门》，复旦大学出版社 2009 年版，第 2 页。

② 冯尔康：《宗族制度、谱牒学和家谱的学术价值》，《中国家谱综合目录·代序》，中华书局 1997 年版，第 2—3 页。

居的不少。晚唐黄巢部一度据闽，清初三藩作乱，闽东北居民大批迁入浙南，一部再迁义乌。明季倭寇滋扰宁、台沿海，有人西迁来本县。

根据2011年版《义乌市志》考证，外地迁入义乌的主要有陈氏、王氏、吴氏、朱氏、楼氏、刘氏等30多个姓氏。在上文中已经提到，义乌地区的地理资源状况决定了该地区不同于其他江浙地带，可以通过传统的农耕维持传统经济的发展，相比之下，穷山恶水的自然状况决定了该地区的民众必须依靠其他方式来维持生存和发展事业。在这种情况下，许多义乌人都投身于商品交易等流动性较强的工作。这种人口的频繁流动，在文化教育方面，使得传统的私塾或学堂教育变得相对困难。义乌的宗族不得不在教育上扮演更重要的角色，承担行为规范兼教习礼俗的职责，潜移默化地对它的成员进行着伦理道德方面的教育。这种宗族教育的方式是多种多样的：通过建立家规、组织族训来教育宗族成员；通过修建或改善多种教育设施，支持教育；利用集会和祭祀活动进行教育；资助外出求学的族人，兴学重学。

义乌宗族教育，在忠、孝、智、勇上的示范作用，为义乌精神立了根本，对义乌名士文化的产生与发展发挥了重要作用。①

其一，特别提倡耕商并举，耕读传家。义乌地区的宗族大多教导后代以“勤”字为本，要通过勤劳建立基业、勉力持家。我们可以在不少宗谱里看到这些。比如《环溪王氏宗谱》里描述过一块名为《惟勤》的匾额，其中的匾文这样写道：

> 昔成王垂戒：卿士功宠，惟志。继以业广，惟勤！盖云广其业者，存乎勤也。自人情好逸恶劳，苟且因循，万事坠败！欲其业之广也得乎？族祖舜五，素勤家政，犹恐后世子孙或有即于怠荒者，爰以“惟勤”二字颜诸劝：夫勤则习劳，劳则善心生，此不独病轻警惰之旨，抑或保泰持盈之道也。观乎此者，早作夜思，日积月累，业之广，不益见功之崇欤？是为跋。

该文的作者王芳劝诫后代不能倦怠懒惰，在任何时候都不能放弃奋斗精神。这种勤劳的精神一直流传至今，在今天的义乌商人身上，勤劳是他们共同的一个特征。

其二，建立了一套包括伦理道德规范在内的行为规范体系。首先通过族训教导或在族谱中选取楷模进行示范的方式使宗族成员明确自身应该遵循的道德准则。“子弟

① 以下内容部分参考了吴民祥、阮美玲：《明清时期宗族教育与义乌商业文化》，《广西民族大学学报》2010年第4期。

不论贤愚教之读书，要他解得人伦二字为何物，天理二字为何物，不可过于宠惜，任其游荡不务行业，不加督责，恐日后忤逆无状若禽兽然，再惩以法岂不自误。”①

吾地田少山多，出外生理势所不免，为父兄则术须要仔细筹度。若全靠偷骗为主者便是不好道路，不可任他去走。夫明知其不好而为之，本心丧矣。虽得千金必无一生受用天理。且子弟既无本心，自然不由正道。在外决不务实，在家决不孝顺。日后只知自己不顾父兄，悔之已迟，各宜自忖。②

环溪王氏宗族注重宗族成员在商业活动中的待人接物之道：

贫富固由乎天，而生财亦有其道。……不能如此勤俭，却乃横生巧计，或买田短价而不纳税粮，或放债过取利息准折畜产，或值岁饥而迫令佃户依数还租，或欺人孤寡而通同伊亲盗卖产业，或称重入轻出，或斗小放大收，此皆捐阴德之事，以此致富，不知天地照察，则反成衰败。③

《龙溪陈氏宗谱·家范》规定：“朔望日子孙必集于祠堂会拜，以识礼仪。先昭后穆以次序拜毕，静听俊秀绅衿中声音洪亮者宣讲圣谕十六条毕，然后一揖而退。”这种集会的程序体现了人伦关系，据《礼记·祭统》载：“昭穆者，所以别父子远近长幼亲疏之序也。”它对宗族伦理起指导作用。集会的出勤管理规定禁止代替点到，违者将受到处罚。这在无形中培养成员的诚信品格。此外，在重视“义”的同时，义乌的宗族教育也并不忽视对“利”的强调，它逐步确立了士农工商“四业皆本”的教育思想，在价值取向上已经开始重视商贾教育，在教导子孙“服贾”的同时，也注重培养商业道德，“义利并举”。

其三，注重培养“刚正勇为”的品格：《龙溪陈氏宗谱·家范》规定：

如男妇人等果肯立心平正不生邪念、不萌忌心、不隐忍山、不扬人短、不欺长上、不骗庸愚、不忘父母、不逆公姑、不起人家是非、不暗算人美事……实心实意，不以无益而不为，不以有益而始为，久而不厌不求人，知皆莫不阴德也，岂要多小本钱。（第十九条）

子孙有贫不谄、富不骄，安分守理恂恂然，在乡党能以礼让，在邦国不变所塞，遇事变，能致其身不淫不移，矫矫超出群伦至上者，名为俊杰。乡党须钦敬之奉为楷式。（第七十条）

①② 《龙溪陈氏宗谱》卷十六，2008 年重修，第 149—150、142 页。

③ 《环溪王氏宗谱》卷一，2007 年重修，第 126—132 页。

有清贫守己立志不苟淡泊一生，不以贫故易其操者，乡评当推重之，表其方正。（第七十一条）

在如此的家训下，宗族成员多“不以躁进求荣，不以牢骚变节”之士。宗族通过有组织的教育活动培养族众勇敢不屈的精神。这种对“勇”的推崇，从当时“罗汉班”及武书堂的广泛设立即可见一斑。“罗汉班”属南少林派，主要以武术打拳为主，以“叠罗汉”为辅，大多由一个族或一个村的人组成。武书堂则是大的宗族为勉励子孙成才而设，其开支由宗族经费提供。宗族有意识地教化习武，正是为了培养后代“刚正勇为”的品格。义乌武学教育成果丰硕，其中也离不开宗族的功劳。

历史的发展表明，一个上述方面都努力践行的宗族，往往会源源不断地为社会培养出优秀人才。如义乌金氏家族，吴潮海曾这样评价：“金氏是义乌的名门望族。元代的理学大儒金涓、钦赐‘清慎’玺印的清官金德孚、明工部右侍郎金世俊、抗倭名将金福、清初名将金光，均为同一世族，他们都是名盛一时的文臣武将和志行卓异的俊士。”①

地方教育

除了宗族承担了重要的社会教育功能之外，义乌地方政府也格外重视教育。在历史上，义乌素有“文化之乡”和“小邹鲁”的美称。历史上的义乌地方官非常重视教育，他们崇学校、养人才、誉乡贤，主要通过五种办学方式（学塾、县学、书院、社学和学堂）兴办教育，培养人才。

史料中记载了大量地方官员在教育上作出的努力。如元代达鲁花赤亦璘真“崇礼教，兴孝悌，修学校”；明知县吕盛“重建明伦堂儒学门，创号房四十余间，拓泮池，甃石为桥，甚有功于黉校”；汪道昆“尤崇重学校，造就青衿，所奖拔俊异，为时名流”；欧阳柏“尤垂意学校，门堂庑垣，特加饰”；许成楚“大修学宫，捐倡募助”。据不完全统计，义乌有记载的进士有155人，状元1人，其中文进士147人，武进士8人。新中国成立后也培养了一大批专业技术人才。

义乌地方教育的发展大致有这样几个阶段②：上古、秦汉至隋唐为义乌教育的初步形成期。据嘉庆《义乌县志》记载，南朝教育家、文学家娄幼瑜曾“聚徒教授，不应征辟”，这是义乌私塾教育的重要记录，此外，当时义乌的县学也已经展开。

---

① 吴潮海：《金汉鼎》，载《义乌名人传》，中国文史出版社2001年版，第462—463页。

② 以下见《义乌发展之文化探源》，社会科学文献出版社2007年版，第303—311页。

两宋时期为义乌教育的繁荣期。经济发展促进了文化的全面进步，当时浙江地区文化教育十分发达，县学、书院、乡学遍布各地，讲学与求学之风盛行，学术思想、科学技术、文学创作都走在了时代前列，并涌现出大批杰出人士。义乌当时的县学发挥了重要的教育功能，南宋150多年，义乌涌现出多位进士，如进士黄耕，与永康陈亮同榜等。在书院方面，当时的徐侨辞官回乡后，便在赤岸东岩，筑室数间为书舍，作为东岩书舍，招徒讲学，传朱熹理学于浙东。此外，南宋鲍公琰建龙华书院于铜溪之东西二处，叶由庚创办龟山书院，在当时名声很大，还有虞复所建的滴珠书院，刘应龟所建的石门书院等，这些书院培养出了许多义乌历史上重要的名士，如黄溍、喻南强等等。

元、明、清三代为教育向近代演变的转型期。元代兴起了社学，即设在乡村的启蒙学校，多数由地方官府兴办。《义乌县志》载，元至元七年(1270)，颁令各路劝农立社，明代沿袭元制，继续兴办社学，当时最有名的便是绣湖社学。此外，当时义乌继续实施书院教育。据《义乌县志》载，元代义乌建造的书院有五云书院(楼如浚)、华川书舍(王祎)、景德书院(南川子)；明代建造的书院有蜀山书舍(楼宗远)、杜门书院(傅藻)、釜山书院(宋濂)、齐山精舍(王汶)、钟山书院(虞守随)、纯吾书院(虞怀忠)、葛仙书院、石楼书院、绣湖书院(黄元炜)；清代所建书院有紫阳书院(朱氏裔孙)、漱芳书院(陈云荃)、延陵书院、伯寅书院等。

兴盛的地方教育为历史上的义乌培养了大量博学之士与杰出人才。

多元文化

在讨论宗族作用时谈到，义乌的绝大多数家族是由外地迁移而来，义乌的四大家族“骆(宾王)、宗(泽)、黄(溍)、王(祎)”也是如此。大量的外来人口涌入使得义乌地区形成了别具特色的移民文化。所谓“义乌十八腔，隔溪不一样”，光是义乌的方言就有好几种。新移民带来新的宗教及文化，又促成了义乌宗教并立、文化多元的局面。现代义乌，依然继承了这种“流动传统”，据有关研究显示，20世纪80年代以来，义乌大体经历过三次人口大积聚：第一次是1982年，当时由于当地政府提出开放市场，大量本地农民涌入县城经商创业；第二次是1992年邓小平南方谈话发表之后，大量来自省内外的外地经商者涌入义乌；第三次是2002年中国加入世贸组织后，大量国外商人涌入义乌。①

多样地方文化的传入、汇集、融合，使得义乌文化中产生了一种多元并存、兼收并包

① 《义乌发展之文化探源》，社会科学文献出版社2007年版，第372页。

的宽容精神。义乌人对外来人口及文化总是持一种平等、善意、接纳的态度，绝不会偏袒自己，歧视他人。据说在龙溪陈氏宗族聚族而居的地方，还有个不成文的规定："溪滩芦苇给客姓，陈姓不得相争。"

另一方面，经历长途迁徙定居义乌的外来族姓因为经历磨难，总体而言更能吃苦，他们能够主动选择和适应新的生存环境，并善于在竞争中取得胜利。义乌外来人口在与地方性的融合中衍化出了善于理解、富于创新、勇于开拓等精神品格，是世代义乌名士"四海为家，家容四海"胸襟抱负的历史血缘和文化基因。

第三节 儒学传统

义乌深厚的学术文化传统自然不可小觑，该地区历史上高度发达的学术成就及其流风余韵，都极富特色。这种学术传统的存在和延续，一直为历史上义乌的文化发展提供强大的支持；正是依托于如此深厚的学术底蕴，义乌名士文化才有了赖以生根的土壤。

义乌的学术发展得益于整个婺州地区的思想繁荣。据考证，义乌的学术源流大致可追溯至南宋，而在此前，有关义乌学术的记载寥寥可数。这种学术文化的兴盛，跟南宋迁都之后，政治、经济、文化中心的南移有很大的关系。南宋统治者采取了"兴文教，抑武事"的基本国策，推动了东南地区的文化发展。此外，婺州地区的地方官学和民间书院的蓬勃发展，也带动了这一地区的文化思想繁荣，一时该地区人才辈出，群英荟萃，赢得了"小邹鲁"和"东南文献之邦"的美誉。①

在当时的婺州，传统儒学得到重新振兴与发展。尽管也不乏佛学、道学等思想在该地区传播，但由于有官方的大力支持，儒学成为主流学说并不令人意外。元朝政治家、文学家黄溍曾言："是以近世言理学者，婺为最盛。"明初大儒宋濂更是对婺州的儒学风气赞不绝口。他曾说，那里就连五尺之童，都能懂得道德性命之学。尽管他的说法未免言过其实，但足见当时儒学风气的浓郁。

婺州及其影响下的义乌儒学传统中，以二程、朱熹为代表的程朱理学占据主导地位，他们所倡导的理学跟中国其他地区一样，教育与塑造着年轻士人的人生取向；由于地理上的边缘性特征，婺州地区能够在接受正统理学教化的同时，创造性地发展出一些

① 参见徐永明：《婺州文人群体之构成及其形成之地域文化背景》，《浙江学刊》2004年第6期。

非主流的儒学思想来。像东莱吕祖谦、金华唐仲友以及永康陈亮的学说，为该地区吹来缕缕清风。儒学思想在该地区呈现多元、对话与互动的良好格局。

程朱理学在义乌

冯友兰在《中国哲学简史》中曾经指出，由程颐开创到朱熹完成的“程朱理学”在中国历史的很长一段时间内都是占据主流地位的：“这个哲学体系的领袖地位虽然曾遭到陆王‘心学’和清朝一些学者的挑战，但直到十九世纪末、二十世纪初，西方学术传入中国之前，程朱的理学始终是中国最有影响的哲学学派。”①

因此，在讨论义乌学术文化的时候，程朱理学是首先需要讨论的。尽管吕祖谦的金华学派和陈亮的永康学派声名卓著，尽管程朱理学在庆元年间(1195—1200)遭受过短暂打击，但义乌的文化主脉仍为程朱之学②。宋室南渡以后，朱熹曾在婺州丽泽书院、东阳石洞书院、武义明招山书院等处讲学授徒，这使得朱子学在婺州地区得以传扬。

朱熹学说的核心为“理气之说”。他认为世界是由理气构成，两者浑然一体，他曾说：“天地之间，有理有气。理也者，形而上之道也，生物之本也；气也者，形而下之器也，生物之具也。是以人、物之生，必禀此理，然后有性，然后有形。”③在他看来，世界上一切具体的事物背后都有它自身的“理”存在，“天下未有无理之气，亦未有无气之理”。因此，为了领悟天地之理，他主张“居敬求理”，“涵养需用敬，致知在于格物”，通过修养的功夫、格物的方式实现对世界的认识。

朱熹在义乌有不少门徒，大致可分为两系：其中一系为朱熹的门徒，如徐侨、傅定，徐侨之学又由叶由庚、康植、王世杰、龚应之等人发扬光大；另一系则出于朱子门人、女婿黄榦，于是有了“北山四先生”之称的何基、王柏、金履祥与许谦。后许谦又授徒八华山，像朱丹溪等义乌学人又接受他的教导，后学绵延不绝。此后，“北山四先生”一脉经由何基传陈杙，许谦传朱震亨、王顺等；徐侨一脉则由徐侨传王炎泽、石一鳌、黄溍、宋濂、王祎、傅藻、王汶等人。④

在朱熹的嫡传弟子中，傅定是其坚定追随者。傅定，字敬子。受业于朱子之门，潜

① 冯友兰：《中国哲学简史》，天津社会科学院出版社2005年版，第269页。

② 张剑：《方志视野下的文化考察：以明清〈义乌县志〉为例》，《合肥师范学院学报》2008年第1期。

③ 杨东莼：《中国学术史讲话》，江苏教育出版社2005年版，第165页。

④ 《义乌发展之文化探源》，社会科学文献出版社2007年版，第140—141页。

心理学，得其微言奥旨，朱子极称之。①庆元三年(1197)，由于政治斗争，拥护丞相赵汝愚的一批理学家被划入“伪学”党籍，道学被视为伪学加以禁止，史称“庆元党禁”，朱熹亦被划为党人。许多学者害怕祸及自身，都不敢再向朱子问学，改事他师，傅定却不为所动。此外还有徐侨。徐侨，字崇甫。少时从学吕祖谦门人叶邽，授上饶主簿后，始入朱熹之门，朱熹称赞其明白刚直。徐侨中年罢官归里，先隐居五云山五云寺，后迁丹溪，于赤岸建东岩书舍，开门讲学，传播理学，使朱子理学在浙东大为流行。清人王崇炳在《金华征献略》中，称赞其于朱子之学，豁然贯通，称得上得到了朱子的真传。徐侨确实继承了朱熹的理学思想：“其在君前论学则曰在正心，论治则曰在知人，其教学者以命性心中诚仁为穷理之要，九思九容为主敬之本。”②

徐侨的学说又为他的门人继承发展。据崇祯《义乌县志》载：“乌自徐侨受业朱熹，以道学为东南倡，而叶由庚又得其精而益阐扬之。渊源流派，至于我朝，硕学之士往往辈出焉。虽所造浅深不同，然皆能遨游乎经籍之圃，而步武乎先哲之躅矣。”③叶由庚，字成父。天生口吃，嗜好读书，但科举考试不顺，于是断绝了入仕的念头。当时徐侨在丹溪讲学，叶由庚便追随于他。徐侨教授他“中诚仁命性行”，期待他能融会贯通。他曾这样评价叶由庚：“成父从侨最久，静愿无他，好讲学，意趣殊深，吾道有托矣。”④

除叶由庚外，徐侨的弟子中以朱元龙、康植、王世杰、朱中、龚应之最为知名。朱元龙一生为官清廉，不肯阿附权贵。其早年受业于徐侨，后又从学于陆九渊的弟子袁燮，因此王祎称其学问既能得朱陆之异，又能将它们融会贯通。⑤康植很早就入徐侨之门，“执经于侨之门三年”。师门中独有他从游徐侨最久，跟王世杰并称为徐侨的高足。⑥他曾这样称赞老师的学问：“文清学行纯笃，风节高峻，诚可谓道学之宗师矣。”龚应之也授业于徐侨，后来他考上进士，久居下僚。有一次理宗问周围大臣说：“朕尝读龚应之书义，此人今安在?”龚应之很快便得到提拔。

除了北山四先生与徐侨二脉，传承朱子学的尚有兼承二系者。如元代朱同善受业于许谦；朱同善之子朱廉受业于黄溍；金涓先学文于黄溍，又学经于许谦，并与浦江吴莱，金华宋濂，本县王祎、朱廉、傅藻等为友，相互切磋，于是贯通经史及诸子百家，一生

①②④⑥ 嘉庆《义乌县志》卷十四《理学》。

③ 崇祯《义乌县志》卷十二《儒林》。

⑤ 见朱庆平：《朱元龙》，载《义乌名人传》，中国文史出版社 2001 年版，第 186—192 页。

即以教授、著述、吟咏而告其终①;宗诚也曾受业于许谦、黄溍,明了经史,学问深邃,在家乡开展教育,传授弟子;冯翊受业许谦之门,又跟从黄溍求学,黄溍视之为"畏友","相与讲明性理之学"。②

陈亮的影响:义乌的事功之学

杨东莼在《中国学术史讲话》中指出:"宋世理学家,不重事功,南渡以后,国是日非,于是浙学出,力矫以前之失,主经制以求事功。"③浙江所处的特殊地理位置造就了非主流儒学事功之学的兴起,其中最具代表性的是"永嘉学派"与"永康学派"。同处一个地区,"永康学派"的学说自然对义乌儒学产生重要影响。若要认识永康学派,自然需要认识它的代表人物:陈亮④。

在《陈亮之为人》一文中,卢敦基曾指出:

> 近年来,在向现代社会转型的历史进程中,地处东南沿海的浙江,创下了经济社会发展的奇迹。而此与浙江独特的文化不能不有深刻的联系。人们开始认识到,浙江的经济和社会现代化,有着浙江精神的驱动因素。而浙江精神便不能不与浙江历代著名的文化大家发生联系。在此情形下,陈亮作为南宋功利主义学说的代表人物之一,自然引起当代的重新关注。⑤

关于陈亮在儒学上的贡献,清代学者黄百家评价道:"是时陈同甫又崛兴于永康,无所承接,然其为学,俱以读书经济为事,嗤黜空疏随人牙后谈性命者以为灰埃。亦遂为世所忌,以为近于功利,俱目之为浙学。"⑥此言准确地点出了陈亮在儒学上的贡献,即关注实用之学,推崇务实之风。杨东莼亦对其赞赏有加:"龙川之学,破儒者门户褊狭之见甚力。"⑦陈亮的事功学说始于对朱熹思想的挑战,他在诸多问题上提出与正统儒学完全不同的看法,在当时引发了很大的争议。

---

① 见冯春生:《金涓》,载《义乌名人传》,中国文史出版社2001年版,第251—257页。

② 嘉庆《义乌县志》卷十四《理学》、《儒林》。

③⑦ 杨东莼:《中国学术史讲话》,江苏教育出版社2005年版,第170、171页。

④ 陈亮(1143—1194),字同甫,号龙川,永康人。1168年以试入太学,次年向孝宗上《中兴五论》,明确表达自己的抗金主张,并上陈政治、经济之策,未得朝廷重视,回归乡里闭门读书、著述。淳熙五年(1178)又三次上书,孝宗未接纳。绍熙四年(1193)秋应礼部试,举进士第一,授建康府判官厅公事,次年去世,谥号文毅。代表著作有《龙川文集》、《龙川词》等。

⑤ 卢敦基:《陈亮之为人》,载卢敦基、陈承革主编:《陈亮研究:永康学派与浙江精神》,上海古籍出版社2005年版,第162页。

⑥ 滕复等编著:《浙江文化史》,浙江人民出版社1992年版,第207页。

首先，在“义利”问题上，陈亮提出了新的看法。“义利之辨”向来是儒学的核心议题，以朱熹为代表的理学家们注重义利、理欲之辨，忽视事功的重要性。陈亮完全不认同这个看法，与朱熹有很多争论，他反过来为“利”辩护，认为义利两者是相辅相成的：

性命之微，子贡不得而闻。吾夫子所罕言，后生小子与之谈论不置，殆多乎哉。禹无功何以成六府，乾无利何以具四德，如之何其可废也。于是推寻孔孟之志，六经之旨，诸子百家，分析聚散之故，然后知圣贤经理世故，与三才并立而不废者，皆皇帝王霸之大略，明白简大，坦然易行。①

“义”要通过“利”来体现。没有生民之利，义就无法实现，所以利也就是义。他认为，所谓义利对立乃后代儒家的陋见。在三代，圣王们并不讳言功利。他还以儒家经典为例：孔子云：“不义而富且贵，于我如浮云。”从中可以看到，他并不会拒绝“义而富且贵”。又引孔子所说的“富而可求也，虽执鞭之士，吾亦为之。如不可求，从吾所好”来论证孔子并非全然不要富贵，而只是认为富贵不可强求，必须建立在道义的前提下。此外，他还以孟子的“可欲之为善”为例，认为道义之善与自然人性之间并非不可调和的冲突，均可成为可欲的对象。而理学家却把传统儒家训诫歪曲为反对追求利益，尤其是程朱理学使中国人脱离了求利这种非常实际的事情。②陈亮的义利并重的思想，虽然面临一个已形成气候的很难打破的道学思想格局，但它仍然为儒家的义利关系提供了一个组织性的及工具性的次目标，借以实现儒学所追求的至善。③

其次，陈亮尤其强调实践的重要性，强烈批判正统儒学的空谈。他反对朱熹教人“以醇儒自律”，对当时社会上那些只知空谈，埋头学问却不关心现实人生的腐儒予以痛批：“始悟今世之儒士，自以为得‘正心诚意’之学者，皆风痹不知痛痒之人也。举一世安于君父之仇，而方低头拱手以谈性命，不知何者谓之性命乎？”④他还说：“以为得不传之绝学者，皆耳目不洪、见闻不惯之辞也。人只是这个人，气只是这个气，才只是这个才。譬之金银铜铁，炼有多少，则器有精粗。岂其本质之外，挨出一般，以为绝世之美器哉？故浩然之气，百炼之血气也。使世人争骛高远以求之，东扶西倒，而卒不著实而适用，则

① 嘉庆《义乌县志》卷十四《理学》。

② 田浩：《对陈亮思想重要性的若干反思》，载卢敦基、陈承革主编：《陈亮研究：永康学派与浙江精神》，上海古籍出版社 2005 年版，第 21 页。

③ 成中英：《义利之辨与儒家中的功利主义》，载卢敦基、陈承革主编：《陈亮研究：永康学派与浙江精神》，上海古籍出版社 2005 年版，第 27 页。

④ 滕复等编著：《浙江文化史》，浙江人民出版社 1992 年版，第 208 页。

诸儒所以引之者过矣。”①陈亮注重实际，主张实践，在儒生崇尚形而上学玄思的时代，他的思想无疑是一缕清风。

陈亮的思想客观上是为浙江地区的商业活动正名。在中国传统价值观里面，从商历来是遭受贬低与打压的，但陈亮这种独树一帜，开风气之先的学说无疑对浙江文化的后世发展产生了重要影响，从明代到近代江南代代思想家对商业的正面肯定，都离不开陈亮这个名字。美国汉学家田浩就认为，陈亮的杰出之处正在于他不加掩饰地为商人利益说话。陈亮对商人利益的维护表明了他唯物主义地看待人性，并且主张人欲和对自身利益追求的正当性。②从思想文化的潜在影响来看，陈亮学术对于历史上义乌名士“务实”性格的形成，确实起了举足轻重的作用。

陈亮一生壮志难酬，也屡受挫折打击，为了坚持自己的学说，差点连命都丢了。然而即便其在当时身陷这样的处境，依然有不少人愿意追随于他。其中最具代表性的有喻良能、何恪、喻良弼、陈炳，他们四人由于品行清高，文名于世，而被陈亮称为“乌伤四君子”。③四君子在与陈亮的交往中，受到其事功思想的影响。此后，喻氏兄弟（喻民献、喻侃、喻南强）大多受教于陈亮。其中喻侃是喻良弼的侄子，当时很多人都质疑或指责陈亮的学说，只有他愿意追随陈亮。当陈亮几乎身陷绝境之际，他与朋友们营救其于水火之中。喻南强读书不满足于言语文字的表面学问，必定要使学问付诸实践。这种“务实”的治学精神，显然是受到陈亮影响的。他们义无反顾地承传陈亮学说，终生守之不渝。他们对陈亮学术的维护与坚守，对永康学派的形成和兴盛起到了积极的推动作用，

① 杨东莼：《中国学术史讲话》，江苏教育出版社 2005 年版，第 171 页。

② 田浩：《对陈亮思想重要性的若干反思》，载卢敦基、陈承革主编：《陈亮研究：永康学派与浙江精神》，上海古籍出版社 2005 年版，第 20 页。

③ 所谓“乌伤四君子”，主要是指喻良能、何恪、喻良弼、陈炳，此四人品行清高，志趣相吻，交往甚密，均以文名于世。此称谓源自永康学派代表人物陈亮。陈亮与其四人交好，并作专文赞之。在《题季直文编》中他分别给予四人这样的评价：乌伤固多士，而称雄于其间者，余熟其四人焉，盖非特乌伤之雄也。喻叔奇于人煦煦，有恩意能使人别去三日，念辄不释。其为文，精深简雅，读之愈久而意若新。何茂恭目空四海，独能降意于一世豪杰，而士亦乐亲之。其文奇壮精致，反复开阖，而卒能自阐其意者。陈德先举一世不足以当其意，而人亦不愿从之游。然其文清新劲丽，要不可少。喻季直遇人无亲疏贵贱，皆与之尽，而于予尤好。其文蔚茂驰骋，盖将包罗众体，而一字不苟，读之亹亹而无厌也。而四君子者，尤工于诗，余病未能学也。然皆喜为余出，余亦能为之击节。余穷滋日甚，索居无赖，时一作念，顾茂恭之骨已冷，而三山相去逾千里，德先季直，虽宿舂可从其游，而出门辄若有絷其足者，喻行之收之，出季直旧文一编示余，耸然观之如得所未尝。茂恭死，其文益可贵重，而子弟亦珍惜之，欲求一字不可得。得季直之文，便如茂恭在目。昔余尝读茂恭之文而面叹曰：“九原不可作，欧苏姑置勿论，如世所谓六君子者，公将何愧。”

也对义乌名士文化中“义利并重”与“知行合一”思想的形成，起了直接的作用。

吕祖谦及其他

除朱熹、陈亮之外，义乌儒学传统还有其他人物带来的影响。其中，婺州人吕祖谦①的“东莱之学”同样值得重视。他跟朱熹是同辈人，当时朱熹的“晦庵之学”、张栻的“南轩之学”以及吕祖谦的“东莱之学”三足鼎立。吕祖谦的学说颇具有折中调和的特色，他主张“学问做得主张，则诸子百家长处，皆为吾用”。②当时讲学，朱熹与陆九渊在看法上经常不合，吕祖谦则介于其间，颇多调停而不主一门之说。他能同情地理解朱熹之学，但也看到了正统儒学的缺陷与不足，后来的陈亮正是受到吕祖谦的启发，发展了事功之学。

在“义利”的问题上，吕祖谦更接近正统儒学的看法。他强调“义”的重要性，沿着重义轻利的思路，但他也并未如正统理学那样，反对任何的“利”。他认为只要在“义”所容许的范围之内，物质利益还是值得重视的。他说“富贵车服”这样的物质享受，一旦是“义”所允许的，那么也是可以允许的。但若违背了“义”而去享受它，那就不应该了。简而言之，对“利”之取舍，当由“义”来决定。“义”当取之则取，“义”当弃之则弃。

吕祖谦对程朱理学的弊端看得很清楚，他看到国家积弱至此，学者却依然热衷于浮谈，视经世之务为末着。为此，他著有《周礼说》以救其病：“自科举之说兴，学者视国事，如秦、越之视肥瘠，漠然不知。至有不识前辈姓名者。一旦委以天下之事，都是杜撰，岂知古人所以教国子之意。”他希望儒学回归到日常的现实生活中来，能够成为士人治国平天下的实用学说。

此外唐仲友③所创的“说斋学派”也在义乌产生影响。黄宗羲曾言：“唐说斋创为经制之学，茧丝牛毛，举三代已委之刍狗，以求文武成康之心，而欲推行之于当世。薛士

① 吕祖谦(1137—1181)，字伯恭，学者称东莱先生，浙江婺州人。初承家学，荫补入官，后举进士，又中博学宏词科，被召为博士兼国史院编修官，实录院检讨官，受命重修《徽宗实录》，书成后迁著作郎，奉命校正《圣宋文海》，断自中兴以前，类为150卷，被赐名为《皇朝文鉴》，后主管冲佑观，曾与朱熹、张栻齐名，号称“东南三贤”。

② 杨东莼：《中国学术史讲话》，江苏教育出版社2005年版，第167页。

③ 唐仲友(1136—1188)，字与政，又称说斋先生，金华人。绍兴年间进士，曾知台州。著有《六经解》、《帝王经世图谱》、《说斋文集》等。其刻书活动主要是南宋淳熙间(1174—1189)知台州在临海时，所刻之书有《荀子》、《杨子法言》、《中说》、《昌黎先生集》、《后典丽赋》等。其中《荀子》二十卷，战国荀况撰，唐杨倞注。为唐仲友于淳熙八年(1181)在临海台州任上所刻。此书为二十卷本，版式半页八行，行大字十六，小字双行各二十四。刻成后，人称“宋椠上驷”，赞其“雕镂之精，不在北宋蜀刻之下”。现日本尚有藏本，举为国宝。

隆、陈君举和齐斟酌之，为说不皆与唐氏合，其源流则同也。”说到唐仲友的“经制之学”，有学者曾作这样的评价：

唐仲友的经制思想兴起于南宋孝宗时期，对时政问题做出了积极的反思。在学术上得到宋代新儒学的深刻熏染，转益诸儒而自成一家。通过对这些外缘内因的考察，我们才能领会经制思想的历史意义，进而重现其思想上的努力和成就。随着后世对朱熹的尊崇提升，唐氏的地位不断遭到贬斥，其弟子门人也逐渐被南宋其他学派同化，但其经制思想仍然受到后世一些大儒的重视和吸收。①

后来明代的宋濂、王祎都非常肯定他的文化与历史地位，对其学术上的贡献也给予了充分的肯定。据已有的资料，吕祖谦与唐仲友的学术在义乌的传人也有不少：如毛炳、朱质、叶邽、傅芷、傅寅等等。其中最有名的是傅寅，时人无不敬重其学问与节义。

义乌学人不但将前辈大家的学问加以精微阐发，且能发挥婺学博采兼收的优良学风，治学不拘一格，转益多师，融会贯通各门学问。论其代表人物，当推黄溍为翘楚。黄溍不仅对朱子学、婺学深有研究，对永嘉之学、陆学等学术的源流分合也作了相当深入的探索，故其论学，主张“义理与事功并重统一，反对并批评义理派与事功派的相互轻视、相互指责”，从而形成了“兼重义理与事功，博采心学、气学以及传统儒学，甚至老庄之学，而成融通各家之势”②的独具一格的治学特色。由此可见义乌学术文化博采众长，多元宽容。

特殊的地缘优势使得正统儒学在义乌的土地上发生变异。重农轻商的传统在这里变成了农商并重，学者更加关注民生，重视民利。从大的范围而言，浙江学者从来都具有强烈的自主批判精神和民生为本意识。南宋时期，当程朱理学成为儒学正统而得到统治者的推崇时，却在浙江遇到了批判和修正，陈亮、叶适等人提出了“义利双行”、“以利合义”的事功学说，在全国的学术格局中兴起自成体系的浙学。③

这些地方学派深刻地影响了义乌文化。他们反对理学家空谈心性命理，提倡注重事业功利的事功之学，治学注重实践，推崇“关注现实、讲究实效”、“务实重商、义利并举”的精神。它们对程朱理学空谈心性的弊病有着补正偏失和输送新鲜血液的功用。正是各个学派之间相互渗透交织，才使义乌一地形成了同中有异、多元共存的区域文化

① 任锋：《南宋唐仲友的经制思想》，《南开学报》（哲学社会科学版）2006年第4期。

② 桂栖鹏、楼毅生等：《浙江通史·元代卷》，浙江人民出版社2005年版，第183页。

③ 《义乌发展之文化探源》，社会科学文献出版社2007年版，第52页。

景观。对义乌来说，正是在正统儒家思想与地方学派思想的共同作用之下，地方名士文化才孕育出了学以致用的济世思想，自我主宰的独立精神，义利并举的事功取向，工商皆本的经济意识，以及公私兼顾的价值立场。这些正是义乌名士之学术脉络的根基所在，学术之于义乌名士文化可谓意义重大。

第四节　民间风尚

古语云："十里不同风，百里不同俗。"在考察一个地区的文化时，我们不仅需要关注它的精英文化，而且更需重视它的民间风尚。民间风尚好比是精英文化的沃土，孕育和滋养着精英文化。在具体分析义乌名士的时候，自然会产生这样一个问题：义乌历史上的英雄豪杰，文人才子的人格与性情，究竟跟义乌这方民间的风土人情有多少关联呢？就如鲁迅评价他眼里的冯雪峰一样，他的性格与行事风格，甚至包括他的人生价值选择，都带有典型义乌人的烙印。本章我们来着重考察义乌的民间风尚如何为名士的辈出提供了有利的发展环境。

一、风俗变迁

在万历《义乌县志》中，当时的史官对义乌民俗作了如下概述：

> 风俗比他邑为独美焉。男子服耕稼，女子勤纺织，商贾鬻鱼盐，工习器械以利民用，无淫巧奇衺之物，奉公供赋，语官府辄惕心丧气，至老死不识县门，或四五簋六七簋而已，礼仪繁委，不及东人。然真情款洽，重然诺不欺，过之远矣。

义乌一直保持了良好的民俗风尚。义乌风俗较之其他地区有"独美焉"，它包括了义乌民风中的淳朴敦厚，真诚守信以及兼济他人。不过，这倒并不是说义乌民风在历史上没有发生过任何变化，一直维持了这种良好形象。其实在某些特定的时代，义乌民风也发生过颓败，后经统治者的移风易俗，民风又得以改善，并取得新的进步。有研究指出，历史上义乌民风经历了三次大的转变①：

义乌民风第一次转变是在魏晋南北朝时期，由于当时经济社会迅速发展和中原文化的影响，浙江区域传统民俗发生急剧变化。从图腾崇拜到信奉佛道，从轻悍好勇到怯懦敦庞，从累世同居到异炊理财，这个时期宗教信仰对民风民俗转变产生了重大影响，佛学宗师傅大士就是生活于此时。

---

① 以下参考了《义乌发展之文化探源》，社会科学文献出版社 2007 年版，第 321—327 页。

第二次转变发生在两宋时期，这个时期由于经济中心南移，经济与文化发展空前繁荣，也带来了民俗风尚的巨大变化。《宋史·地理志》概括这种变化为“人性柔慧，尚浮屠之教。俗奢靡而无积聚，厚于滋味。善进取，急图利，而奇技之巧出焉”。从这段文字可见，当时民风功利主义思想浓厚，这种以利为先的民风也自然催生出“义利并重”的事功之学。唯利是图的倾向很快还是得到了扭转与纠正，随着明中叶倭寇四起与商业的发展，民风有所变化，历任官员致力于民风返厚，到了清代嘉庆年间，“礼义廉节之风，不特士习以此自厉也，虽愚夫妇亦多有焉”。民风又回归儒家传统所倡导的温柔敦厚。

义乌民风的第三次重大转变发生在新中国建立时期，该时期的民俗风尚可概括为：以农为本、以副养农，勤俭节约、俭朴成风，喜好娱乐、爱习拳棒，热情好客、款待竭诚，民性强悍、宁折勿弯，急公好义、乐于施舍。①在大体继承了历史传统之外，义乌民俗还增添了些新时代的气息。此外，还可以 20 世纪 90 年代中国市场经济改革作为标志，受到全球化经济浪潮和消费主义思想的冲击，义乌民风在这几十年里也发生了巨大的变化。

二、义乌民风

所谓万变不离其宗，历史上的义乌民风②尽管经历了几多变迁，尤其从 21 世纪的角度看，其表面上也不断呈现新的气象。但动中有静，变中有恒，义乌民风中最富于深刻底蕴的部分，在历史的风雨变迁中并未发生太大的改变。

首先，义乌民风“尚文好学”。义乌人的勤奋是出了名的：古代义乌“男子服耕稼，女子勤纺织”；近代义乌的敲糖帮，无论风霜雪雨、严寒酷暑，跋山涉水，足迹所至，皆为穷乡僻壤，当地就流传着“苦，苦不过大年初一披星戴月走千家的敲糖帮”。在当代，最早的一批小商品经济的开创者，无一不是靠个人白手起家。他们能够吃苦，也愿意接受新鲜事物，从红糖技术的引入到棉花的广泛种植，从义乌学者对宋明理学的创造性继承与阐发，到古代医学的发展和医学大家的诞生，这些都足以看出义乌人的勤劳和努力，谦虚和好学。

其次，义乌民风“尚武勇为”。义乌民众强悍刚猛、宁折不弯。《方舆览胜》记载义乌人“士质民勤”，“俗近秦风，喜习戈矛”，“竞相比武，以应征募”，义乌地区“地少而瘠，人众

① 见《义乌发展之文化探源》，社会科学文献出版社 2007 年版，第 322 页。

② 义乌市政府曾提出：“崇文、尚武、善贾”是义乌民俗，义乌民风则是“博纳兼容，义利并重”。

蓄寡”;明万历《义乌县志》称义乌人:“激烈慷慨有足多者。”“义乌的拳头”在整个浙东地区是大名鼎鼎。戚继光这么有带兵经验的将领,就会首选在义乌征兵,结果确实好用。义乌人不仅有过硬的拳头,而且还有坚强不屈、宁折不弯的精神。民间习武风气盛行。“罗汉班”大量普及,武书堂广泛设立。为此就有人指出,“义乌望族名人多刚气,就与义乌民众强悍勇猛、宁折不弯的传统文化精神有关。”①唐代诗人骆宾王、现代作家冯雪峰无疑是最好的写照。

第三,义乌民风有“尚利进取、急公好义”的精神。由于其所处的“边缘性”地位,义乌文化受到主流文化的影响较不明显,更多的还是依托于自身的地域和生活环境发展文化。比如他们无需刻板地按儒学经典里教导的那样来安排日常人伦道德。他们“不拘泥于人、人事和人与人的关系,不单纯强调做人,君臣父子的伦理意识比较淡薄,很多浙商在家庭中是儿子和弟弟或女儿、妹妹具有权威,父母和兄长听他(她)的,跟他(她)干。浙商重视和热衷做事,非常务实和讲实效,做得多说得少,功利性较强”②。但另一方面,义乌民间又有“急公慕义”的风气。像“兴大役,动大众,一呼而集,不费公帑”这样的事情也常有发生,而且信守承诺,有则材料颇能反映义乌民风中的诚信意识:

> 乾隆时,后宅全备村人陈锦宠“克勤克俭,克恭允让,经营取义,名显苏杭”。同业者每不解其故,有问之,曰:“吾无他长用,吾诚而已,一诚无伪,人皆信之,吾是以得战胜商场也。”③

此外,义乌人总能使私人的产业与公共的事业做到两不耽误,创造共赢,有这样的民间风尚何愁不出现名士精英头脑中的“义利并重”思想。

最后,义乌民间中还有可贵的包容心态。有人说,义乌文化中的包容精神的形成,与义乌人手摇拨浪鼓走南闯北的行商历史有一定的联系。当他们行走四方时,最能体会出门在外的不易,他们能将心比心,设身处地为他人着想,一种朴素的好客情感会自然而生,在群体文化层面也会积淀起一种不欺生、不排外的包容心态。正是这种包容的民俗风尚的存在,为各种文化的发展、传播甚至交流对话,提供了极佳的社会环境。在这些文化的相互碰撞中,也为能人志士的培养与成长提供了一片肥沃的文化土壤。

---

① 《义乌发展之文化探源》,社会科学文献出版社 2007 年版,第 258 页。

② 吕福新主编:《浙商人文精神》,中国发展出版社 2008 年版,第 4 页。

③ 见民国 18 年(1929)重修的《泉畈陈氏宗谱·榛七十三讳锦宠公传》。

第三章　义乌名士文化的精神谱系

《尔雅·广鸟》中说："纯黑而反哺者谓之乌。"《本草纲目》中也有类似记载："慈乌：此鸟初生，母哺六十日，长则反哺六十日。"①大意指该种鸟类在初生时，由母鸟喂养，而到了六十天幼鸟长成之后，又反哺母鸟六十天。人们看到乌鸦虽小，却有反哺之心，便称其为"孝鸟"。

"义乌"这一地名就跟这种孝鸟有关。大概从汉代起就流传"颜乌孝父"的故事。南朝宋著名文学家刘敬叔在其《异苑》中曾有记载：

> 东阳颜乌以纯孝著闻，后有群乌衔鼓，集颜所居之村。乌口皆伤。一境以为颜至孝，故慈乌来萃，衔鼓之兴，欲令聋者远闻，即于鼓处置县，而名为乌伤。王莽改为乌孝，以彰其行迹云。②

这是古代文献中有关颜乌的最初记载，故事中的颜乌因其感天动地的孝顺品德而备受历代推崇。尽管历史上有关于"衔土"或"衔鼓"的不同版本，但故事大致内容是一致的：有一位叫颜乌的人，幼年丧母，从小早慧。他非常孝顺自己的父亲，在当地以"淳孝"闻名。后来，突如其来的疾病夺去了父亲的生命。颜乌悲伤之余，亲自用双手刨土为父亲做坟，即便手指挖破也不停息。孝子的行动感动了天上的乌鸦，它们成群结队地飞来，每只乌鸦嘴上都衔了一块泥土，来帮他筑坟。最后坟墓得以筑成，但由于来回衔泥，许多乌鸦的嘴都受伤流血了。此后为了纪念颜乌并倡导他感天动地的孝道，人们便把他生前住的地方命名为"乌伤"。

颜乌孝父的故事，为义乌的文化奠定了重要的伦理基调。清代童楷在康熙《义乌县志》的序言中称："上溯秦汉，八婺皆以乌伤得名。由唐及今，或名乌孝，或名义乌，世变而名不变，以见孝道之恒存于孝子。"在中国历史上，"义乌为孝子过化之乡"，义乌人的孝顺是出了名的。义乌名士在外建功立业、经世济民以及著书立说，也都离不开这个

---

① 李时珍：《本草纲目》。

② 刘敬叔：《异苑》。

“孝”字。童楷还这样写道：

> 夫孝为百行之原，作忠于斯，求忠亦于斯，事功、理学莫不根本于斯。故邑有孝子，而后如骆文忠抗辞讨武，宗忠简恳奏回銮，王忠文秉节于谕梁，龚忠愍捐身于靖难，英风大节，千古为昭。至若徐文清、黄文献之理学，杨仆射、吴司寇之事功，本朝朱梅麓公之绩著河防，金紫汾公之名高谏议，以及文人、壮士、烈女、贞姬更仆未易悉，何莫非颜孝子有以开其原，而诸先正有以接其流哉？①

孝文化对义乌名士文化产生了巨大而深远的影响。首先，有孝才有忠。《孝经》中说：“夫孝，始于事亲，中于事君，终于立身。”也就是说，一个人只有一贯秉持“孝”的思想，才有可能修身治家，兼济天下。义乌的王绅、骆统、宗泽、朱元龙、黄溍等都是出了名的孝子忠臣，清官良吏。其次，有孝才有义。所谓“孝义”指的是秉义行孝，传统士人的节义，大抵也是从孝的伦理基础出发。在某种程度上，义是孝的必然。像骆宾王、王祎、徐侨、金汉鼎、龚泰等耿介慷慨之士，也无一不是重孝的。最后，有孝才有成。主观的道德操守，对个人的成就有切实客观的影响。据说义乌名医朱丹溪之所以走上行医之路，最初是想为母亲治愈宿疾。

当然，人们也可以对孝文化提出不同的看法，也可以举出不少案例来说明，孝德的价值未必是正面的。但本书在具体的考察中发现，义乌的孝顺之风，确实为当地名士文化的培育和发展起到了颇为正面的影响。因此，本章将着重从“忠于天下”、“耿介之气”以及“经世济民”这三种与孝文化有直接联系的名士精神加以论述；此外，“勇武好战”其实也是名士气节的外在表现，而“文采风流”也是在解读义乌名士文化时所无法忽略的。

第一节　忠孝之德　清明之风

嘉庆《义乌县志》在谈及义乌人物的时候，这样开篇：

> 乌古志人物首列名臣。诚以建大策，决大疑，定大难，当大任，如宗忠简者尚已。他如吴襄毅辈，皆勋业炳麟，光照青史。②

在义乌的历史上，从来不乏忧国忧民，廉洁奉公的士大夫。无论处于和平繁荣的环境中，还是处于动荡分裂的局面下，他们都能“先天下之忧而忧，后天下之乐而乐”。为

---

① 童楷：嘉庆《义乌县志·序》。

② 嘉庆《义乌县志》卷十三，第236页。

国家的和平与统一，为百姓的温饱与幸福，他们殚精竭虑，勤勉工作。在骆统身上，体现为他对国家和百姓的温情；在龚泰那里，体现为他的忠诚不屈；王祎为捍卫国家统一客死他乡，王绅千里寻父遗骨，更是令人感动；此外还有如黄溍、喻侃这样公正廉明，纤尘不染的清官，都为义乌留下了丰厚的精神财富。

骆俊:勤政爱民之良相

东汉的骆俊①是忠臣孝子的代表，他在年轻刚从政时，就因“孝廉”而得到朝廷赏识，被汉灵帝派往陈国当国相。他精于治理，在位期间，国家风调雨顺、人民安居乐业。当时的百姓都为新生的婴儿取“骆”姓，以示对他的爱戴。

东汉末期汉王室日益衰微，即将步入群雄割据的战乱分裂时代。作为一方军阀的袁术自立为帝，不断地发动战争，吞并其他的诸侯国，并在战争中大肆掠夺财物，百姓深受战乱之苦。当时的境况如曹操诗中所云:“白骨露于野，千里无鸡鸣。”

骆俊忠诚于汉室，对袁术的逆反嗤之以鼻，他“厉威武，保疆境，贼不敢犯”。同时还“济养百姓，岁获丰稔”，当时邻国缺粮，骆俊便把粮食送到那里，老百姓才得免受饥饿。后来，袁术的统治区也遭遇饥荒，他觊觎陈国丰厚的粮草，向骆俊索要。骆俊不愿与反贼为伍，更不愿意因为借粮而致国内民众挨饿，一口拒绝了袁术。袁术为此怀恨在心，他派了一名叫张开阳的杀手，装扮成受陈国接济的灾民的样子，在面见骆俊的时候，向他敬了一杯毒酒。骆俊未加警惕，当即喝了此酒，毒发身亡。

也许从今天苛刻的眼光看，骆俊尽忠汉室的行为免不了历史的局限。但他为国家和百姓不惜牺牲生命的精神，非常值得敬佩。

喻侃:头顶法理三尺剑

喻侃②是“乌伤四君子”之一的喻良弼的侄子，早年曾受教于永康陈亮，宋庆元己未考取进士，任安徽宣城县尉，负责县内治安。刚上任时，一伙盗贼入城作案，喻侃立即将他们捉拿归案，宣城府臣邱崇甚以为奇。

宋宁宗开禧二年(1206)，金人向淮河一带侵犯，宣城面临威胁。知府传檄命县令与县尉二人押粮送饷，要从历阳(今安徽和县西北 40 里)送达钟离(今安徽凤阳县东)。钟

① 骆俊(? —197)，字孝远，会稽郡乌伤县(今义乌市)人。东汉后期的陈王国相。他励精图治，奖励生产，济养百姓，深受民众爱戴，因拒绝借粮而被袁术杀害。

② 喻侃(1154—1237)，原名宏，字伯经，义乌香山(今义乌东河乡)人。义乌著名文人喻良弼之侄。进士出身，为官清廉勤政，然仕途坎坷。致仕后，闭门著书立说，著述颇丰。

离地处要冲，照理应该用重兵护粮，但当时护送粮草的军人不足千人，县令“畏缩不敢前”，而喻侃则“奋不顾身”，最后还是成行，最终将粮食送到了安徽濠水边上。后来粮食分下来还有剩余，众人都认为县尉理应留给自己，喻侃却执意将余粮归还公府。

此后喻侃又被任命为宜春（今江西宜春）县丞。宜春地接赣（赣州）吉（吉安），当地官吏珥笔成风，老百姓也特别善于诉讼。[①]喻侃为人正直，愿意听取民情，老百姓判后皆无后言，心服口服。但凡遇到争端，他们就会说：“让宜春县丞听一听，即便死了也没有遗憾。”可见喻侃执法之公正。

此后，喻侃职务由宜春丞迁签授镇南军节度判官厅公事，其寄禄官由承直郎迁至奉议郎，朝奉郎。但他并不喜官场里的游戏规则。他说：“吾发已种种，宁能与翩翩小儿较短长哉。”[②]遂请辞而归。

喻侃性情豪爽，器宇轩昂，在当时陈亮由于为世议所扼，甚至危及性命之时，挺身而出尽力营救，终救其于危难之际。陈亮后称喻侃“此生死而肉骨也”。后人对喻侃的义举备加赞赏，誉其为“义士”。

黄溍：公正廉洁之表率

黄溍[③]是元朝重要的政治家、文学家。不论做官还是为人，都刚直不阿，公正廉洁。在担任宁海县丞期间，黄溍整顿盐政，除暴安良，政绩卓著。当时宁海的盐户不受管束，成为地方上的一股恶势力。当地官员大多受了贿赂，对其霸道行为，睁一只眼闭一只眼。黄溍上任以后，大力整顿社会，重点治理这类盐户。有下属劝他明哲保身，别管这么多闲事。黄溍毫无畏惧：“官可不当，百姓的事非管不可。”在他的严厉打击下，盐户的恶行得以制止，百姓的生活终得安宁。

此后还发生了一件事：据说某人的后母与和尚通奸，用毒药谋害亲夫，反而诬陷前夫的儿子，说人是他杀的，于是这个儿子被定罪，如果得不到洗脱，就将成为一桩冤案。黄溍为了查明事实真相，特别更换衣冠，打扮成平民模样，深入民间，查明实情，冤案得

① 黄庭坚《江西道院赋》：“江西之俗，士大夫多秀而文，其细民险而健，以终讼为能。由是玉石俱焚，名曰珥笔之民。”

② 嘉庆《义乌县志》卷十四《理学》。

③ 黄溍（1277—1357），字晋卿，一字文潜，婺州路义乌（今义乌市）人，元代著名史官、文学家、书法家、画家。他文思敏捷，才华横溢，史识丰厚，一生著作颇丰，诗、词、文、赋及书法、绘画无所不精，与浦江的柳贯、临川的虞集、豫章的揭傒斯，被称为元代“儒林四杰”。他的门人金涓、王祎、宋濂、傅藻等皆有名于世。

以大白，远近百姓莫不叹服。①

每遇到复杂的案件，黄溍宁可自己多方调查，也要保证不枉不纵、客观公正。后来，朝廷得知黄溍的廉洁公正，便委任他整顿吏治。在他的整顿下，整个宁海地区黜免了有贿迹的百户、县吏及有官无禄者数人。官场腐败得以遏制，风气得以净化。其学生宋濂称赞道："先生明习律令，世以法家自专者，有弗如也。凡经其论定，翕然畏服，不敢重有辞。"

后来黄溍又去诸暨当官，同样受到百姓的拥戴。当时，诸暨这个地方不好治理，"其俗素称难治"。他不畏艰难，因势利导，变难治为易治。这期间也有几件事值得一说：官府巡海船，向例三年一新，费用由官府支出，但不敷之数，须由百姓补足，多余部分却落入"总其事者"的私囊。黄溍到任，一改前例，节约开支，杜绝贪污，把剩余的钱归还百姓，人民欢呼而去。另外还有奸民结伙以伪钞扰乱金融，胁攘民财。地方官吏对此多有纵容，他们的胆子就更大了。一时伪钞泛滥成灾，祸及新昌、嵊县、天台、宁海、东阳等县，株连数百家，百姓遭害至惨。黄溍很快就查明了此事，果断地开除渎职的官吏，惩治奸民。做事方式干脆果断，雷厉风行。

黄溍虽为朝廷命官，却没有什么嗜欲，以清白为立身之本。他在任职期间，月俸不足自给，常常要变卖家产以贴补家用。在朝刚直不附权贵，为此人称其"清白高洁如冰壶尺玉，纤尘不污"。此外他还特别孝顺父母，他多次奏请皇帝批准纳福侍亲的请求，年迈的父母一直是他心中的牵挂。

龚泰：无愧人间一俊豪

明代的龚泰②是孝义两全的正人君子。他9岁就死了父亲，由母亲一手抚养大。他很注重孝道，尊敬长辈。据说有一回邻居家着火了，火势蔓延飞快，周围各家都求自保。当时一位老人因病不能行动而被困屋里，龚泰跑去救她，顾不上火势已危及自家。他出仕以后，为报效母亲的养育之恩，还专在绣湖之滨建造"安节堂"，供她安度晚年。

龚泰为官清正廉明，他曾奉皇帝之命去办过许多棘手的案件。比如去青州查办齐王府护卫兵伍案件，视察安东护卫军粮储备等问题，这些其他官员都躲之不及的难事，

---

① 见《黄溍》，载《义乌名人传》，中国文史出版社2001年版，第225页。

② 龚泰(1367—1402)，字叔安，义乌龚大塘村人。为官清廉勤政，一生正气凛然。官至户科都给事中。朱棣率"靖难师"攻破南京时，龚泰秉节尽忠，于金川门投城殉难。赠通议大夫、南京大理寺卿，赐谥"忠愍"。清乾隆改赐"忠节"。

龚泰都能“总理周密，人不敢以私挠”，且“廉公不欺，人用畏服”。

明朝朱元璋驾崩之后，皇孙朱允炆继位。朱元璋四子朱棣发动政变，打出“靖难”旗号，试图夺取建文帝朱允炆的王位。朱棣的军队一路高奏凯歌，连战连捷，准备渡江，直向南京逼近。朝廷一时人心惶惶。有的人想着逃跑，有的人想着投降，还有的人想着议和。建文帝懦弱无比，毫无背水一战的勇气。在当时，龚泰担负着守城的职责。看到这样的情形，龚泰也深知败局已定，无力挽回。他在心里暗下决心，“忠臣不事二主”，唯有以死相殉。他回到家中与妻子诀别，告诉她“国事至此不可为矣！吾分必死”。要她带着儿女回义乌老家，若无法脱身，宁可投井溺死，也不可受辱。话才说完没多久，火起内廷，龚泰飞驰赶过去，却被活捉。朱棣看重他的才华和能力，想留他为臣，却遭龚泰拒绝，他纵身一跃跳城楼殉节。朱棣勃然大怒，命士兵将他的尸体曝于城边，场景甚为惨烈。

后来义乌百姓为纪念龚泰的忠节，在民间流传了诸多歌颂他的民谣①，比如：

都给事中龚叔安，闻王自尽裂肺肝。
金川门外投城殉，正是从容就义难。

人生碌碌天地间，生时容易死时难。
于今难字谁了当？可是江南龚叔安。

此外，不少文人、官员也因敬仰龚泰的忠义，纷纷题诗悼念：

其一

先生节操冠当朝，无愧人间一俊豪。
归省慈亲成笃孝，仕途圣主效勤劳。
宫中救火多人仰，城上捐躯有路谣。
忠义在人终不泯，果然千古史名标。

其二

昔日金川一梦仙，芳名今已百余年。
月明华表闻嘹鹤，花落春山泣杜鹃。

① 见《龚泰》，载《义乌名人传》，中国文史出版社2001年版，第300页。

野客留题夸德盛，史官执笔记忠贤。

人生事业能如此，俯仰从敌不愧天。

鉴于他越来越好的声望，后来嘉靖帝特赐谥“忠愍”。清代乾隆年间，又改赐其谥号“忠节”，与宗泽、王祎一起入“三忠祠”。

王祎与王绅：父忠子孝感天地

王祎①为一代名儒黄溍的得意门生，与宋濂齐名。他早年仕途不顺，20岁时到过燕京，写了七八千言的文章给朝廷。当时的宰相嫌其切直，不愿推荐他，他只好南归隐居青山岩著书。后来他还是得到了皇帝赏识，因写了篇《平江西颂》，明太祖阅后龙颜大悦：“吾固知浙东有二儒，卿与宋濂耳，学问之博，卿不如濂；才思之雄，濂不如卿。”②

为了平定云南，统一中国，朱元璋派王祎出使云南，招降元朝残部。王祎抵达云南，面见梁王，劝说他尽早归顺，否则明军将出师征讨。当日梁王并未听从王祎的建议。次日王祎动之以情，晓之以理，告诉梁王，朝廷不愿意因此而伤害云南百万生灵，但如果你拒绝从命，抵抗到底的话，将“会战昆明，悔无及矣”。这番言说，让梁王有了归顺之心。

然而，“北元”派来的名为脱脱的使者，让事情发生了重大转折。脱脱胁迫梁王交出王祎，梁王不忍，就把王祎藏于春登杨氏家。但在脱脱的胁迫下，最终交出了王祎。脱脱逼迫王祎投降，王祎拒绝苟且偷生。他说：“天迄汝元，命我朝代之。汝爝火余烬，尚欲与日月争光邪？我为天子使，将命远来，有死而已，岂为汝屈！”③句句铿锵有力，掷地有声，最终慷慨就义。

八年后明军平定云南。由于宫廷内部的权力斗争，王祎之死并没有得到国家的抚恤和褒奖。直到他的儿子王绅亲自向皇帝陈说后，当时的建文帝才下旨赠谥号“文节”；但时隔不久，靖难之变发生，国统变易，王祎的问题又变得敏感起来。直至明朝正统年间，朝廷才改谥号为“忠文”。

王祎客死云南时，王绅④年仅13岁。他从小懂得孝顺之道，博闻强识，曾拜一代大儒宋濂为师，与方孝孺一同学习。他与哥哥共同编纂了父亲的《华川集》，并请方孝孺作

---

① 王祎(1322—1374)，字子充，号华川，义乌人，元末明初著名文史学家，《元史》总裁，洪武六年(1373)，为国家一统大业而捐躯云南。

②③ 嘉庆《义乌县志》卷十四《忠臣》。

④ 王绅(1360—1400)，字仲缙，室名、号继志斋，元代义乌人。明惠帝建文元年(1399)用荐召为国子博士，预修《太祖实录》，献大明铙歌鼓吹曲十二章。建文二年(1400)病卒于国子博士任上，享年40岁。撰有《继志斋集》十二卷，收入《四库总目》行于世。

序。他的才华丝毫不逊色于其父亲,为此宋濂感叹:“吾友不亡矣。”

王祎客死他乡,遗骨一直下落不明。从王绅记事起,就发誓找到父亲遗骸。正巧有一年,蜀献王聘用王绅,待以客礼,王绅便有了去云南的机会。他先后拜访了诸多地方官员、当地绅士以及知情人,从这些人口中,王绅了解到王祎持节云南、招抚梁王及被害的经过。由于年代久远,王绅最终“访求遗殖不得”,他大为悲伤,“号恸奠祭,闻者泣下”。他的那本《滇南恸哭记》详细地讲述了寻父遗骸的故事,王祎父子不愧为“忠臣孝子”的楷模。

第二节 耿介之臣 节义之士

在中国的士人传统中,“气节”一直被视为至关重要的品质。孔子对君子的理想是“智、仁、勇”;孟子也很推崇这种高贵的人格,所谓“富贵不能淫,威武不能屈,贫贱不能移”,君子当养“浩然之气”。可以说,在先秦的思想中已经初步形成了理想中的士人形象,这对后世一直产生着重要的激励和影响。

从古至今,义乌就不乏闪耀“希望之光芒”的节义之士。明崇祯《义乌县志》卷十三《人物传·气节》中就曾这样写道:

> 天地有正气,而人得以生,故杀身成仁,舍生取义,孔孟所深嘉焉。乌节义之士如王侍制龚给舍,载在名臣者尚矣。其次若杨乔以饿死而却桓帝之强昏,楼琏激妻言而死靖难之草诏,喻南强抗当路而脱陈亮之罗织,陈昭纳告身而赎陈尧臣之诬狱,王稌冒危险而收方孝孺之遗骸,峻节劲行,盖有大过人者焉。其凛然列大夫之概乎,乃若骆宾王草檄斥武后之罪状,黄中辅题词讥秦桧之议和,不胜鞅鞅,逞于一击几不免虎口危矣哉!然其感时愤事发于忠肝义胆,此亦有所长,非苟而已也。余故并列之气节,无使与叛人狂士同类而共笑之焉。①

从杨乔到骆宾王,从黄中辅到傅亦僧,他们的傲骨与气节,他们面对强权的无畏与智慧,以及他们身上的浩然正气和忠肝义胆,是让人敬重与佩服的。他们的人格具有巨大的感召力,呼唤一代又一代的志士豪杰,为公义与尊严而战。

杨乔:舍身取义质高洁

杨乔为东汉乌伤县新阳人,文质彬彬,明达国典,颇得朝廷赏识,汉桓帝任命他为尚

① 崇祯《义乌县志》卷十三《人物传·气节》。

书侍郎。由于他的能力卓著，一路升迁，直至尚书左丞。尽管深受皇帝器重，并在体制内为官，杨乔却经常直言政事，不愿讨好和奉迎皇帝。

按照嘉庆《义乌县志》的描述，桓帝颇赏识杨乔的"风仪伟丽"，爱其才貌，特下旨把公主嫁给他。杨乔一身正气，不图荣华富贵，固辞不听。当实在难以抗旨之时，他不惜以绝食这样极端的方式抗拒这门婚事。到了绝食的第七天，杨乔饥饿而亡。

不过在《后汉书》中，杨乔的故事还有另外一个版本：杨乔曾经先后七次上奏桓帝，向他推荐前合浦太守孟尝。可惜桓帝昏庸无度，始终未能重视杨乔的建议。他也自觉"身轻言微，终不蒙察"，最终只有以绝食的方式进贤，但直到他饿死，桓帝都没有重视过他。①

杨乔死后，他的高洁人格得到历史的公正评价。三国时人称其"忘身忧国，炳然著显"。明代著名的方孝孺赞许他的高洁人格："人之器量有小有大，或盗一钱，或让天下，天下虽大，一钱之积，观其用心，大者可识。吴谓杨乔可为三公，屈以非义，万钟不从，曷由知之，有大人节。帝女不娶，利岂能夺其中，所重在义与道。视卓操辈，穿窬之盗，伊谁可方，孺子之伦，永言尚友，卓哉二人。"②他认为徐孺子为汉季一人，现在又出了位杨乔，孺子不孤矣。

黄中辅：披肝沥胆图报国

黄中辅③是抗金名将宗泽的外甥，他的父亲黄琳是"名族后，尚气节，有才能"。受家庭的影响，他也是位有胆有识、气宇轩昂的人物。当时北宋遭遇强敌入侵，当朝统治者只图苟安，不图进取，军事上节节败退。即便是宗泽这样的将才，也有心报国，无力回天。宗泽死后，金兵长驱直入，汴京失守，赵家王朝只得迁都临安。国家羸弱，朝纲腐败之至，令黄中辅悲愤难平，当时便写下《念奴娇》一首：

炎精中否？叹人材委靡，都无英物。胡马长驱三犯阙，谁作长城坚壁？万国奔腾，两宫幽陷，此恨何时雪？草庐三顾，岂无高卧贤杰？

---

① 《后汉书》卷七十六《循吏列传》。

② 嘉庆《义乌县志》卷十四《志节》。

③ 黄中辅(1110—1187)，字槐卿，晚号细高居士。义乌县城东隅金山岭顶人。祖父景圭，金吾卫上将军，居浦阳(今浦江)。父琳，迁居义乌。黄中辅赤诚爱国，忠奸分明，崇尚气节，不为苟合。时秦桧柄国，诬害忠良，粉饰太平，不思北进，黄中辅于京师临安太平楼题句"快磨三尺剑，欲斩佞臣头"，为世人所重。

天意眷我中兴，吾皇神武，踵曾孙周发。河海封疆俱效顺，狂虏何劳灰灭。翠羽南巡，扣阍无路，徒有冲冠发。孤忠耿耿，剑芒冷浸秋月。

迁都临安后，南宋王朝愈加羸弱、腐败和无能。别说是收复失土之事，甚至连半壁江山都危在旦夕。虽然当时抗金名将韩世忠镇江黄天荡之战，吴阶保卫川陕之战，尤其是岳飞的郾城大捷，都赢得了振奋民心士气的辉煌胜利，然而，当朝官员却只想博取金朝好感，以图苟且偷安。他们以险恶的手段排斥抗金派，破坏抗金力量，陷害岳飞，并将收回的黄河以南的土地全部送给金朝，向金称臣纳贡。

和议终告达成，秦桧特在杭州修建"太平楼"，粉饰太平，让"士大夫歌咏太平中兴之美；闻言其奸者，捕杀之"。不少人都慑于强权，"咸缩颈"，唯有黄中辅毫无畏惧，他奔赴杭州，登上太平楼，提笔于楼内壁上题写一首词《题太平楼》：

沥血为词，披肝作纸，片言谁让千秋？快磨三尺剑，欲斩佞臣头！自恨草茅无路，望九重如隔瀛洲。兴长叹，无言耿耿，空抱济时忧。

休、休、休，真可惜，才如李广，却不封侯！奈伯郎斗酒，翻得凉州。尽道边庭卧鼓，谁知老了貔貅。凭谁问，边筹未建，建甚太平楼。

好一句"快磨三尺剑，欲斩佞臣头"！此词一出，观者如云。爱国士民，无不称快，熟读默记，风靡京师，秦桧等人得知后，急令搜捕黄中辅。好在黄中辅逃脱及时，未遭抓捕。此后，黄中辅在义乌乡下住了十几年，到了他46岁的时候，秦桧去世，朝廷平反冤狱，通缉黄中辅的命令也撤销了。

黄中辅有气节、有学问，后人为了纪念他，给他在义乌县城金山岭顶（今朝阳门街）建了一座专祠。清雍正年间，又于朝阳门外驿勘巷"浙东望族祠"（今称黄大宗祠）左侧特地再建一座"二贤祠"，合祀黄中辅和黄溍两位先贤。

徐侨：刚直不阿守正气

徐侨①是南宋时期重要的政治家、理学家。他为官数载，体恤民间疾苦。尤为难得的是，作为朝廷命官，他勇敢无畏，刚正不阿，能把儒学意义上的士人之道，转化为实际的行动。

嘉定十年（1217），金军渡淮南侵，徐侨在这之前精练兵卒，做好御敌准备。正当金

① 徐侨（1160—1237），字崇甫。婺州义乌人。南宋政治家、理学家。中年辞官归里，家居十余年，热心传播理学，以博学、刚直、显达而煊赫于世。

兵进逼之际，不少下属官员争着请求揭牌闭关，甚至还有同僚想带着妻子儿女渡江避难。徐侨不为所动，并责备道："不幸受困，当共死守！"言语之间有一种大无畏的气概。由于那次备战充分，敌人后来也没敢贸然来攻。

次年，徐侨升任江南东路提举常平茶盐公事。赴任路过金陵的时候，他见到淮民流散者无数，便命令州县官开仓救济。当时有官员认为，开仓之事需得到申文批准方可，立马遭到徐侨的一番训斥："赈饥如救溺，怎能按照常规文书往还，迁延误事？"急命发粮，还解除了几位官员的职位。这一举措，救活了许多百姓。

徐侨身上没有一点官僚气，但像他这样的官员往往很难适应中国官场的潜规则。很快地，由于他的直言，仕途也提前结束。当时的丞相史弥远，权势日盛，贪赃枉法。徐侨上疏时得罪了他，他当时是这样写的："今治民者率皆贪吏，统兵者莫非愤帅。开禧奸臣专政，庙堂为交易之地，台谏为囊橐之所。"他请求"诏大臣以正己之道正人，忧家之虑忧国，庶几致安于已危，迓治于将乱"。①由于这番言论，徐侨遭到弹劾，回归故里。

直到史弥远死后，徐侨才得到重新出山的机会。但他依然跟过去一样，直言不讳，没有因为挫折而变得圆滑。皇帝两次下旨请徐侨出任官职，皆遭婉言谢辞。直到数年后才面见皇帝，他写了数千言的奏章，大略谓："君心正则朝廷正，以至百官万民莫敢不正矣。"皇帝见当时他穿了一身破衣踩着破鞋前往，感到非常惊讶："卿何贫甚耶？"对曰："臣不贫，陛下乃贫耳。陛下国本未建，疆宇日蹙。权幸用事，将帅非材。旱蝗相仍，盗贼并起。经用无艺，帑藏空虚。民困于横敛，军怨于掊客。群臣养交而天子孤立，国势阽危而陛下不悟。臣不贫，陛下乃贫耳。"②这么多年初见皇帝，竟讲出这番不中听的话。

此后，皇帝委任徐侨兼侍讲，寻兼国子监祭酒、国史院编修、实录院检讨官。有一次，金国的使臣来朝，徐侨以其没带国书为由，认为他不是正使，让他住在外面。为此又和宰相产生了矛盾和争吵，为此他再次辞官。皇帝再三挽留，徐侨也多次请辞，他的请辞奏章竟然多达九次，终获批准，告老还乡。像徐侨这样勇于直言、敢于负责、不畏丢官的官员，在中国历史上的确是很难得的，作为他的老师，朱熹每次跟别人提到徐侨都说：

① 嘉庆《义乌县志》卷十四《理学》。
② 嘉庆《义乌县志》卷十四《理学》。

“崇甫明白刚直士也。”

朱元龙：秉公执法敢直言

朱元龙①为嘉定十六年的进士，曾拜徐侨为师，任温州平阳、池州青阳两县尉，调饶州司里参军。他为官清廉，秉公执法，正直敢言，在当时甚有威望。

有一德兴县令诬告县里的百姓董氏五兄弟溺死县卒，朱元龙获知此事，专门去做调查，发现他们是无辜的。五兄弟最终洗清罪名，后来还都中了进士。朱元龙为民做主，平反的冤假错案还有很多。有一回，有位官员凭着权贵之势想为他的亲友谋一官半职，朱元龙听说此事，便当面斥责：“举牍可以势取邪？”还有位叫陈恂益的官员想谋个节度使的官职，朱元龙同样拒绝以权谋私：“优异内官，宠赉节钺，虽出于特恩，主张国是，爱惜名器，必由于公论。”他主张坚持原则，按规章制度办事，绝不搞特殊化。后来有宰臣传旨让他修改下规章，朱元龙则回应道：“吾职可罢，笔不可改也。”还有一次，皇室成员和百姓因为土地问题发生纠纷，下面的很多官员都感到为难，怕得罪权贵，不敢自作主张。朱元龙亲自处理此事，称根据法律“品官不许佃民田”，天子的亲属更不能占用民田。对此，理宗皇帝称赞说：“元龙好台谏。”

朱元龙在朝期间得罪了不少权贵。先是史嵩之，朱元龙曾因其杀害富民王伦而弹劾他，后来史嵩之当了宰相后，“疾其直言”，将其贬出京城，差知衢、吉两州；后来郑清入相，也非常痛恨他的刚直，最后朱元龙只好告老还乡。回乡以后，乡里有人劝其改变一下为人处世的风格，以图东山再起。朱元龙却说：“我生是一个全人，死也是一个正鬼，有必要如此吗？”②他的一生都保持了这种正直无畏的独立品格。

金汉蕙：宁死不降真气节

金汉蕙③生活的时代正处在明清交替之际，他出身官宦世家，伯父为明末名臣金世俊。他天资聪颖，科举中三甲进士，顺治帝授其广西布政使司右参议之职，分守右江道。金汉蕙在广西任职期间，勤政为民。在他上任后的短短一年内，因战乱而满目疮痍的柳

---

① 朱元龙(1193—1252)，字景云，又字冠之，号厉志。南宋婺州义乌县(今义乌市)西门人。历任温州平阳、池州青阳县尉，宗正寺丞、权左司郎官、国史院编修、实录院检讨等职。一生刚直不阿，为官清廉公正，不畏权贵，深得世人赞誉。

② 见《朱元龙》，载《义乌名人传》，中国文史出版社2001年版，第191页。

③ 金汉蕙(1607—1652)，字公树，号湘邻，明金华府义乌县凌塘(今义乌市稠城镇)人。官至广西布政使司右参议，分守右江。柳州失守被俘，宁死不屈，殉节于敌营之中。

州，被其整饬得井然有序。

不过好景不长，清初的广西依然处于危险之中：顺治九年(1652)，前明李定国兴兵犯境。因广西守军部署不当，敌军乘虚而入，攻破桂林，桂林守军之将死于沙场。柳州随即遭到围攻，金汉蕙“率士民坚守孤城，八日力竭，城陷被执”。[①]敌军劝其归降，金汉蕙宁死不屈。在给父亲的信中，他写道：“想儿不能烈烈以明节，岂敢暝暝以偷生？而今生死难卜，自当与柳州共存亡，望父母不必寄希望于儿。”书信之后附诗云：

朝衣洒泪整征鞍，释褐方为命守南。
道入衡阳经屈墓，重来湘水赋邯郸。
柳城半载千旬劫，桂岭三朝万骨丹。
稽首罗池赡子厚，游魂愿托九嶷看。[②]

有一天晚上，趁着看守士兵的疏忽，金汉蕙抓住时机逃出监狱，在与敌军的格斗中格杀数人。但终因寡不敌众，金汉蕙再次被捕，当场被杀于荒坡。顺治帝听闻此事后深感痛惜，特赐御葬之礼祭祀。

陈无咎：医术精湛德亦馨

陈无咎[③]出生医学世家，是黄山八面厅主人伯寅公的六世孙。“凡习举业，例须学医”是伯寅家族中不成文的家规。因此伯寅家中“有私塾、有药铺、有秀才、有医师”，四有乃陈家的“祖业”，陈家的人尤其精通医学。

陈无咎天资聪颖，好学静思。父亲去世后，便继承祖业，研习医学。他毕业后一边教书，一边跟随东阳周庠、永嘉徐定超学医。陈无咎熟读古典医籍，了解医书精华所在。他还利用西医生理解剖诸原理，解释中医经典。他反对“墨守古方，强符今病”，在临床上坚持从实际出发，“按脉探理，因时辨方”。因此，被他诊断过的病人往往药到病除，不日康复，其医学之精湛可见一斑。陈无咎之学本宗朱丹溪滋阴学说，难能可贵的是他不拘一家之说，而是参酌古今，将各家之长集于一身。继元代的朱丹溪和明代的虞抟之后，陈无咎又将义乌中医推上一个新的高峰。

---

① 嘉庆《义乌县志》卷十三《忠臣》。

② 《金汉蕙》，《义乌名人传》，中国文史出版社2001年版，第446页。

③ 陈无咎(1884—1948)，浙江义乌人。原名瑞梯，字揽登，号汪如。辛亥革命后更名白，字无咎，号凤雏。参加过辛亥革命，曾治哲学，后致力于医学，医名甚著。因世居义乌黄山，村旁有黄山溪流过，故又号“黄溪”。与元代的朱震亨、明代的虞抟合称为“义乌三溪”。

陈无咎曾为孙中山先生把脉看病，孙中山先生亲笔题“磨夷研室”匾额赠送给他。沈钧儒、邵力子、于右任、胡汉民、田桐、经亨颐、张宗祥等社会名流多与他结交，纷纷题词褒扬他的医德医术，如田桐赞他“学贯中西”，沈钧儒称他“尽见五藏”，经亨颐题辞“苏沈风流”，于右任为其著作题辞为“丹溪正传”。

陈无咎不但精通医学，而且也关心社会现实。1916 年，袁世凯复辟帝制，共和处于风雨飘摇的危境之中。陈无咎见国将不国，毅然弃医从政，投身护法运动。孙中山亲自委任他为浙江招抚使，命其在浙江招兵，讨伐直系军阀孙传芳。1919 年，陈无咎奉中山先生之召入广东，先后担任浙江省长公署咨询顾问、护法浙江军总司令行营机要秘书、鄂东靖国军参赞军务兼秘书长、驻粤代表等职。

最难能可贵的是陈无咎的气节。日军侵华期间，汪精卫曾写信给陈无咎，希望他能给日本人看病，遭其严词拒绝。他说：“宁可回家吃玉米羹也不当汉奸。”1945 年，抗日战争胜利，国民政府还都南京。这期间国内战火又起，陈无咎在一首七言诗中愤斥杜鲁门、蒋介石挑起内战的罪恶行径。当爱国进步人士李公朴、闻一多相继遭特务暗杀时，他义愤填膺，怒斥蒋介石为“流氓”。1946 年夏，吴晗到大同大学发表进步演说，被特务包围，后来被进步学生护送至陈无咎家中，陈不顾个人安危加以保护，使吴幸免于难。①

晚年，陈无咎曾回义乌黄山故里居住。在此期间，常为家乡父老除病解忧，深受家乡人的尊敬与爱戴。1992 年，义乌人民集资在赤岸镇朱丹溪故里建立了一座占地百亩的“朱丹溪陵园”。在陵园的一个山坡上，专门增辟了丹溪学派传人陈无咎的“纪念堂”。

第三节　急公好义　经世济用

嘉庆《义乌县志》卷十五《实行》中说：

> 记云：“敦善行不怠谓之君子。”盖善行非一端，敦而不怠，其行乃实。……乌故多纯悫之士，其笃爱敬，守礼法，重然诺，慎取与，自纳于矩镬之中，尺寸不逾，殆彬彬乎质有其文矣。而慷慨可激以义者，又有朱家郭解之风。太史公所称贤豪间者，宁多让欤！

知行合一是儒学伦理中的关键命题，能否把学习中获知的道理具体落实到现实行动中，也成为检验传统知识分子道德情操的重要标准。历史上的义乌名士尤为注重知

① 见《陈无咎》，载《义乌名人传》，中国文史出版社 2001 年版，第 541 页。

行合一、经世济用，他们不好清谈，注重实践，尤其重视将知识和道理落实到具体的社会实践中去。这种注重实践的态度与该地区比较盛行的事功哲学有着密切的联系。陈亮、叶适等人的“义利并重”的思想对该地区的士人的价值取向产生了深远的影响。他们不好发表空而无当的宏大理论，更愿意通过自身的实践点点滴滴地改造现实。他们急公好义，理性务实，为国家与百姓做了许多实实在在的好事。王槐修蜀墅塘泽被后人；名臣朱之锡治水数十年如一日；义乌红糖创始人贾维承艰苦创业，为这个贫穷的山区带来致富的希望；朱丹溪脚踏实地求诊问药，救无数病患于水火之中，棉花专家冯泽芳学以致用，功勋卓著。他们默默无闻地为这片土地贡献了毕生的心血。

王槐：修塘建坝利乡人

据《义乌县志》载：义乌县南四十里，有塘名为蜀墅塘。它的地位非常重要，“春水涨溢，须大开两旁闸泄之，水势稍平即闭”①。蜀墅塘的修建离不开一个重要的人：王槐②。

王槐历任大理寺卿兼翰林学士。淳熙十一年（1184），他在 86 岁的时候，回到故里。他回乡后见到所居之地“四山环绕，诸水所汇”，特别容易发生旱涝。关于这点，《义乌县志》中也能印证：

> 乌之水利与浙西异，势居上江，左负山陵，土不湿而燥，势不夷而险，产不麦而稻。当水之来也，暴雨骤盈。夹五六月之霖潦，建瓴而下，吐泄不及，奔溃淫溢数为菑，及其杀也，倾泻立涸，骎骎乎不足以终日。故邑陇亩淤坟，非独横决漂没之足虞。又田近山不便浸灌有易竭之患，俗有靠天之谚，非虚语也。

于是王槐决定“开阡捍水为塘，广修凡八十亩，灌溉将千亩”。不过此番努力未获成功，这个塘还不足以承受足够的容量，以至于是年水患，又造成“居民苦饥，公出贮以赈，仍病不支”。为此他领悟到，开塘必须广而深之。他积极倡导百姓中有能力的家庭，捐资襄役，修筑水塘。

当时有一位老道人从永康来，自称康侯，与王槐一起勘察地质，“相度地势，筑堤设窦，凿门驾梁”。村边有座山，康侯说：“此蜀地山也，堤由此而坚，因名山曰‘飞来’，塘曰‘蜀墅’。”蜀墅塘由此得名。

王槐不顾年事已高，亲自参与建塘，蜀墅塘终告建成。蜀墅塘四周总长三千六百

① 嘉庆《义乌县志》卷二《水》。

② 王槐（1099—1196），字植三。历任翰林学士、大理寺卿，致仕归里后，修筑蜀墅塘，泽被后人，被奉为塘神。

步，大坝顶部可同行三辆车，同时还设闸门四座，周围四山七十二涧的水全部注入塘里，可灌农田三万余亩，水渠过处，沿途十余里农田均受其益。王槐也因此成为义乌水利史上最早的治水人物之一。蜀墅塘容量之大，在古代也是屈指可数的。

后人纷纷写诗作赋，咏颂王槐的无量功德。金涓曾这样写道："溪头自舒散，天淡夕阳微。拂石松边出，看云水上飞，旧矶双鹭下，小棹一渔归。不觉吟成久，苔痕湿上衣。"①

虞抟：不为良相为良医

虞抟②是明代中期著名的医学家，据《金华府志》记载："义乌以医名者，代不乏人，丹溪之后，唯抟为最。"

虞抟出身医学世家，年轻时因看到自己的母亲多病，便立下学医的志向。他受到父亲的启发，把"不为良相，则为良医"作为座右铭。他潜心研读中医经典著作，继承了朱丹溪的医药学理论，同时也吸收了张仲景、孙思邈、钱乙等大家的医学精华，综合百家之长，建立起一套自己的医学理论。

在创建医学理论的同时，虞抟更重视在实践中治病救人。有一回，他的族兄得了肿胀病，通身水肿不消。虞抟问诊以后告诉他，此病需要做到三戒，即戒酒、戒色、戒盐酱，重视饮食调理。在这个基础上，他用"丹溪之法"，以丹参、白术为主药开了药方。病人服了十帖后，病情得到缓解。然而刚好了一些，族兄又去跟人喝酒，烂醉如泥。次日病情就恶化，赶忙再请虞抟救治。虞抟见状说："病已至此，已是医之不可为也。"病人没几天就去世了。

一名叫卢和的人，虽然也懂医学，却没能力救治自己的疾病。他也去虞抟那儿求诊问药，他的病因是劳累过度而持续高烧，虞抟了解情况之后，开了一张补中益气汤加附子的药方，让他连服三帖，卢和马上就恢复了健康。

还有一次虞抟的长嫂得了中风，跌倒以后不省人事。虞抟闻讯赶来，诊其脉相，立即开出一剂汤药，灌入她的鼻窍。不一会儿，嫂子神智开始恢复。虞抟又为其煎小续命汤并倍加麻黄，连服两次，让她和衣覆被而睡。后经几番治疗，病人病情得到了完全康复。

---

① 骆有云等主编：《义乌名家诗选》，义乌市志办公室1993年版，第122页。

② 虞抟（1438—1517），字天民，自号华溪恒德老人，今义乌市华溪村人。与朱丹溪、陈无咎合称义乌医家"三溪"。

虞抟经常为当地百姓看病相脉，解除病痛，救人于生死之际。他用药甚为精到，“虽施至微之物，而有起死回生之功”。人们纷纷称赞他的高超医术，“不啻华佗、扁鹊再生”。①

朱之锡：鞠躬尽瘁治三河

朱之锡②天资超拔，“气度端醇，才品勤敏”。年轻时参加科举就以首科荐举。后经顺治帝殿试后，时年24岁的他就中进士二甲第八名，被选为庶吉士。有一年秋天，黄河决口，造成了严重的灾害。顺治皇帝任命朱之锡任河道总督，治理黄河。中国河患由来已久，最严重的莫过于黄淮两河。时人曾言：“黄河为患中国，自汉宋以来，耗金钱若填巨海。”③

朱之锡在治理黄河、淮河水患的问题上，作出了巨大的贡献。当时会稽姜希辙在为朱之锡的文集《河防疏略》所写的序言中充满赞许的口气：“公起自词臣，年方过壮，乃能克奏夫功如此，使非神焉，乌能至是？”

在治理黄河河道的十年中，朱之锡不辱使命，“介马驰视南北，暑不张盖，寒不袭裘。或止宿野庙，或露坐待旦”，使得“凡数十年来不能滤止淤塞，不能堵之决口，皆相度经营。以是屡告成功，漕艘无阻”。④湖广道监察御史曾在他的墓志铭中这样写道：“（朱之锡）经营河上，什一在署，什九在外，兼以雨旸勿若，非旱忧浅，即潦忧冲。每当各工并急，则南北交驰，寝食俱废。俱盛暑，介马暴烈日中；隆冬严寒，触冒霜雪，诚所谓劳不乘，暑不盖，骎骎有古大臣之风。”此外，朱之锡在治理黄河的同时，还对京杭大运河的淤塞进行了清淤疏浚。他常常一边治理黄河水患，一边又要调集人力，疏浚运河。

在治理水患的问题上，朱之锡尤其重视对官员各方面能力的考察。他绝不容忍那些怠玩成性、赋性忽悠的官员，强调选用官员的敬业精神与责任感：“盖因材器使，用人所亟，而独治河之事，非澹泊无以耐风雨之劳，非精细无以察防护之理，非慈断兼行无以尽群夫之力，非勇往直前无以应仓卒之机。若徒事绳尺以为无过，去之无名，留之有害，

① 见《虞抟》，载《义乌名人传》，中国文史出版社2001年版，第304页。

② 朱之锡（1623—1666），字孟九，号梅麓，浙江义乌人，清初治河名臣。进士出身，历任庶吉士、编修、弘文院侍读学士、吏部侍郎。官至兵部尚书兼都察院右副都御史、总督河道。治理黄河、淮河、运河近十载，殚精竭虑，鞠躬尽瘁，积劳成疾，年仅44岁便卒于任上。黎民百姓多称颂其惠政，奉之为“河神”，并沿河立庙，春秋祀祭，称之为“朱大王”。著有《河防疏略》二十卷。

③ 朱之锡：《河防疏略》序，齐鲁书社1997年影印本。

④ 嘉庆《义乌县志》卷十三《名臣》。

事后议惩，悔之晚矣。”①他还特别重视治河官员的专业素养：“然河防之理，原系专家，故非久历不能深知，非深知不能取效。”②这些颇富有见地的奏章，后被辑成数十万字的《河防疏略》，有近百篇奏疏被朝廷采纳。

朱之锡为民造福，广受赞誉，他的敬孝之心也令人感动。由于长期在外治水，他常常无法回家照顾老母亲。后来母亲病逝，朱之锡希望护柩回乡葬母，顺治帝却颁旨说：“河道关系重大，卿以才望，特简着即在任守制，不必回籍。”朱之锡接到皇上圣旨，悲感交集。一方面君命难违，另一方面是无法送母亲灵柩回乡，心中充满矛盾。他只好强忍悲痛，在职守孝，仍然奔波于治水。每当河防运事告一段落，他回家见母亲灵柩，悲痛欲绝。披麻戴孝已近一年，他三奏皇上，要求扶柩还乡，却依然遭到顺治的拒绝。此后朱之锡四上《哀恳归葬疏》才终于如愿以偿，他亲自护送母亲灵柩回到义乌。

顺治去世后，康熙同样重用朱之锡，命他继任总督河道，成了两朝治河重臣。在康熙帝执政时期，黄河决口数十次，几成大患。朱之锡为此也付出了大量的心血。朱之锡十年治河，呕心沥血。他的足迹踏遍黄、淮各地，以致积劳成疾，因病去世。朱之锡逝世后，两河百姓纷纷沿河立庙祭祀，常年香火不绝，敬奉他为“河神”，称他为“朱大王”。沿河各地也相继为朱之锡雕塑，称其为一代治河功臣。③

贾惟承：苦为民甘苦亦甜

义乌红糖又叫义乌青，香甜可口，营养丰富，早在1929年的西湖博览会上就被授予了特等奖，数百年来，义乌红糖和义乌火腿、义乌蜜枣合称义乌三大土特产。④关于红糖，还有一段流传已久的掌故。

清代的时候，义乌有个叫贾惟承⑤的人。他从小孝顺父亲，有一次父亲得病，他亲自外出采药，回来给父亲煎药喂药。后来他自己也得病，又轮到父亲喂他喝苦药。长期跟苦药打交道的亲身经历，使他越来越对甜味产生向往。为了尽量降低药味之苦，父亲经常从外面采些叫野糖梗的小草，把它的嫩杆放到嘴里咀嚼，可以尝到丝丝甜味。

---

① 《慎重河工职守疏》。

② 《题补南河同知疏》。

③ 《朱之锡》，《义乌名人传》，中国文史出版社2001年版，第482页。

④ 《义乌红糖》，载政协义乌县委会秘书处编：《义乌文史资料》第1辑，1984年，第46页。

⑤ 贾惟承（1604—1670），字益君，号明山。浙江义乌人。是第一个从福建引种糖蔗，研制红糖成功的义乌人，是义乌制红糖的始祖。

贾惟承本是位木匠，有一次，他去洋滩市给人家修水车。休息时，他习惯性地拿出几根野糖梗咀嚼。这时，一位外地商贾看到了他的举动，好奇地向他要了几根野糖梗品尝，却怎么也吃不出甜味来。他对贾维承说："你们义乌这种草秆根本不能跟我们那边的甘蔗相比。"商贾还向他介绍了甘蔗如何长，如何粗，把甘蔗的糖水加以煎熬，制成糖又是如何甜。这番言论让贾维承感到好奇和兴奋，他真想看看甘蔗是怎样的，一经打听，他知道得去福建找这种叫甘蔗的植物。

于是，贾惟承下定决心去找甘蔗。他在家门口贴了副门联"思婺温带地，去得利回归"。他希望能在福建学到这种种蔗制糖的本领。当时由于交通落后，从义乌到福建，路途艰难。贾惟承跋山涉水，克服重重困难，才终于到达闽南，看到了传说中的杆形似竹、叶形如剑的甘蔗。他以给人做木匠的名义，在一家村子住下来，看村里人如何收获糖蔗，榨汁制糖。不过村里人很快知道了他的真正目的，按当时村里的规矩，制糖技术传男不传女，传内不传外。老族长立马将其赶出了村。

不过，由于贾惟承为人诚实，木匠做得好，干活勤快，村里人也纷纷向族长求情。族长也最终同意他回村来住，但只许他做木工活，不能参与跟甘蔗有关的劳动。贾惟承回到村里后，有人竟为他做起了媒事，把一位寡妇介绍给他。贾惟承本是有妻儿的，但为了学到种蔗制糖的技术，贾惟承违心地答应了这门婚事。自此以后，老族长不再把他当外人看待了。在很长一段日子的生活中，贾惟承也终于学会了制糖技术。

在外多年，贾惟承其实时时刻刻都思念着故乡。在一次跟村民一起制糖的时候，贾惟承趁村民不注意，偷偷地藏了几根粗壮的甘蔗。此后不久，他带着这几根甘蔗回到了义乌老家。

于是，贾惟承就开始在义乌种起了甘蔗。由于他的悉心照料，同年冬天就迎来甘蔗的丰收。他将甘蔗放入石臼里榨汁，然后将糖水放锅里煎熬。虽然工艺简单，制造出来的蔗糖又黑又硬，制糖算是大功告成。后一年，他亲自动手制造了第一台牛拉木榨糖车。从此，燕里村成了义乌红糖的发源地。

红糖制成功后，贾惟承还积极推广传播制作红糖技术，希望更多的人来分享这份甘甜。他将红糖推向洋滩市场，立刻受到欢迎。很快地，金华、兰溪等邻县市场上都出现了红糖。不少人来向他当面求教种蔗制糖的技术，贾惟承都毫无保留地将之传授，种蔗制糖技术迅速远播。此后，贾惟承还成功地制造出糯米糖、粟米糖、芝麻糖、花生糖等品种。从此，燕里村便有了个新习俗，每逢过年，家家户户都制米糖以招待客人，一直延续至今。

贾惟承死后，燕里村民将他尊为“糖公”。为了纪念他，还在村西路口建了一座糖公庙。每年开始收蔗制糖时，糖农都要到糖公庙祭拜，以求红糖丰收。现在，糖公庙早已不复存在，但糖公的故事却在义乌民间广为流传。

冯泽芳：心系棉业洁如棉

冯泽芳①是中国现代声名卓著的棉花专家，他把一生的心血都投入了棉花研究与推广事业之中。他曾经对别人说过：“我有三个女儿，大女儿冯紫琅，二女儿冯紫云，三女儿是棉花。”②棉花在他的生命中跟女儿一样重要。冯一民先生曾写文章这样评价：

> 冯泽芳毕生致力于棉花科研、技术推广和农业教育，是中国现代棉业的主要奠基人。他的一生和他的著述，是中国农学从启蒙时期到50年代发展进步的代表和缩影。③

冯泽芳出身贫寒，14岁考入设于金华的浙江省立第七中学，中学毕业后，回义乌教了一年小学。1918年，考入了免收学膳费的南京高等师范学校农业专修科，1921年毕业。

在读农业专科的三年内，冯泽芳成绩斐然。在报刊上发表了关于农业生产的文章6篇和译文1篇。毕业后，又边工作边读本科，在此期间发表论文7篇，译文1篇。其中论文《中棉之形态及其分类》的撰写历时两年多，是观察了112种中棉后写成的研究报告，是整理我国种植亚洲棉的最早著述。另一篇《中棉之孟德尔性初次报告》，这是孟德尔定律发表后应用于中棉研究的初次报道。

1930年，冯泽芳考取美国康奈尔大学研究生。在康奈尔大学期间，他潜心研究。他说：“我这个留美学生，一不会跳舞，二不会唱歌，三不会打牌，四不会游泳，五不会开汽车，是个十足的土包子。”冯泽芳坚持理论创新必须有实验为证。寒冷的冬季，他继续在温室里栽培棉花，引得各国学生常在窗外驻足观看，并戏称为“圣诞树”。1932年，他获得硕士学位。1933年夏，又因论文优异获得哲学博士学位。他的博士论文《亚洲棉与美洲棉杂种之遗传学与细胞学的研究》，从染色体解开了中棉与美棉种间杂交很难成功，

① 冯泽芳(1899—1959)，字馥堂，浙江义乌赤岸人，中国科学院生物学部委员，著名的棉花科学家、农业教育家，中国现代棉作科学的主要奠基人。

② 中国农业科学院棉花研究所编：《冯泽芳先生图存》，中国农业科学技术出版社2007年版，第157页。

③ 冯一民：《中国现代棉业的奠基人冯泽芳院士》，《义乌文史资料》第8辑，1996年，第1页。

以及杂交成的第一代皆不育之谜，引起国际植物学界的重视，并于1935年发表在美国《植物学杂志》上。

1933年秋，冯泽芳学成归国，在南京就任棉业统制委员会技术专员。他以孙中山先生的话“要立志做大事，不要做大官”为座右铭，致力于推进中国的棉花事业，把国外先进科学技术带进棉花生产的田间地头，不到10年时间，使我国棉花的产量和质量大幅度提高，翻开了中国棉作改良史上辉煌的一页。

我国历史上是一个棉花进口国，迫切需要适合机器纺织的本国产的高品质棉花。在引进斯字棉的过程中，冯泽芳发挥了决定性的作用。中国自1919年起就聘请国外专家改良棉种，效果一直不理想。在冯泽芳主持这项工作期间，他每年都风尘仆仆地到各地考察，深入农村。经过四年试验，显示美棉斯字棉4号在黄河流域是高产优质的最佳品种，而在长江流域棉区，最优质高产的品种则是美棉德字棉531号。相反，美国最著名的良种爱字棉，却表现平平。全国棉花品种区域的试验成功，令棉农和纱厂都直接受益。

此后，冯泽芳又把主要精力转移到棉花良种和植棉技术的推广上。这项面向农民的工作，让许多知识分子望而却步。很多人也觉得冯泽芳只是个书生，缺乏实践经验。但他毫不动摇，以惊人的耐性和细心，推动了斯字棉和德字棉的种植，非常不易。

后来，冯泽芳还对云南的木棉产生了兴趣。他认为，在云南，离核木棉极具开发推广价值。首先是云南木棉可以高产；其次是云南山多田少，离核木棉是增产的救星；第三，木棉价廉物美，生产成本低。为此他呼吁建立西南长绒棉区。

木棉的试验和推广，初期困难重重。如粮价飞涨，农民愿意先去种粮食；又如云南一度劳动力缺乏，农民更情愿去做工；又如治安不太好，较远的荒地，农民不敢领种等等。冯泽芳从种植木棉的好处、植棉的技术到领垦荒地、贷款办法，挨家挨户宣传并帮助办理各种手续。木棉长成以后，又组织农民参观种得好的地块，介绍经验。经过他的艰辛努力，终于打开了局面。这年木棉的市值，比国民政府全年的全国农林总经费还多三分之一，足见推广木棉的功绩之大。在致友人的信中他这样写道：“斯字棉、德字棉和木棉是我的三个孩子。木棉是我新生的女儿，我爱木棉同爱我的小女儿一样。”①

冯泽芳在学术上最大的贡献，是关于中国棉区划分的研究和关于中国棉工业合理

---

① 冯一民：《中国现代棉业的奠基人冯泽芳院士》，载《义乌文史资料》第8辑，1996年。

分布的研究。他提出了全国分为黄河流域、长江流域、特早熟、西北内陆、华南五个大棉区,是我国最早从事中国棉区划分和棉工业布局研究的专家之一。他平均每年有一半时间在全国各地调研,足迹踏遍产棉地区。

1942年,他应聘回到母校中央大学任教。他常说:“我一生最爱的,一是棉花,二是青年。”在他的言传身教下,培养出了一代代优秀的棉业科技人才。他本人品德高尚,朋友众多。50岁那年回首往事,他套用胡适诗句自咏:“清夜每自思,此身非吾有,一半属师长,一半属朋友。”尽管身为教授,但他安于清贫,在当时腐败的社会风气中,出淤泥而不染。1947年他离开中央大学到棉产改进处工作。全家搬迁到南京时,家里除桌椅床铺外,都没有什么像样的家具。

新中国成立以后,冯泽芳继续为国家的棉花事业贡献才智。在“大跃进”的浮夸岁月,他也保持了作为学者的理性与清醒。他坚决抵制亩产万斤的口号:“最多能产660斤,再多,很少可能。”他常说些“不识时务”的话,有一次,为了棉花放“卫星”,大家座谈献计献策,一位年轻科技人员突发奇想说:“咱这里的茄子大,一个茄子有斤把重,将茄子和棉花杂交,棉桃变大,棉花就增产了。”冯先生听了很不以为然,沉思了一会儿说:“冬瓜不是比茄子更大,一个冬瓜有一二十斤,何不把冬瓜拿来和棉花杂交?”在座的都是明白人,都能听懂其中的意思。①但我们也可以想见,那种疯狂的年代,对冯泽芳这样的人极为不利。

1959年,冯泽芳去世。1999年,义乌人士筹款塑造一尊冯泽芳铜像,安放在他的母校里。斯人已逝,精神长存,冯泽芳先生追求真理的勇气与精神,永远激励着后来人。

第四节 骁勇善战 刚烈无畏

中国现代著名史学家雷海宗长期研究中国的兵文化,他曾严肃地断言,中国自汉以降,就没有像样的兵文化了,今天的士兵几乎都不会打仗。在《无兵的文化》一文中,他曾这样写道:

> 这样一个完全消极的文化,主要的特征就是没有真正的兵,也就是说没有国民,也就是说没有政治生活。为简单起见,我们可以称它为“无兵的文化”。②

① 中国农业科学院棉花研究所编:《冯泽芳先生图存》,中国农业科学技术出版社2007年版,第158页。

② 雷海宗:《中国文化与中国的兵》,商务印书馆2001年版,第101页。

这番表述无疑一针见血，从军事文化的角度道出了中国历史的本质。自汉以来，中国已经没有真正意义上能够应对外敌入侵的正规军队与士兵文化了。不过，这并不排除个别的例子，中国优秀的将领与士兵总是有的，只不过为数不多。看来义乌在这方面确实是他所说的个别，崇祯《义乌县志》的《人物传・武功》段落曾有这样的一段概述：

夫武勇何以载之志也，以其激于义也。李陵以五千卒击匈奴，灌夫以数十人驰吴军得非义所鼓哉。乌自宋以来有赵权者，献计破贼以才气雄里中，自是以武勇称者接踵而起，迨至陈大成联族人以破矿贼而乌武勇之名甲于天下，而南御倭北御虏，尽召乌兵矣，岂所谓一人善射百夫决拾者耶。盖亦亲上死长之心不容已焉。今故择其最著者列之于传，以激慷慨蹈义之徒，与夫抚剑疾视者导日谈也。

这是义乌地区特有的“勇猛刚烈”的文化气质，县志中也提到，这种“武勇”并非“莽夫之勇”，而是“激于义也”。因为义乌文化中有对道义与公正的重视和渴望，所以当不公正的现象出现的时候，便会激起人们的义愤并转化为行动。这既表现于大臣面对专制皇权的抗争，也表现于军队抗击外敌入侵的勇猛威武气概。

的确，在东吴骆统身上，可以看到他的深谋远虑；在南朝楼偃那里，可以发现他作为将才的优秀品质；宗泽带兵时那种气吞山河的气势自不用说；义乌兵的勇猛刚毅，纪律严明则让人肃然起敬。他们是中国历史中罕见的良将奇兵，作为义乌人，真的可以为他们曾经取得的辉煌而感到自豪。

骆统：东吴良将名远扬

骆统[①]是三国时期东吴著名将领之一。他出生的时代正值东汉末年，军阀混战，群雄割据。前面已经提到，其父骆俊因不愿借粮食与袁术，惨遭毒害。

骆统跟父亲一样，热爱故土，体恤民情。一次正值饥荒，民多饥馑，骆统为此而减食。因节食过度，人日渐消瘦。他的姐姐备受感动，将粮食拿出来给骆统，让其分给饥饿的百姓。骆统此举让他在当地出了名。

后来时值孙权迁都秣陵，广纳人才。骆统受到孙权的垂青，被任命为乌程（湖州）相，此后还出任建忠中郎将。在乌程为官期间，骆统为老百姓做了许多好事，他重视农桑、重视人才，受到乌程老百姓的爱戴。

骆统品行高尚，忠直敢言，一生上疏数篇，劝勉孙权关心百姓疾苦，倾听朝臣建议。

---

① 骆统（193—228），字公绪。今义乌稠城人。

三国时期，战乱频繁，民不聊生，骆统上《论时政疏》，劝孙权“留神思省，补复荒虚，深图远计，育残余之民，阜人才之用”。[①]

对内上疏君王，为民请命，对外则浴血杀敌，决胜千里。最为著名的便是当年对蜀军的那场大胜，骆统协助当时只有38岁的陆逊，解决了军队里的内部矛盾，最终在夷陵之战中，“火烧连营七百里”，一举击溃了兵力强大的蜀军。此后，他又能从三国大势的角度出发，作出不必急着消灭蜀国的正确抉择，为吴国在此后三国间的鼎立局面，奠定了重要的基础。人们也许会就这些国家之间战争的正义性提出各自的看法，但作为当时吴国的将领，骆统为自己国家尽忠效力，无可厚非。他不愧是中国历史上忠臣良将的典范。

楼偃：智勇双全燕国公

楼偃[②]是梁朝著名的将领，自小敏而好学，文武双全。不但熟读儒家经典，而且还涉猎各类军事经典。由于他的博学多才，被地方官荐举入学馆。梁武帝曾夸奖他“文章光洁，义理昭明”，因此拔为第一名，授国子博士。后被任命为都官郎中，此后又升为五兵郎官。

魏晋南北朝时期，蛮人经常作乱，威胁到了汉族百姓的生活。梁武帝先后多次派兵维持当地的社会局势，但都无功而返。后来决定派楼偃前往，因为大臣们都认为他“智足以决事，量足以容人，力足以扛鼎”。

楼偃率军到达巴陵后，并不急于出击，而是审时度势，等待良机。他利用不易被察觉的条件，集中主力军，对蛮人发动突袭。蛮人本是乌合之众，经正规军突然袭击，顿时自乱阵脚，被射杀数千人，余部作鸟兽散。楼偃乘胜追击，一直杀到马营蛮老窝，将山林烧毁。蛮人无险可依，被迫迁移至沿江平原生活。

对于在平原生活的蛮人，楼偃并没有将他们斩尽杀绝，而是采取“以蛮治蛮”的治理政策。楼偃选拔能干的蛮人作为首领，让他们管理蛮人。这些人既是国家地方官，又是蛮人首领，这对制服蛮人、管理蛮人十分有利，也促进了民族融合。楼偃因平定蛮人有功，被梁武帝擢升为护军都元帅。

北魏后期，各地农民起义不断。梁武帝乘北魏内乱，派兵占领北平（今河南方城县

① 见《义乌县志》，浙江人民出版社1987年版，第639页。

② 楼偃：（461—547），字希贤，乌伤（义乌）香山人。南朝梁武帝在位时期，曾南征北战，治理北平十八年，为梁朝立下汗马功劳，被封为燕国公。

东南)。北魏平定内乱后,想要夺回北平,两国遂发生了北平争夺战。为长期占据北平,梁武帝又让楼偃担当重任。梁武帝对楼偃说:“你足智多谋,由你镇守北平,朕就高枕无忧了。将在外,军令有所不受,北平距建康路途遥远,战还是和就靠你自己决定了;北平官员若犯法,你自己依法处置,一律免奏。”为了提高楼偃的威望,梁武帝还封他为护军上柱国燕国公。

楼偃治军,纪律严明,赏罚分明。楼偃作战,不顾生死,冲锋在前,勇猛异常。在他的鼓舞下,战士们前仆后继,奋勇杀敌。楼偃刚上任一个月便三战连捷,迫使北魏放弃夺回北平的想法。敌军退后,楼偃着手治理北平。由于北魏为鲜卑族所统治,其统治下的北平汉人逐渐胡化,长此以往将不复有夏。为移风易俗,楼偃将儒家经典搬到北平,让汉人接受孔子的教育。经过几年的教化,一时夜不闭户、道不拾遗,社会风气大为改观。

楼偃镇守北平整整18年,直到73岁高龄,梁武帝下诏,楼偃才返回建康。百姓得知楼偃要回去的消息后,非常难过,他们联名写了一道奏章,里面写道:“自国公在北平一十八年,盗寇消除,生民乐业,今国公回朝,百姓如失父母,恐祸乱又生,烽烟再起,哀求国公留一子继任。”①楼偃临走前,百姓夹道送行,对这位官员满怀感激之情。

骁勇善战义乌兵

浙江是遭受倭寇蹂躏的重灾区,在遗留下来的明代文献中有大量关于倭寇暴行的记载,以下仅截取著名历史学家谈迁所写的一段:

> 甲寅夏四月辛巳,倭千人入海盐,由谈山来屯黄湾,掠袁花市,焚劫甚惨。南攻邑城不克,掠转塘徐氏。西自袁花历黄冈、麦墩,西北抵硖石还历谈山,所过数十里无人烟。执庙湾周氏二诸生,令负担,不任,钉手足于树,杀之。

倭寇的暴行引起了国人的愤怒与反抗。在抗倭战争中,戚继光的军队之所以能够骁勇善战、屡立战功,就跟义乌有直接的关系。由于戚家军的人员构成大多来自义乌,他们骁勇善战,勇猛无畏,因而戚家军也被称为“义乌兵”。

当时,戚继光升任浙江分守参将,镇守宁、绍、台。他深感明军战斗力不强,一遇短兵相接,就畏缩不前,甚至还有人临阵脱逃。有鉴于此,戚继光认为必须亲自来打造一支强有力的军队,才有可能取得抗倭战争的胜利。那么戚继光怎么发现义乌兵的厉害

① 吴潮海:《楼偃》,载《义乌名人传》,中国文史出版社2001年版,第49页。

呢？这要从一场械斗说起，《义乌县志》卷三《方舆考·山川》介绍了当时的情况：

八宝山，在县南五十里，旧不载，近因妄传有矿，嘉靖三十七年间，永康处州矿徒数千人讧聚开坑，知县赵大河督率近山居民陈大成等平之。义乌之民，因以勇武称，而兵事之多亦自此始。

卷四《民兵》中又载：

乌，古越地。至项籍夺会稽，守符节，调八千子弟渡江而西，猋举云合，卒能轧秦蹙邯，则今之吴县是。乌兵之起以矿寇，明嘉靖三十七年，处州不逞之徒煽讧入我南鄙，倍磊陈氏首纠义旗，衷其师击之尽殪，死者以泽量。民因是骎骎玩兵器于股掌之上，武夫之勃兴自此始。①

这一次处州的矿盗事件，成为了义乌历史上的重要时刻。义乌人从这之后，开始形成一种勇武的民间风尚。

戚继光得知义乌民风中的这一特点后，想到若能把这样的老百姓组织起来，加以整训，战斗力一定很强。于是嘉靖三十八年，戚继光上奏《练兵议》，强调："无兵而议战，亦犹无臂指而格干将。乃今乌合者不张，征调者不戢，吾不知其可也。闻义乌露金穴括徒，递陈兵于疆邑，人奋荆棘御之，暴骨盈野，其气敌忾，其习慓而自轻，其俗力本无他，宜可鼓舞。乃今简练训习，即一旅可当三军，何患无兵！"②

于是戚继光去义乌募兵，到处张贴告示。不过告示贴出来好些天，竟无人应征。戚继光感到疑惑，便派人调查原委，才明白这跟一位叫陈大成的人有关。陈大成是义乌县陈氏族领，为人忠义，在族人中威信甚高。他尤其愤恨朝廷的黑暗腐败，当他听说是朝廷来征兵，便劝族人勿去投军，因此无人应招。为此，戚继光亲自拜访陈大成，并向他讲述了征兵抗倭的缘由，基于共同的民族情感，陈大成理解并赞成戚继光，决定报名参军。陈大成一带头，形势就有了很大的变化，一时报名者极其踊跃。据《明史》载，戚继光因"金华义乌俗称剽悍，请召募三千人，教以击刺法，长短兵迭用，由是继光一军特精。……戚家军名闻天下"。③

义乌兵应征结束接受了短暂的军事化训练后，即刻在同年奔赴台州抗倭前线。很

---

① 嘉庆《义乌县志》卷四《民兵》，第91页。

② 戚祚国汇纂：《戚少保年谱耆编》，第30页。

③ 《明通鉴》卷六十二："继光至浙，见卫所军不习战，而义乌金华俗称剽悍，请召募三千人，教以击刺法，长短兵迭用，由是继光一军特精。……戚家军名闻天下。"

快，戚家军便与倭寇在宁海遭遇，结果义乌兵小试牛刀，旗开得胜。义乌兵骁勇善战，尤其是行军速度奇快，且平日多务农，尤善负重奔跑。此外，由于戚继光在军纪上严格要求，义乌兵保持了强大的战斗力。据说有一回，一名倭酋在战场上抛撒钱财珠宝，企图转移士兵注意力。岂知义乌兵的纪律中早有警示：不得私自拾取财物，违令者斩。结果财物都在士兵面前，他们视而不见，集中注意力杀敌卫国，自然取得了胜利。此后倭寇又犯台州，再次遭遇痛击。至1561年秋，入侵浙江的倭寇基本荡平。

由于抗倭有功，戚继光升任指挥使。他再次到义乌招兵三千，这个时候戚家军已达六千有余。戚继光在台州连战连捷时，福建沿海也受到了倭寇侵犯，当地守军战斗不利，朝廷急命戚继光火速增援。戚继光的军队就是不一样，很快便收复了被占三年之久的横屿岛。此后他又率军南下，抵达福清县城。在牛田一举捣毁了倭寇在当地的最大巢穴。义乌兵首次援闽，前后不到三月时间，捣毁福建横屿、牛田、林墩三大倭巢，名声大噪。各地许多将官纷纷效仿戚继光练兵，于是，东南诸省一时俱招义乌兵。自此义乌兵名满天下。

义乌兵回浙后，倭寇再犯福建。此次明军大败，朝廷又再次命戚继光入闽抗倭。出战前，戚继光在义乌又招兵一万。在这次战争中，戚家军一万多人不到三个时辰便捣毁了平海卫倭巢，解围仙游后又横扫连江、宁德、福清、同安、漳州之敌，福建沿海得到了控制。此后倭寇两万多人又在福清、兴化、泉州、漳州相继登陆。戚继光率军一个月内与倭寇水陆交战十二次，歼敌三千多，连战连捷，彻底打击了敌人的士气。到嘉靖四十三年，福建沿海的倭患基本平定。

戚家军的抗倭战争在当地百姓中留下了许多传奇性的故事。有一个故事说到当时陈大成在平倭期间，兵器常被锋利的倭刀削断。有一天，陈大成爬山的时候不慎脚板被竹根尖扎入。这件事启发了他，他命令士兵每人砍长三丈，留着竹梢头的竹竿一根，深夜冲入敌营，用竹梢头猛扫敌人，被惊醒的倭寇举刀就砍，竹梢被削成锋利的竹枪，明军顺势猛力刺进倭寇胸膛，倭寇死伤无数，大败。

在战争之余，戚继光还写了《练兵纪实》一书，总结了几十年的带兵经验，此书与《纪效新书》都成为中国古代十大兵书之一。

义乌兵抗倭、剿匪，戍边、援朝，转战南北，建立卓著功勋，被称为“兵样”，仅明朝因军功被授予平章元帅、将军、指挥使、副总兵、参将、千总、把总、千户等武职的就有228名。为史料所记载的最具代表性的将士有：

吴惟忠：吴墈头人，以武生应募，累功授松门卫指挥。万历五年升蓟镇大毛山提调，转三屯营游击将军，升山海参将。十九年奉旨取用，授石匣游击，转海防参将，总督南兵，出辽援朝鲜，论功升海防加衔副总兵。

陈大成：以武生应募，统率子侄亲兵五千训练赴台州防守。……统众随戚参将直抵福兴，克复城濠，倭寇悉平，前后告捷凡十二，钦赏银凡三加升级一，历授台州卫指挥佥事。已转升浙江管理中军都司，时倭寇既殄，而士卒多虚糜粮，民不胜困罢，大成乃建议领兵屯操，每年春汛四个月，照旧给粮，出守六个月，减粮回县。逢五赴操，遇警听调，兵既得以附家，地方又可保守，而院道是其议。于是各乡兵工食量行裁减，共得省银九千七百八十五两八钱，减派山荡额税之半，是举盖是多矣。

龚子敬：县之一都人，家松门，谙习韬略，由武科历任著绩。万历二十年升授陕西甘肃镇夷游击将军。……力战阵亡沙湃。

叶大正：字子中，由庚裔孙也。素性刚毅尚气节，以青衿入太学，与戚南塘参戎邂逅知契。从事于戚如闽平倭师，抵福清林墩界遇倭即枭倭首四，后挟子思忠登阵力战于牛田兴化诸境，手斩首者五，子斩首者一，率众俘馘者十二人。既而恢复兴化平海正和寿宁，救略略女二千余，时当事上其功，旨例奏功授延平府判。……剿贼时中矢、疮复裂卒。

但这样的做法，几乎把义乌的兵源用尽。有崇祯《义乌县志》为证：

自嘉靖三十七年剿灭矿贼有声，倭寇扰浙，因而召募无有宁日，京省守御乌兵居多，十室九空，朝不保暮。……历年来散于北边，散于闽广者几数万众，倭平而生还者十无二三。

朝廷视义乌兵为无敌，遇有战事，征调频仍，致邑中壮丁死于锋镝者不可计算，人口为之锐减。据《义乌县志》载，洪武二十四年(1391)，义乌有人户 28 972，丁口 143 932，至万历十九年(1591)，仅有人户 15 610，丁口 71 497。义乌兵为明廷立下汗马功劳，作出无私奉献，也付出了巨大的牺牲，义乌兵的精神传统也一直被后来的义乌人代代相传。

第五节　文采风流　诗情浪漫

前面讲到义乌的忠孝、气节、事功和勇武，除此之外，义乌自古还是才子渊薮，文人之乡。《义乌县志》卷十五《文苑》中曾这样写道：

乌，古有小邹鲁之称。而灵秀所钟，固不仅以文章显。骆、宗、黄、王四子，文之冠绝者也。文清、山南、彦修、青村，卓尔名家。①

“初唐四杰”之一的骆宾王自不用说，宗泽、黄溍、王祎也都是一流的文字大家，“文之冠绝者”。徐侨、刘应龟、金涓的文字也玲珑剔透，别具特色。此外，还有令陈亮赞不绝口的“乌伤四君子”，以及贤良淑德的女才子倪仁吉。他们或忧心为国，满怀抱负；或寄情山水，隐居山野；或情郁于中，感叹无常，他们通过散文描绘恬淡幽静的生活场景，也通过诗歌抒发怀才不遇的个人情绪。义乌士人在文学艺术上的创造力与想象力，同样不容小觑。

骆宾王：拂去绮靡意为先

骆宾王是中国文学史上响当当的人物，他与王勃、杨炯、卢照邻并称为“初唐四杰”。骆宾王早在年少时期就展示出惊人的创作天赋，七岁时所作的《咏鹅》传诵后世。他同时又是位好打抱不平，耿介正直之士。闻一多先生曾评价他是位革命家：“这以‘一抔之土未干，六尺之孤何托’，让历史上第一位英威的女性破胆的文士，天生一副侠骨，专喜欢管闲事，打抱不平、杀人报仇、革命、帮痴心女子打负心汉，都是他干的。”②

至于骆宾王在文学史上的价值，最重要的是他扭转了隋唐以来宫体诗的颓废之风，为盛唐诗歌创作的繁荣兴盛打下了坚实的基础。所谓“宫体诗”，就是指以梁简文帝为太子时的东宫及陈后主、隋炀帝、唐太宗等几个宫廷为中心的艳情诗。按闻一多先生的看法，这些诗歌词藻华丽，但空洞无物，萎靡不振，是“一种不自主的，虚伪的存在”。③骆宾王的出现扭转了这样的风气，尽管他的作品中也常常沾染宫体诗的毛病，如好大成癖（以《帝京篇》、《畴昔篇》为例），喜卖弄学问（“帝城临灞涘，禹穴枕江干。桔性行应化，蓬心去不安”这样的诗句中频繁使用典故；再如“镜花摇枝日，夜麝入荷风”这样的语句在精巧、矫饰方面甚至超过上官仪），但他却逐渐地改变了宫体诗的风貌。

美国汉学家宇文所安曾在《初唐诗》中指出：“强烈的雄辩意识及散文式的铺叙，使骆宾王写出了比七世纪一般的诗歌长得多的诗篇。”④其中最成功的当属《畴昔篇》，这是一篇高度修饰的自传诗，长达两百行，是“自传诗的最早范例之一”。骆宾王的此类创作

① 嘉庆《义乌县志》卷十五《文苑》。

②③ 闻一多：《唐诗杂论》，上海古籍出版社1998年版，第14、12页。

④ [美]宇文所安：《初唐诗》，贾晋华译，三联书店2004年版，第111页。

虽还带有宫体诗的斧凿痕迹，但它所追求的主旨已经完全不同于宫体诗，把诗歌从宫体诗的游戏性中解放了出来，他尝试着用诗歌来表达自我，表达自我怀才不遇的感伤，比如他的《在狱咏蝉》、《咏怀》。更进一步，骆宾王也重新使诗歌回归汉魏时期的大气与开阔。如他的《从军行》："平生一顾重，意气溢三军。野日分戈影，天星合剑文。弓弦抱汉月，马足践胡尘。不求生入塞，惟当死报君。"再如《于易水送人》："此地别燕丹，壮士发冲冠。昔时人已没，今日水犹寒。"慷慨激昂，毫无做作的成分。

尽管从艺术的角度衡量，骆宾王的诗歌不及盛唐时期的李杜，甚至也不如"四杰"之中的王杨，但切不可因此而否定他的文学史地位。正如闻一多先生在《四杰》一文中所说的那样：

> 我们不要忘记卢骆曾用以毒攻毒的手段，凭他们那新式宫体诗，一举摧毁了旧式的"江左余风"的宫体诗，因而给歌行芟除了芜秽，开出一条坦途来。若没有卢骆，哪会有刘张，哪会有《长恨歌》、《琵琶行》、《连昌宫词》和《秦妇吟》，甚至于李杜高岑？看来，在文学史上，卢骆的功绩并不亚于王杨。后者是建设，前者是破坏，他们各有各的使命。负破坏使命的，本身就得牺牲，所以失败就是他们的成功。①

宇文所安也充分肯定这样的评价："骆宾王是一位思想的诗人，在这方面他超出了韩愈之前的任何诗人。对他来说，诗歌似乎是一种高度修饰了的思想。"②他在诗歌中植入自身对人生社会的思考，以及对历史的忧思情怀，开了当时的风气之先。正是在此意义上，骆宾王为中国文学的发展作出了重要的贡献。

刘应龟：千载风流可复闻

刘应龟③是宋末元初的"江南奇士"，据其学生黄溍称，先生"伟貌美髯，谈辩绝人"。当时的丞相马骥，十分欣赏他的人品和学识，要将亲生女儿许配给他。可他却不慕虚荣，敢于婉言谢绝，一时被传为佳话。他大多数时间都过着隐居牛活，自"德佑失国"以来，"乃返耕，筑室南山之南，卖药以自晦"。很多人都劝他入仕，"辄不答"。④在隐居的岁月中，他创作了大量文学作品，其中《梦稿》六卷，《痴稿》六卷，《听雨留稿》八卷，共计二十卷。

---

① 闻一多：《唐诗杂论》，上海古籍出版社1998年版，第26页。

② [美]宇文所安：《初唐诗》，贾晋华译，三联书店2004年版，第108页。

③ 刘应龟(1244—1307)，字元益，号山南，宋末元初义乌青岩(现义乌市江东镇青岩刘村)人。曾任杭州府学学正，义乌教谕。淡泊名利，洁身自好。后归隐而终。

④ 嘉庆《义乌县志》卷十五《隐逸》。

在《绣川二妙集序》中，黄溍称："吾里中前辈，以诗名家者，推山南先生为巨擘。"他曾评价刘应龟的文风"雄肆俊拔，飚驶水飞"，在另一篇文章中则认为其"逸出横厉，譬如风雨之所润动，杂葩异卉不择地而辄发，人见其徜徉恣肆，惟意所之而止耳"。他的诗歌本收入宋人集，后又改入元人诗集。但现在除《县壁提名记》、《夏日杂咏》、《田园杂兴》外，其余都已湮没，无从搜寻。在此仅以《春日田园杂兴》为例："独犬寥寥昼护门，是间也自有桃源。梅藏竹掩无多路，人语蛙声又一村。屋角枯藤粘树活，田头野水入溪浑。我来拾得春风句，吩咐沙鸥莫浪言。"诗句清新脱俗，颇有陶渊明诗歌的味道与境界。

黄溍：文采斐然名四方

黄溍与浦江的柳贯、临川的虞集、豫章的揭傒斯齐名，合称"儒林四杰"。他生于义乌的绣湖之畔，早年就显露出过人的文学才华。大人教他《诗》、《书》，不出一月就能背诵。再大一些时，为文下笔数千言如宿稿，"以文名于四方"。①13岁时，他曾写《吊诸葛武侯辞》，当时刘应龟读后赞叹道："吾乡以文鸣者，喻叔奇兄弟耳。此子其将与之抗衡乎！"②便收黄溍为徒。得到名师指点后，黄溍学业大为长进。

黄溍20岁时，游学钱塘（今杭州），前朝遗老与巨公宿学，多能拜见请教。于是愈来愈多地读到近世文献。回乡以后，他又与隐居在浦江仙华山的隐士方凤③交游，两人经常相互诗词唱和，于是他学问日进，识见益宏。他曾持文稿拜见当世名儒赵孟頫，赵孟頫赞道："东阳黄君晋卿，博学而善属文。示予文稿，读之使人不能去手。其用意深切而立言雅健，杂之古书中未易辨也。子爱之敬之，适有以吉日癸巳，石鼓二周刻见遗者。欣然曰：'是可与晋卿之文并观者耶。'"。

不过，黄溍深受刘应龟的影响，也向往淡泊人生，无意入仕，后经朋友劝诫，才决定参加科举。据后来明代长谷真逸撰《农田余话》记载："金华黄晋卿，早年为湖州长兴吏。因簿书被棰，乃弃吏。发愤读书，登进士第，为世名儒。"

延祐元年（1314），元朝统治者恢复了科举制度，以此笼络汉族士人。黄溍参加省试，当时以"太极"命题，场中考生多数不能摆脱俗套，唯有黄溍能够写出颇有新意的文章来，词致渊泳，绰然有古风，遂冠全场，特置前列，人多传诵。次年，黄溍试礼部中选，此后，他授官台州路宁海县丞（今宁波市宁海县），赴任宁海时，他曾写下了《初至宁海》：

① 《元史·黄溍传》卷一百八十一，中华书局1976年版，第4187页。

② 嘉庆《义乌县志》卷十四《儒林》。

③ 方凤（1241—1322），一名景山，字韶卿（韶父），号岩南，浦江人。

“地至东南尽，城孤邑屡迁；行山云作路，垒石海为田。蜃炭村村白，棕林树树圆；桃源名更美，何处有神仙。缥缈蛟龙宅，风雷隔杳冥；人家多面水，岛屿若浮萍。煮海盐烟黑，淘沙铁气腥；停骖方问俗，渔唱起前汀。”

黄溍尽管出仕，但依然心境淡泊，寡嗜欲。只要遇到好山好水，则吟咏其间，终日忘去，其冲旷简远之情，使人私欲杂念顿消。在《石台记游诗序》中他这样描写宁海的山水：

宁海多大山，其高或俯视云雨，名于仙经地志者；天门阆风，丹邱桐柏。而南田号为福地。好事者，率病其幽远险绝，莫适至。顾独喜游石台，石台距县治仅五里，所山皆土阜。非有奇石、峭峰、水泉、花药、竹箭之美，由山足缘坡陀，蛇行穿灌莽而上，至其脊乃得巨石。五、六相积压，如累器物。其项上隆然，正方而平，劣可坐十人。旁睨四山，屏障离列，东北山缺处，海霞岛雾，缥缈可睹也。台之胜，止是特以卑近而易，即凡观游者，恒用为称首。予佐县之，又明年，始合耆俊之士，登斯台，抉剔蔽翳，求昔人之遗刻，既漫灭不可识，唯庆元诸老题咏故在，徘徊久之。望东麓杉松苍翠，甍桷隐隐，或曰：是渭南园道院。乃款而休焉，因相与饮酒赋诗，抵暮而去，盖忘其山之卑、地之近也。孰使予乐焉而无志乎，其高且远者，非兹台也。邪然予闻古君子，虽甚陋必有游息之物，以养其观听而发其意，虚卑高近远物之不齐者也，夫苟无累乎，斯异方而同得者也。诗所以志，兹游之得序而归之南园，以为石台故事。

此外值得一提的是黄溍与《琵琶记》的作者高明之间的故事。当时永嘉的高明不远万里慕名拜访黄溍，高明不喜读经典，嗜读民间杂书。黄溍认为这是舍本逐末，劝他正道真行。后来高明告辞回去了，黄溍偶尔登上他曾居住的楼房，看到墙壁上写着文字，乃《琵琶记》的草本，发现“文词淹博，意义精工，读而奇之”。于是他赶紧回去追高明，在一个亭子附近追上了他。他非常赞赏高明的创作才华，为此要与他喝三杯酒。两人高兴地在亭子里喝完三杯酒后相互告辞。为此，这个亭子也得名“三杯亭”。黄溍后来这样评价《琵琶记》：“《琵琶》为南曲之宗，《西厢》乃北调之祖，调高辞美，各极其妙。”

黄溍的诗词，感情充沛，辞藻优美，富含哲理。其中不少作品，关注现实，注重描写黎民百姓的艰难生活，表达出普通百姓的心声。黄溍的散文，行云流水，夹叙夹议，事理结合，境界高远，给人以无限启迪。其文辞严谨，论述精辟，所言无不有所据。行文雍容而不尚声色，被人比之为“譬之澄湖不波，一碧万顷，蛟龙百怪，潜伏不动，而渊然之色不可犯”①。此外，他还通过文章揭露官场腐败，批判社会不公，体现出对国家社会的关心。

① 白玉林、曾志华、张新科主编：《元史解读》，华龄出版社2006年版，第165页。

黄溍的书法也自成一家，风格淳雅俊逸。他的书法作品有的还被收入《三希堂法帖》，可见其水平之高。他还善作画。他的作品以山水画为主，风格与元四大家之王蒙相近。其传世作品有《梅花书屋图》轴，纸本设色，笔墨苍古，气势浑厚。

金涓：闲云野鹤诗自然

金涓[①]生于风光迤逦的绣湖边上，曾师从当时的著名文人黄溍。黄溍见金涓虽然年少，但写文简约而古朴，甚以为奇，便悉心教之；金涓也不负老师的期望，文章进步极快。他的文章得到了同门好友，日后成为明朝开国文臣之首的宋濂的高度评价："气雄而言腴，发为文章，尤雅健有奇气，不但长于诗而已。"《义乌县志》中也对他的文章赞赏有加："涓为文章，雄健有奇气，其鸢鱼自得之趣，间尝发于吟咏。"[②]他还学经于许谦，并与宋濂、王袆、朱廉等人为友，相互切磋，互相应和。

金涓一生专注于诗歌创作，对政治不感兴趣。他尤不喜当官立业，独钟情隐居乡野。王袆曾这样评价他："德源负才气，少也不可羁。援经复据史，历历谈是非，酒酣即狂歌，襟度无畛畦。"金涓身上颇有陶渊明当年的恬淡与潇洒。当时朝廷招他修《元史》，他的朋友宋濂、王袆都去了，他却婉言谢辞。他曾作诗："生计喜添供鹤料，闲身幸结住山缘。客来不话功名事，且诵庄生第一篇。"诗歌的字里行间表达出他平生的最大宿愿，为此宋濂不得不赞其"为己之功已深"。金涓对待权贵的态度，颇近魏晋名士的风骨。有一回，一位方姓的翰林学士路过义乌，设宴相邀。金涓拒绝邀请，赋七律一首《方学士招饮不赴》拒之："我在林间鹿与群，君为天上玉麒麟。莫将彩树灯前酒，来醉梅花月下人。白屋不生三阁梦，青山难识五陵春。行吟每到看松处，自有渔樵作主宾。"短短八句，足见金涓藐视权贵，任性自然的潇洒，出淤泥而不染的风流。

事实证明，金涓的选择有他的明智之处。费孝通先生就曾指出，在中国社会当官风险极大，很"可能要冒抄家和掉脑袋的危险"。[③]宋濂、王袆虽然身居高位，但在风谲云诡的政治环境中，从来都是危险重重。王袆也曾向金涓吐露真言："劝君坚晚节，湖畔卧烟霞。"

在隐居的一生中，金涓创造了大量的描写山水田园的诗歌。总的来说，他的诗歌恬

---

① 金涓(1306—1382)，字德源，号青村，义乌人。元末明初著名学者和诗人。一生幽居在野，不应征聘，咏水歌山，传道授业，深为后人敬佩。

② 嘉庆《义乌县志》卷十四《理学》。

③ 费孝通：《中国士绅》，三联书店 2009 年版，第 29 页。

淡而富于韵味，宁静而寓有禅机。如《蜀墅头》："溪头自舒散，天澹夕阳微。拂石松边坐，看云水上飞。旧矶双鹭下，小棹一渔归。不觉吟成久，苔痕湿上衣。"此诗在字里行间，传达出一种恬淡、悠远的气息，让人忘却人世的嘈杂，回归到生命的自然状态中来。再看另一首《康湖山居》："康湖环十里，半世乐吟身。白屋居寒士，青山是故人。松多天不暑，瀑近地无尘。颇得渔樵趣，生涯日又新。"这样清新的诗句，只有心无杂念之人才能写出来。诗歌把人置于如诗如画的自然之中，颇具禅趣，同时也点出了人生的道理。此外《云门道中》更是把人对自然的憧憬，对恬淡生活的向往淋漓尽致地表达了出来："三月山南路，村村叫杜鹃。白云千嶂晓，斜月一溪烟。水冷长松井。春香小荠田。何时移别业，来往绣湖边。"①

金涓的文字简约而准确，寥寥数笔，便把自然勾勒得栩栩如生。要想到金涓的后半生几乎都是在安静而优美的山水之中度过，我们才不会对这样清新脱俗的文字感到惊讶。

吴之器：慷慨酬恩有独醒

吴之器②为吴百朋曾孙。由于受家庭环境的影响，吴之器八岁诵《史记》，11 岁参加童子试，"冠其群"。18 岁为诸生，34 岁恩补曾祖父吴百朋荫，为官生。

读书是吴之器的一大嗜好。吴百朋曾造一处"抱瓮园"，吴之器把它改建为"明月斋"。家中藏书近十余楹，他经常躺在那看书，甚至忘了洗漱（"盥栉俱废"），直到天亮鸡鸣才休息。即便是在自己的房间里，也常吟诵文章；家里人叫他吃饭不应，有人嬉笑盈前则毫无察觉。他与斯一绪、龚士骧、陈达德、章有成等六七人成立"八咏楼社"，格调甚严："自苏李以下，钱刘以上"。众朋友在一起诵诗读文，兴致盎然，"意得时，或歌吟市楼，大声彻天，小亦袅云"。③

他 43 岁写成《婺书》；46 岁修撰刻印《明月斋稿》，分为《两都记游》、《西湖杂咏》、《八咏楼稿》、《西山集稿》、《兰雪篇文稿》；48 岁赴南京应试，朝廷授予兵科给事中。他曾立下誓言："生不为宰相，则为谏官。"

明朝末年，社会动荡，外族入侵，国家正处在内忧外患的多事之秋。吴之器虽胸怀大志，但却报国无门，徒生悲叹。清兵入关践祚中原后，吴之器曾任金华、衢州、严州三

① 骆有云等：《义乌名家诗选》，义乌市志办公室 1999 年版，第 126 页。

② 吴之器：(1596—1686)，字赐如，号神岳，吴百朋曾孙，吴存中之长子。为人坦荡正直，讲求气节，苦读书，勤著述，湛深简静，有长者之风。

③ 嘉庆《义乌县志》卷十五《文苑》。

府巡道，不久辞职归田。一臣不事二主。吴之器的内心十分苦闷彷徨，这种心态以诗歌的方式得以表达："岧岧泰山桐，制为漆鸣琴。徽以阗河玉，弦以朱丝绳。清夜来抚之，殊音肃泠泠。一终舞云鹤，再变贯秋旻。钟旷久已往，此曲谁为听。"①吴之器的失落感满溢纸上，他自叹："不学之谓贫，无成之谓贱，有所不为之谓耻，有所不取之谓廉，吾何求乎？"他远离了官场是非地，潜心学问，致力于著书立说，从中寻求一种新的精神寄托。

他一生著作颇丰，著有《婺书》、《婺书别录》、《明月斋稿》;《诗经春秋》、《测史榷古今句》、《图杂录》、《官方宫钟》、《秋窗杂抄》、《物记》、《礼蕞阁鉴香革》编成《露香采香杂题》、《后屐谱》、《石困八钞》、《艺苑指归》四种;《古今诗》系 64 家古诗、广雅、乐府、翼南唐诗、细填辞家录;《明月斋后刻稿》为《秋声离茨橘服登苹绮云大樽溪南》、《经锄尊拙听雪白醉古今》、《宫意闺意春问》三赋。

楼俨：碧天无际白鸥翔

楼俨②是清代重要的词人，康熙帝曾南巡于吴门行宫，楼俨以监生身份向康熙帝献上了《清平乐・行宫观织图》十首，在此特摘几首：

之六　轧花弹花

脂车腻滑，金木交相轧。喂饲渐看花吐核，手挽还须足压。一弦一柱张弓，恍如柳絮因风。何处声声断续，惯听晓月朦胧。

之七　纺纱

一轮低转，高下随轻腕。镇日分条纤指拈，不管天寒天暖。花村人静三更，曾催隔巷书声。恰似咿唔情绪，消磨月白灯青。

之九　织布

分门综绾，摇曳流苏颤。踏处忍教莲步缓，促织不劳低唤。纵逢暑雨寒冰，也须解轴鸡鸣。只恐涩梭手腻，凝眸无限关情。

这组《清平乐》把江南棉农一年四季的劳作收获情况描写得惟妙惟肖，跃然纸上，康熙读后拍案叫绝，当即批为"钦取第一"。

① 嘉庆《义乌县志》卷十五《文苑》。

② 楼俨(1669—1745)，字思敬，号西浦，义乌苏溪齐山楼人。工于词章，勤政为民。官至提刑按察使致仕。以词学名于世，著《蓑笠轩仅存稿》。

楼俨清介绝俗，其词甚美，深谙音律。他曾与缪雪庄、张幻花以词唱和。如《苏公亭》①："露葭风柳水中央，无复当年旧草堂。剩有孤亭残碣在，碧天无际白鸥翔。"这首诗应是作者去苏公亭时所作，全诗基调颇为孤寂，萧瑟，作者怀念苏东坡，感叹一切都物是人非。但全诗写得意境邈远，尤其是最后一句"碧天无际白鸥翔"，相当开阔。此外，还有《夜行船》②："薄雾朦胧双桨去，趁星光，莫教天曙。几点渔舟，一丛霜荻，灯火微茫何处。记得小楼会借住，倚熏龙夜深频语。梦不分明，景还依约，肠断天涯羁旅。"《夜行船》一词写的是作者在星光点点的夜晚乘舟航行在水上。全诗以船上所看到的景色为主题，表达了诗人当时的心情。他把夜的迷蒙与梦的意境交织在一起，寥寥几句，便把渔舟、灯火、星光以及霜荻描绘得颇有意境。

此外，楼俨在词学方面也颇有建树。他曾应皇帝之诏修《词谱》，辨析体制，考订源流。他辨析宋以来诸多词家原委，以折衷的方式继承了秀水朱彝尊的观点，"以词学名于时"。他还曾驳正宜兴《万氏词律》百有余条，最中窍要；他还认为张蜓之《诗余图谱》、程明善之《啸余谱》及毛先舒之《词学全书》，率皆谬妄错杂，倚声家无所遵守。为此，他专门自己修订《群雅集》一书，以四声二十八调为经，而以词之有宫调者为纬，并以词之无宫调者，依世代为先后，附于其下。③楼俨先后著有《四声二十八调考略》、《白云词谱考略》、《词韵入声考略》、《吴江沈氏宫谱》等词书，推进了中国古代词学理论与创作的发展。

王西彦：文字生涯诉实话

在中国现代文坛中，王西彦④是个极有特色的作家。在他一生一百多个短篇小说和几十部中长篇小说的创作中，他一直坚守着一个不移的信念："像鲁迅、契诃夫那样，写得越真实越朴素越好；用手中的笔把家乡人民苦难生活的真相写下来，以表达自己的骨肉之痛和悲愤之情。"⑤

王西彦从小就熟读儒家经典，此外还涉猎了大量小说与传奇故事。此后受五四运

---

① 东湖区民间文学集成编辑办公室编：《百花洲》，第 101 页。

② 胡云翼编：《清代词选》，上海教育书店 1947 年版，第 63—64 页。

③ 王昶：《蒲褐山房诗话新编》，齐鲁书社 1988 年版，第 12 页。

④ 王西彦(1914—1999)，原名正莹，又名思善，小名余庆，浙江义乌人。著名作家、文学教授。1937 年毕业于北平中国大学国学系。从 18 岁开始发表第一篇小说《残梦》，在此后的 68 年文学生涯中，创作短篇小说上百篇，中长篇小说十数篇，散文及文艺理论上百万字。代表作为《第一块基石》、《炼狱中的圣火》等。其作品见《王西彦全集》，上海人民出版社 2012 年版。

⑤ 孙升亮：《王西彦的小说创作》，《文学评论》1995 年第 3 期。

动的影响，文化视野随之扩大，阅读了鲁迅、茅盾等作家的作品，也对屠格涅夫、托尔斯泰、陀思妥耶夫斯基、契诃夫、高尔基等苏俄作品广泛涉猎。他还曾尝试翻译了契诃夫的短篇小说《询问》，从文学大师那里吸收了丰富的精神养分。

1931年，王西彦在南京《橄榄月刊》上发表了平生第一篇小说《残梦》。1933年他赶赴北京就读于中国大学国学系，此后开始在《大公报》、《作家》、《国闻周报》等刊物上发表作品。由于不断有作品发表面世，他的名字逐渐为人所知。一次偶然的机会，他结识了沈从文先生，在他的创作生涯中，后者对他的影响是不可忽视的。

王西彦的早期创作(1934—1937)主要涉及的主题是童年时代家乡生活的印象和记忆。主要有《月光曲》、《摸秋》、《好汉们》、《苦命人》、《爱的教育》、《投靠》等，在这些童年题材的作品中我们所见到的并不是通常儿童生活的天真无虑，而是沉重的人生与生活的苦难。他的小说努力地按照生活的本来面目进行创作，凸显农村社会的阴暗和农民生活的悲凉贫乏。但“由于弱者的困苦和屈辱占据了作品中的主要地位，悲叹和呻吟几乎淹没了作家对人物性格心理内涵的发掘，在作品中很少见出作家本人对农民命运的思考”。①

抗战的爆发，对于王西彦来说，成为他创作生命的新的起点。跟绝大多数进步作家一样，他自愿地投身这场民族战争，自觉地挑战创作方向，为抗战的现实政治服务。小说《眷恋土地的人》是他这一时期最重要的代表作品：小说中的主人公杨老二，在继承了辛劳一世的父亲仅留的一间半泥屋时，也继承了父辈拥有自己的一块土地的梦想。在做了十年长工之后，终于拥有了一块小小的土地。可就在这时，战争爆发，他几乎也到了背井离乡的地步。凭着“俺只要回得了老家，要俺干什么活，俺就干什么活”的淳朴思想和热情，他在运河边的一个小渡船上做起了船夫。他一刻不停地劳作，也把自己的命运同民族战争联系在了一起。但个人的热忱改变不了凄惨的现实，兵败如山倒，溃败的军队潮涌似地夺船而逃，杨老二似乎也必须一起撤退了。这时，他对土地的眷恋压倒了保存生命的需要，他独自一人背着枪向家乡跑去，最终遭遇敌人，倒在了这片他难以割舍的土地上。② 王西彦这个时期的创作摆脱了前期激情有余，理性不足的弊病，能够更加清醒而深入地思考分析中国社会的现实问题。

在40年代，胡风倡导“主观的战斗精神”，认为现实主义创作就是与生活也是与自我

---

①② 孙升亮：《王西彦的小说创作》，《文学评论》1995年第3期。

的搏斗过程。冯雪峰也持相同的看法，他认为："在要求作家深入生活，体验生活或接受某种思想概念的同时，还应该要求作家对现实生活的深入的正视，独立的思考，大胆说出真理的勇气和魄力。"这些文艺观对王西彦是产生过重要影响的，使他逐渐摆脱创作中的自然主义态度，而更多地把自己的情感、体验，以及对人生的关切体现在文学创作中。如1942年的《黄昏》和1945年的《春天》彻底摆脱了早期作品的客观描述，努力地突进人物的精神世界，大大提升了作品的精神境界。

在王西彦成熟期的作品中，对农民有着强烈的同情和批判，继承了鲁迅以来"批判国民性"的优良传统。他确信疗救他们被毒害的灵魂远比改变他们的生活境况与生存条件更为重要。但同时，他也深受沈从文对乡村世界的同情式理解，能够看到农民身上单纯善良的品质，坚忍不拔的性格和对生活默默的热爱。在他后期的创作中极力表现"生命的美丽和庄严"。如长篇小说《村野的爱情》表现了农村青年男女的爱情生活与不幸遭遇，尽管这是个悲剧性的故事，但人性之花依然绽放；再如《微贱的人》描述了一位农村女性的悲剧式的命运，但能把她写得如此高贵而美丽。这就在他写作苦难人生的同时，也给人生抹上了淡淡的诗意与感伤。

新中国成立以后王西彦创作了长篇小说《春回地暖》、《在漫长的路上》(第一部)及理论性文章《唱赞歌的时代》、《论阿Q和他的悲剧》等。1963年小说《春回地暖》出版，轰动一时，上海人民广播电台在长达两个多月的时间里逐日向观众播报小说内容。在"文革"的岁月里，王西彦不可避免地遭受冲击。他曾被造反派作为"罪行"最严重的"牛鬼蛇神"关进面积不到5平方米的煤气灶间。但在这样困难的环境中，王西彦依然坚守做人的底线。"文革"结束后，王西彦着力于对这段岁月的反思，1991年1月，他开始撰写《焚心煮骨的日子》——一部关于"文革"的长篇回忆录。在回忆录中，作者站在一个亲历"文革"的知识分子的角度，回顾了"文革"中的苦难经历。

1998年4月9日，上海作家协会和浙江师范大学在上海作协礼堂举行王西彦先生文学创作生涯65周年研讨会。在这次研讨会上，许多知名学者给予他很高的评价。王元化这样评价他："不降志、不辱身。不追赶时髦，不回避危险。"杜宣则赋诗道："八十五年岁月，寻章摘句生涯。是非成败且由它，只写心中实话。"

第四章　义乌名士文化的人物谱系（一）

“骆丞草檄气堂堂，杀敌宗爷更激昂。别有风怀忘不得，夕阳红树照乌伤。”这是中国现代作家郁达夫在《过义乌》一诗中对义乌的赞誉。义乌是个文化之城、名人之城，这些名人名士为今天的义乌留下了感人至深的故事，也留下了永垂青史的诗文。以下两章将以时间为顺序，历数义乌历史中最重要的历史人物和他们的传世故事文章，也从另一个侧面，集中展示义乌名士文化的精神内涵。

第一节　傅大士：弘扬佛法一代宗

北宋的政治家、文学家王安石与当时著名士大夫张方平①有过一段著名对话。

世传王荆公尝问张文定公曰：“孔子去世百年，生孟子，亚圣后绝无人，何也？”文定公曰：“岂无，只有过孔子上者。”公曰：“谁？”文定曰：“江西马大师、汾阳无业禅师、雪峰、岩头、丹霞、云门是也。”公暂闻，意不甚解，乃问曰：“何谓也？”文定曰：“儒门淡薄，收拾不住，皆归释氏耳。”荆公欣然叹服。其后说与张天觉②，天觉抚几叹赏曰：“达人之论也。”遂记于案间。③

在这段对话里，张方平对唐五代年间儒释盛衰作出评论，认为“儒门淡薄，收拾不住，皆归释氏耳”。将马大师、无业、雪峰、岩头等禅师视为超过孔子的人，这个看法虽有偏颇，但却道出了唐五代儒学衰落佛教盛兴的实情，让人看到佛教在历史上的重要影响。时间过得很快，大约900年后的一天，当代史学家陈寅恪（1890—1969）与比较文学专家吴宓（1894—1981）也有过一段纵论中、西、印文化的谈话。陈寅恪说：

汉晋以还，佛教输入，而以唐为盛。唐之文治武功，交通西域，佛教流布，实为世界文明史上，大可研究者。佛教于理性之学，独有深造，足救中国之缺失，而为常

---

① 张方平（1007—1091），字安道，号乐全居士，谥文定，有《乐全集》四十卷。

② 张商英（1043—1121），字天觉，号无尽居士。北宋蜀州（四川崇庆）新津人。曾读《维摩经》，看到“此病非地大，亦不离地大”，深有所感，于是归信佛法。

③ 陈善：《儒释迭为盛衰》，《扪虱新话》上册第十卷，据儒学警悟本校印，上海商务印书馆1920年版。

人所欢迎。惟其中之规律,多不合中国之风俗习惯,如祀祖、娶妻等,故昌黎等攻辟之。然辟之则另无以济其乏,则终难遏之,于是佛教大盛。宋儒若程若朱,皆深通佛教者,既喜其义理之高见详尽,足以救中国之缺失,而又忧其用夷复夏也。乃求得而两全之法,避其名而居其实,取其珠而还其椟。采佛理之精粹以之注解四书五经,名为阐明古学,实则吸收异教。声言尊孔辟佛,实则佛之义理,已浸渍濡染,与佛教之传宗,合而为一。此先儒爱国济世之苦心,至可尊敬而曲谅之者也。故佛教实有功于中国甚大。……自得佛教之裨助,而中国之学问,立时增长元气,别开生面。①

在这段话里,陈寅恪论述了佛教在理论思维方面的长处,指出了中国文化的不足及两者结合孕育了宋明理学。在他看来,宋明理学的创立与其对佛教精粹义理的吸纳密切相关,可见佛教对中国文化影响之大。

以上两段著名谈话谈到了佛教对中国文化的影响,其实佛教对中国的影响不仅仅限于此。佛教起源于古印度,自汉代②传入中国后,经过两汉时期依附方技、魏晋时期依附玄学、隋唐时期独立成宗派以及宋代融入儒家几个发展时期,经过了与中国传统文化的依附、抗衡与融合的过程,成为中国文化的组成部分,并与儒家、道教鼎足而三,对中国的文学、艺术、史学、建筑、音乐等方面都产生了深远的影响。

东汉末年,佛教传入江南地区,得到东吴政权的大力支持。佛教传入浙江后,迅速传播。东晋的明帝、哀帝、简文帝、孝武帝等都笃信佛教,梁武帝萧衍甚至四次舍身同泰寺为奴;文人当中,雷次宗、何尚之、范泰等好谈神灭、顿渐等佛理,宗炳、陶渊明、陆修静、谢灵运、鲍照等热衷荟萃庐山,与慧远大师谈空说有。而社会的动乱,更使普通百姓往往借助佛教来麻痹尘世痛苦。这些因素使得佛教深深地扎根于社会,迅速得到发展,并产生了一批著名的高僧,傅大士便是其中杰出的一位。

顿悟前缘

傅大士(497—569),梁朝人,姓傅名翕,字玄风,号善慧,《续高僧传》称傅弘,又称善慧大士、鱼行大士、双林大士、东阳大士、乌伤居士。是佛教界著名的居士,世称傅大

---

① 吴学昭:《吴宓与陈寅恪》,清华大学出版社 1992 年版,第 10—11 页。

② 关于佛教何时传入中国的问题,一直以来学术界众说纷纭,没有确切的结论。大致有“秦朝说”、“西汉武帝时期说”、“西汉末说”、“西汉末东汉初说”和“东汉初说”等几种不同说法。目前学术界倾向于汤用彤的观点。据汤用彤考证,佛教始于西汉末年。他曾说:“最初佛教传入中国之记载,其无可疑者,即为大月氏王使伊存授《浮屠经》事。”(汤用彤:《汉魏两晋南北朝佛教史》,河北教育出版社 1996 年版,第 37 页。)

士①，东阳郡乌伤县（今浙江义乌②）人。傅大士是南朝梁代禅宗著名尊宿，义乌双林寺始祖，中国维摩禅祖师，与达摩、宝志共称“梁代三大士”。

傅大士生活在两晋南北朝时代的梁朝。六朝时期国家南北分裂、战乱不断，生灵涂炭，人们过着生死无常、痛苦不堪的生活。而佛学作为一门超尘世、求解脱的学科，受到社会各阶层的欢迎。当时南方相对于北方来说比较安定，尤其是元嘉之治及齐梁之际社会稳定，给佛教发展打下稳定的基础，傅大士就在这样一个时代应运而生。

南齐建武四年（497）五月八日，傅大士出生于乌伤县稽亭里一户世代务农的人家。傅大士少不学问，但慧发天真，无师自通。其为人仁厚平和、不善言辞，常做的事情就是和乡人一起捕鱼。傅大士每次捕到鱼后，都把装鱼的竹笼沉到水下，口中念念有词：“要留下的留下，要离开的离开”，让鱼有自由逃脱的机会，因此捕到的鱼很少。这种类似姜太公钓鱼的捕鱼风范，受到乡人的讥笑，有人甚至视他为愚人。不过，傅大士不在意，依旧我行我素，认为这样捕鱼才符合因果原理。

一天傅大士捕到鱼后，照样让鱼来去自由，引起一位来自嵩山的高僧注意，他对傅大士说：“我与你曾一起在毗婆尸佛前发愿普度众生，现在兜率宫中还有你的衣钵，不知你什么时候回去？”傅大士听后瞪大了眼睛，几乎不相信这位人称嵩头陀的高僧的话。高僧见他不信，又说：“你试到水边看看影子！”傅大士临水观影，看见一个圆光宝盖加身的弥勒佛③，于是顿悟前缘。他对嵩头陀说：“铁匠的住处一定堆满了钝铁，良医的门庭也必然聚满病人。现在我要以弘法度生为首务，怎么有功夫去想到彼岸的快乐呢！”于是，他抛弃渔具，携僧归家，请求修道之地。高僧指着松山下双林树说：“此可栖也。”

傅大士便在松山双林树结茅庵而居，自号双林树下当来解脱善慧大士。这个地方后来发展成为著名的双林寺。傅大士临水观影而顿悟前缘，在常人看来是一桩奇事，在佛教中这类事情却不足为怪。佛教讲究的就是“同情之默应，心性之体会”④。相传有一次大梵天王在灵鹫山上请佛祖释迦牟尼说法。大梵天王率众人把一朵金婆罗花献给佛

---

① “大士”在梵语中称为mahasattva，是菩萨的美称。“士”是对凡夫的通称，为区别于凡夫而称为大。

② 义乌是古越国之地。秦始皇设置郡县，义乌称为乌伤县，至唐代始改称为义乌县，后历代沿用。

③ 弥勒原为释迦牟尼佛座下大弟子之一，由于他即将继释迦牟尼佛之后，在阎浮提世界成佛，所以习俗相沿，也称他为弥勒佛。因为弥勒菩萨现居兜率天，尽其一生之后，将到人间继释迦之后成佛，所以又称为“一生补处菩萨”。

④ 汤用彤：《汉魏两晋南北朝佛教史》，河北教育出版社1996年版，第653页。

祖,隆重行礼之后大家退坐一旁。佛祖拈起一朵金婆罗花,意态安详,却一句话也不说。大家都不明白他的意思,面面相觑,唯有摩诃迦叶破颜轻轻一笑。佛祖当即宣布:“我有普照宇宙、包含万有的精深佛法,熄灭生死、超脱轮回的奥妙心法,能够摆脱一切虚假表相修成正果,其中妙处难以言说。我不立文字,以心传心,于教外别传一宗,现在传给摩诃迦叶。”然后把平素所用的金缕袈裟和钵盂授予迦叶。这就是禅宗“拈花一笑”和“衣钵真传”的典故。佛学重在参与悟,傅大士既然悟到了,自然了却俗尘,但他却不像当时大多数高僧那样,远离尘世,独自修行,相反,他学维摩诘居士,留居世间,普度众生。

修行弘法

傅大士在双林树下结庵修行,由于山顶有黄云盘旋,后来这座山被叫作云黄山,也叫横云山。云黄山位于现在义乌佛堂镇东部,这里是金衢盆地东部,四周群山环抱,地形起伏,沃野数百里。

傅大士带着妻子与儿子一起在双林树下搭了个草棚,又在附近开垦荒地,种植瓜果蔬菜。每天日出而作,日落而息。为了实现普度众生的愿望,每天晚上,傅大士就着微弱的灯光刻苦学习佛经,有时还给妻儿宣扬佛法,过着农禅并作的生活。随着道行的加深,傅大士对人愈加慈悲。一次,有人来偷他家果园瓜果,傅大士见后非但没有责怪之意,反而说:“你不必盗取,把你篮笼拿来,让我给你采装。”于是小偷满载而归。在这件事上傅大士表现出悲天悯人的情怀。

苦修七年后,傅大士31岁。一日正在静坐,突见东方光芒万丈,来了释迦、金粟①、定光②三佛。而后,一道金光从天而降,洒满他的全身,同时,空中传来话音:“成道之日,当代释迦坐道场。”自此以后,傅大士胸前常现金光,掌内常流异香。这一神异现象引起附近僧俗四众的注意,越来越多的人前来顶礼膜拜,他的身边也聚集了大量信徒。东阳郡守王烋怕他妖言惑众,于是将他押入大牢。在狱中,傅大士不吃不喝,但生活一切如常,这令所有人感到惊异,王烋也怕得罪了圣人,于是将他释放。回去后,傅大士修行更加勇猛精进,并认为自己已得“首楞严三昧③,并得无漏智④”。道行高深的弟子说:“首

---

① 金粟如来,为过去佛之名,指维摩居士之前身。

② 定光如来,又作燃灯佛,出现于过去世,曾为释迦牟尼授记之佛。

③ “首楞严三昧”是梵语,意译勇健定、健行定、健相定。菩萨得此三昧,则诸烦恼及恶魔皆不得破坏之,并且恰如大将率领兵众,一切三昧悉皆随从。

④ “无漏智”为“有漏智”之对,指证见真理,离一切烦恼过非之智慧。

楞严三昧，只有十地菩萨方才能得到。”因此，大家知道他是十地菩萨化现，不是凡夫俗子。

有一年，当地发生饥荒，傅大士为了普度众生，首先度化妻子，使其发愿行菩萨道，并将家中田宅遍卖，用来设大会供养僧俗四众，说道：

舍报现天心，倾资为善会。

愿度群生尽，俱翔三界外。

归投无上士，仰恩普令盖。①

不过，大法会没能阻挡饥荒的蔓延，百姓依旧处在无隔宿之粮的困境当中。傅大士想到佛祖为救一只鸽子而舍身的事情，劝妻子妙光卖身助会。妙光说：“唯愿一切众生，因此同得解脱。”于是，傅大士以五万贯钱将妙光卖给同乡傅重昌等，得钱之后立即营设大会，并发愿为三界众生消灾积福，灭除罪垢。后来傅重昌为傅大士的事迹所感动，将妙光遣返。由于这些事情，使得傅大士的弟子越来越多。

傅大士曾到叔父家，自称是弥勒下凡，特来度化他，要他行礼，叔父果然向他行礼。但是，他感化叔祖孚公的过程却没那么顺利。当傅大士提出要孚公向他行礼时，孚公傲慢地说：“向晚辈行礼，于礼不合。”当天晚上，孚公梦见有八个人迎请傅大士，孚公随他而去。问道：“去哪里？”有人叱斥道：“你贡高我慢，不听圣训，有什么好问的？”突然，孚公看见傅大士腾空而行。孚公追过去，只见石壁横空，傅大士与侍从人员直通无碍，而他自己却怎么过不去。孚公急醒，悲悔交集。天刚亮，孚公直奔傅大士家，悲痛不已，哭拜于地。傅大士说：“我从兜率天②下来，正是为了接引你们。”孚公马上行礼，愿为弟子。

天台山和尚慧集，精勤佛法，久闻傅大士大名，披星戴月，日夜兼程赶到双林见傅大士，愿为弟子。傅大士为他说无上菩提，慧集大彻大悟。皈依门下后，慧集到处弘法，成为傅大士弘教的得力助手。

当然，历来弘教都不是容易的事情。在修行期间，也曾发生过有人故意刁难傅大士的小插曲。曾有一和尚捉弄傅大士说：“听说你是修菩萨行的。修菩萨行的人，舍身布施，人家要头给头，要眼给眼，即使是奉献国家与妻儿，都在所不惜。现在，我向你要手中的香炉，你给我，就是真菩萨；不给，那就是假菩萨了。”傅大士说：“给还是不给都不是

---

① 楼颖：《善慧大士语录》卷一。

② 欲界六天的第四天。又作睹史多天、兜驶多天等。意译妙足天、知足天、喜足天、喜乐天。在此天之人，多于自己所受，生喜乐知足之心，故有此名。

菩萨。”和尚不听，还是强将香炉拿走。过了十多天，和尚又来问傅大士：“前些日子有人抢走你的香炉，你有什么感受?”他说：“得到的就像本来就有的，失去的就像本来就没有的，没什么悲喜的。只希望你擎炉焚香，供养诸佛，生生世世增进菩提，多做善事。”自此，和尚才相信傅大士不为俗累，一心弘法的事实。于是，将香炉还给他，与他一道修行。

三度进京

经过十年的苦修与弘法，傅大士在社会上有了一定影响，身边也聚集了一批精通佛学的信徒。傅大士又与弟子在云黄山居室前十多里地方开荒种麻、豆等农作物，并建造了精舍。一时人才济济，事业鼎盛，唯一不足的是寺院地处偏僻，只能行化一方，无法实现傅大士普度众生的宏愿。其实，早在东晋时期，著名高僧道安就曾感叹：“不依国主，则法事难立。”佛教的发展跟政治有着密切的联系。从历史上看，国家对佛教的扶持会使得佛教兴盛，反之则不利于佛教的发展。傅大士认识到要想让佛法普及天下，必须感动天子与世家大族，于是开始走“依国主”的路线。

傅大士的想法是通过当地官员的推荐来联络皇帝。他曾多次率领僧俗上县衙门，请求联名推荐，但却多次遭到拒绝。为此，傅大士认为以前的道路已经走不通，打算直接与皇帝联系，便将得意弟子慧集派到京城。慧集到京城后，四处宣扬傅大士的德业，但是没有人理他。他就到宫门外击鼓陈述因由，结果遭罚钱，并被判服役一年。在服役过程中，慧集仍不忘使命，继续宣扬佛教，还造起了砖塔数层。当地官员佩服他的弘法精神，最后将他释放。

经慧集的努力，傅大士在京城的影响逐渐扩大，梁中大通六年(534)，傅大士认为时机已经成熟，于是遣弟子傅暀入都致书梁武帝，提出治国三策。原文是这样写的：

> 双林树下当来解脱善慧大士，白国主救世菩萨，大士今欲条上中下善，希能受持。其上善，以虚怀为本，不著为宗，无相为因，涅槃为果；其中善，以治身为本，治国为宗，天上人间，果报安乐；其下善，以护养众生，胜残去杀，普令百姓，具禀六斋。今大士立誓，绍弘正教，普度群生，故遣弟子暀告白。①

傅大士这封给皇帝的信里，闪现着佛教追求平等思想和沙门不敬王者的精神。傅暀拿着他的信，先进京见了太乐令何昌。何昌看完信后，面露难色，皱着眉头说：“高僧大德上书皇上，言辞都很谦卑，即使是国师智者法师慧约也如此。而傅大士在这封信里

① 楼颖:《善慧大士语录》卷一。

却自称双林树下当来解脱善慧大士，且他既非和尚，又非长老，却要上书教导皇上，这实在是过于放肆了，我怎么敢将这封信交给皇上呢？"傅暀说："我刚来京城，人生地不熟，除你外再找不到其他人来递交此信。"何昌被其感动，和同泰寺见浩法师一起将此信交给皇上。武帝看后，命傅大士进京。

傅大士于同年十二月十九日到达蒋山，梁武帝约定闰十二月八日在善言殿接见他。接见之前，梁武帝听说傅大士神通广大，命人将宫门上锁，看他如何入宫。傅大士早已预知梁武帝的图谋，事先制作了一只大木槌，只见他轻轻叩了一下大门，其他各扇门全部同时打开，傅大士便直入善言殿。这一见面礼让梁武帝大为欣赏，因此两人谈话很投机。这次谈话后，梁武帝让傅大士住同泰寺，并供给膳宿诸般费用，后来傅大士又改住钟山定林寺。从此，京城的名僧信徒纷纷拿着信件书卷向他求教佛法，傅大士本人则对大家的提问无所不答。大家都认为他见识高远，是神仙下凡。

大同元年(535)正月，梁武帝在华林园重云殿开法会，亲自为王公大臣讲解《三慧般若经》。法会上王侯满筵，公卿连席，梁武帝特为傅大士设了个专座，以凸显其绝世通人的身份。梁武帝来了后王公大臣都去迎接圣驾，只有傅大士一人坐着不动。刘中丞问他："你为何不迎接圣驾？"傅大士说："表面的迎接未必对皇帝有敬心，关键还是看内心。"武帝升殿说法，大众起立致敬，傅大士却不起来。刘中丞又问为什么，傅大士说："法地若动，一切不安。"傅大士不拜天子，不友诸侯的行为，非但没有引起梁武帝的不满，反使他更受尊敬。

此后，两人就佛法问题又整整谈了一天。当时的情况，徐陵在《傅大士碑文》中作了记载："大士言如重颂，句备伽陀，音会宫商，义兼华藻，岂唯宝积献盖，文成七言，释子弹琴，歌为千偈而已。"①

《金刚经》是大乘佛教的经典佛经。有一次，梁武帝请大士讲《金刚经》。傅大士开讲后，只见他抚尺挥案，一敲便离开座位。梁武帝给他弄糊涂了，站在一旁的释宝志②问武帝明白傅大士的意思没，梁武帝说："不全。"但是年少出家的南朝著名高僧释宝志却是知道傅大士已讲完，于是宣布："大士讲经已经完毕。"梁武帝再次邀请他讲，傅大士只唱了四十九颂便离去。傅大士这种讲经方法在梁武帝那个时候的人看来很奇怪，其实

---

① 徐陵：《傅大士碑文》，见楼颖：《善慧大士语录》卷三。

② 释宝志(418—514)，南朝高僧。又作宝志、保志。世称宝公、志公和尚。金城(陕西南郑，或江苏句容)人。俗姓朱，年少出家。

我们只要了解后来禅宗特有的“机锋”、“公案”就不会觉得傅大士所为异常了。

傅大士深厚的佛学修养也得到佛教界高僧大德的敬重。有一位叫慧和的法师，在头陀寺隐法师那里修行，不到20岁就精通佛法，讲论无敌。隐法师将死时慧和法师向他请教以后的去处，隐法师说：“东阳的傅大士智慧高深，深解大乘佛理，可以拜他为师。”于是慧和法师便向傅大士执弟子礼。

此后几年，傅大士再次进京，与武帝在寿光殿内辨析佛理。梁武帝问：“何谓真谛?”傅大士用“息而不灭”四字加以概括。“息而不灭”，息即熄灭，灭即灭亡、虚无。但具体事物的灭亡并不意味着“真谛”的虚无，相反它永远存在。东晋时期的庐山慧远曾对形与神的关系做一个比喻，有助于我们理解傅大士的“息而不灭”论断。慧远说：“火之传于薪，犹神之传于形；火之传异薪，犹神之传异形。前薪非后薪，则知指穷之术妙；前形非后形，则悟情数之感深。”这是说，人的精神好比火，形体好比薪，薪经过燃烧，成为灰烬，而火却从此薪传到彼薪，永远不熄灭。同样，人的形体消灭了，神却从此形传到了彼形，轮回不已。如果将具体事物与真谛分别理解为慧远所谓的形与神，就可以对“息而不灭”有感性了解。梁武帝却不以为然，认为按他的理解，真谛就是有形的物体，不赞成傅大士的观点。为教化武帝，傅大士回去后写了一首偈献给武帝，阐述“息而不灭”的道理：

> 若息而灭，见若断集。如趣涅槃，则有我所，亦无平等。不会大悲。既无大悲，犹有放逸。修学无住，不趣涅槃。若趣涅槃，障于悉达，为有相人。令趣涅槃，息而不灭。但息攀缘，不息本无。本无不生，今则不灭。不趣涅槃，不著世间，名大慈悲，乃无我所，亦无彼我。遍一切色，而无色性，名不放逸。何不放逸，一切众生，有若赤子，有若自身，常欲利安。云何能安，无过去有，无现在有，无未来有。三世清净。饶益一切，共同解脱。又观一乘，入一切乘。以一切乘，还入一乘。又观修行，无量道品。普济群生，而不取我。不缚不脱，尽于未来。乃名精进。①

按佛教看法，宇宙间各种具体事物均由各种因缘和合而成。在这首偈中，傅大士指出：“但息攀缘，不息本无。本无不生，今则不灭。”即会灭亡的是各种具体事物，但本体是可以独立于具体事物之外的，不会因具体事物的灭亡而灭亡，这就是无形的“真谛”。

后来傅大士第三次进京时，依然鼓励武帝好好修行。在京城时，有一和尚问他：“今

---

① 楼颖：《善慧大士语录》卷一。

日大还是明日大?”傅大士答道:“可以今日小,明日大;也可以今日大,明日小,何以故?凡地修圣道,果地习凡因。常行无所践,常度无度人。”一时传为佳话。傅大士三度进京,所度道俗不可胜计。

建双林寺

自从傅大士在双林树下结庵修行以来,云黄山下即已逐渐形成两处精舍,聚集了许多佛教信徒,但一直没正式建立寺院。随着傅大士三度进京觐见武帝,个人影响的扩大以及与武帝关系的逐渐密切,修建双林寺的想法水到渠成。傅大士回去后,只见双林树根株异植,枝叶连理,各有祥气出窍,常闻天乐,时降甘霖,于是建议武帝在黄云山双林树下建寺庙。梁武帝同意并下诏在双林树旁建寺。

这一年秋,双林寺建成。开光大吉,梁太子昭明夫妇专程送来梁武帝的诏书:“如来大慈,佛光普照,维摩善慧,救世津梁。”双林寺殿前,原生有白杨一株,枝叶秀异。寺成后,傅大士将白杨砍伐,用以雕刻殿中佛像。傅大士命于砍伐处建九层砖塔一座,并口授弟子写了《了义经》、《度世经》、《宝积经》、《涅槃经》、《示佛乡村歌》、《因果经》、《本生经》等经律千余卷,佛偈五则。

大同八年(542),傅大士在双林寺立誓持上斋,并作愿文。以后每月六日不饮食,以饥渴之苦替一切众生酬偿罪孽,并将节省的粮食布施众生。双林寺后来名扬天下,在隋朝号称“天下第三,江浙第一”。在宋朝宁宗嘉定十七年(1224),被列为天下禅寺五山十刹之八,和灵隐寺、国清寺齐名,至今依旧是天下古刹,香火不断。

布施行善

大同十年(544),傅大士广结善缘,将佛像经文献给佛教信徒,将屋宇田产及田里生产的全部粮食捐给寺院,并设大法会,供养三宝,登坛讲法。傅大士施舍家产后,甚至连住的地方都没有,只好再搭建茅屋居住,日子过得很清苦。即使这样,还是遭到强盗的打劫。有一帮强盗闯进傅大士家里,扬言要抢劫,傅大士面无惧色,说:“东西你们要拿走就拿走,不要动刀动枪。”经过这次洗劫,傅大士家里除了二十担米外,什么都不剩,日子更加艰苦。

武帝死后,梁朝宗室诸王为争夺皇位互相厮杀,江南战乱不断,赤地千里,白骨成堆。短短九年间,先后有八人登基、九次黄袍加身。社会剧烈动荡,人民生活在水深火热之中。面对灾难,傅大士再次捐舍田园产业以普度众生。

太清三年(549),梁朝国祚将终,社会一片混乱。傅大士散尽所有家产,布施给处在饥荒中的贫苦大众,并与弟子们一起辛苦劳作,以橡果、野菜充饥,跟大家同甘共苦。后一年,乡人无牛耕作,傅大士便将耕牛送给老百姓役使,自己则用人工代耕。此后,傅大士再一次捐献田园家业,为四生六道奉设法会,并发愿以后每年正月十日,捐献大米二千斛用来营设法会。目的正如他在偈中所说的:"倾资为群品,奉供天中天,仰祈甘露雨,流注普无边。"

晚年傅大士不时拿出粮食、财帛举办法会,宣扬佛法。天嘉四年(563),傅大士捐献50担米、30匹绢来设法会。天嘉五年(564)照样营斋,转诵《法华经》21遍。同一年,傅大士还在会稽铸宝王像10躯,设无遮法会,又建禳灾无碍法席,十日读涅槃经一部,燃长命灯。

太建元年(569),先是双林与云黄两处房前,曾经常有甘露的瑞梨树忽然萎黄,渐渐地枯死。傅大士见状,知涅槃已至,于是对两个儿子普建、普成说:"我是为了教化众生而来到人间,现在尘缘已尽,即将回去。以后你们一定要勤修佛法,以免坠入地狱。"没多久,傅大士便入灭,时年七十三。

傅大士灭度后,弟子沙门菩提、智瓒等请求陈宣帝为大士立碑。太建五年(573),南朝著名骈文学家徐陵奉命为傅大士撰写《东阳双林寺傅大士碑》。

三教合一

"以佛治心,以道治身,以儒治世。"这是很赏识苏轼的宋神宗在《三教平心论》中所说的话,准确地概括了三教在中国传统古代生活中的作用。儒家提倡通过修身、齐家逐渐达到治国、平天下的目的,是一种积极入世的人生哲学和处世原则;道家主张虚静无为,顺应自然,游心物外,不为物态俗情所累,重视个体价值和人格独立,是一种避世的人生哲学和处世原则;佛教人们脱离红尘,寄希望于来世,但又因现世苦难,提倡入世普度众生,是一种在世而出世的人生哲学和处世原则。由于这三种宗教在现实生活中互相补充,很多名人提倡三教合一。

在汉魏两晋南北朝时期,道教和佛教作为强大的社会存在已无可置疑。当时的名士于佛儒、佛道、儒道之间的互补共通之处,分别有很多建议,尤其是南朝人士好谈玄理,常有调和三教的言论。如孙绰在《喻道论》中说:"周孔救极弊,佛教明其本耳,共为首尾,其致不殊。"明僧绍则认为"佛开三世,故圆应无穷;老止生形,则教极浇淳",所以"周孔老庄诚帝王之师"而"释迦发穷源之真唱,以明神道主所通"。梁武帝在其《述三教诗》中说他自己"少时学周孔","中复观道书","晚年开释卷,犹月映众星",最后达到"至理归无生”的认识，这是三教合一中的一个极好例子。

傅大士生活在梁武帝统治时期，受时代风气的影响也提倡三教合一。唐代楼颖编纂的《善慧大士录》中曾讲过这么一个故事：傅大士曾戴道冠、披僧服、穿儒履去见梁武帝。梁武帝问：“是和尚吗?”傅大士指指道冠。梁武帝又问：“是道士吗?”傅大士指指儒履。再问：“是儒生吗?”大士指指僧服就走掉了。在这个故事中，傅大士一身道冠、僧服和儒履的打扮是他倡导三教合一的最好说明。南怀瑾先生曾对这个典故作如下评论：“傅大士以道冠、僧服、儒履的表相，表示中国禅的法相，是以儒行为基，道学为首，佛法为中心的真正精神，配上他一生的行径，等于是以身设教，亲自写出一篇三教合一的绝妙好文。”①

从前文看，傅大士第一次致梁武帝书提出的治国三策中，上策提到“以虚怀为本，不著为宗，无相为因，涅槃为果”，这显然是指用佛法治国；中策提到“以治身为本，治国为宗，天上人间，果报安乐”，由修身而达至治国继而平天下，其实与儒家治国所走的修身、齐家、治国、平天下道路一个道理；下策的“护养众生，胜残去杀，普令百姓，俱禀六斋”颇有道家“至治无心，刚柔在化”的风范。由此可见傅大士在调和三教方面所作的努力。

北宋宰相王安石家的厅堂里挂了一幅傅大士的画像，上面有佛印禅师题的一首赞诗：

道冠儒履释袈裟，和会三家作一家。

忘却兜率天上路，双林痴坐待龙华。

可以看出，佛教的高僧大德认可傅大士在三教合一方面作的贡献。由于傅大士等一大批信徒的提倡，到了隋唐时期，儒、释、道兼习成了当时士人及其家族的普遍趋向，明朝末年甚至出现三教合一的宗教——“三一教”。

傅大士与其他佛学流派

禅宗是最为典型的中国化佛教宗派，因重于禅、主参禅而得名禅宗。在中国历史上，禅宗的发展由菩提达摩到中国开始，至六祖惠能大师大宏禅宗为止，为禅宗的开始，可称为早期禅宗。早期禅宗虽未形成一个宗派，但禅宗宗风却是存在的。南北朝的禅，除了在民间流行的楞伽禅之外，还有其他一些禅的存在，比较重要的，在北方有玄高的禅和佛陀——僧稠一系的禅，在南方则有以宝志和傅大士为代表的禅。汤用彤在《汉魏

① 南怀瑾：《禅话》，复旦大学出版社2003年版，第50页。

两晋南北朝佛教史》一书中说：

> 南朝禅法，向少传习。迨至齐、梁，乃稍称盛。而保志、傅弘均业禅，尤以神通显于世。①

傅大士的维摩禅与禅宗有很多相似的地方。傅大士给梁武帝讲《金刚经》，抚尺挥案，一敲便完的讲法其实跟隋唐以后禅宗的棒喝、机锋、默照等“不立文字，教外别传；直指人心，见性成佛”②的讲法有异曲同工之妙。而禅宗中的矛盾思想在傅大士的著作中也多有体现，如傅大士曾在一首诗偈中说：

空手把锄头，步行骑水牛。
牛从桥上过，桥流水不流。③

这首偈乍读起来颠三倒四，扑朔迷离，却包含着禅的真谛，它告诉我们不能执著于具体事物的表象来理解世界，应该“离相”来理解，才能摆脱执著，获得解脱。禅宗有一个著名的公案——“南泉杀猫”讲的也是这个道理。据《景德传灯录》记载：“师(南泉禅师)因东西两堂各争猫儿，师遇之，白众曰：‘道得即救取猫儿，道不得即斩却也。’众无对，师便斩之。赵州自外归，师举前语示之，赵州乃脱履安头上而出。师曰：‘汝适来若在，即救得猫儿也。’”赵州禅师脱下鞋子顶在头上走出去，在这里“鞋子顶在头上”意为颠倒。鞋子本应放在脚下——“放下”了，那么“走出去”，意思就是说只有“离相”才能解脱。

而傅大士最著名的《心王铭》，更是与禅宗思想有很多的契合之处：

观心空王，玄妙难测。无形无相，有大神力。
能灭千灾，成就万德。体性虽空，能施法则。
观之无形，呼之有声。为大法将，心戒传经。
水中盐味，色里胶青。决定是有，不见其形。
心王亦尔，身内居停。面门出入，应物随情。
自在无碍，所作皆成。了本识心，识心见佛。
是心是佛，是佛是心。念念佛心，佛心念佛。
欲得早成，戒心自律。净律净心，心即是佛。
除此心王，更无别佛。欲求成佛，莫染一物。

---

① 汤用彤：《汉魏两晋南北朝佛教史》，河北教育出版社1996年版，第608页。
② 《临济慧照玄公大宗师语录序》，《大正藏》第47卷，第495页。
③ 楼颖：《善慧大士语录》卷三。

心性虽空，贪嗔体实。入此法门，端坐成佛。
到彼岸已，得波罗蜜。慕道之士，自观自心。
知佛在内，不向外寻。即心即佛，即佛即心。
心明识佛，晓了识心。离心非佛，离佛非心。
非佛莫测，无所堪任。执空滞寂，于此漂沉。
诸佛菩萨，非此安心。明心大士，悟此玄音。
身心性妙，用无更改。是故智者，放心自在。
莫言心王，空无体性。能使色身，作邪作正。
非有非无，隐显不定。心性虽空，能凡能圣。
是故相劝，好自防慎。刹那造作，还复漂沉。
清净心智，如世黄金。般若法藏，尽在身心。
无为法宝，非浅非深。诸佛菩萨，了此本心。
有缘遇者，非去来今。①

《心王铭》大意是说心在体内，无形有性，体性虽空，但有大神力，玄妙难测。心就是佛，要想成佛，不能执著于外界，只能向内心寻求，而且必须持戒，方有效果。《心王铭》因风韵高雅、文义幽妙，在古代很受士大夫的欢迎。其中“是心是佛，是佛是心”一句是《心王铭》的核心思想，讲述的是“心即是佛”之玄理。“知佛在内，不向外寻”一句点明的“心外无佛”之义，后来都被禅宗所继承。而“水中盐味，色里胶清”一句，后来成为禅家之常用语。与禅宗不同的是《心王铭》重视戒律，如文中提到“为大法将，心戒传经”，“欲得早成，戒心自律。净律净心，心即是佛”。

此外，傅大士与天台宗也有渊源。天台宗是中国佛教中的重要宗派，因教义主要依据《妙法莲华经》，所以称法华宗，又因创始人智者大师常住浙江天台山而得名天台宗。傅大士的门徒慧集早年曾在天台山为僧，后因他的道行高深而连夜投奔双林寺，门徒比丘法旷又是在天台山下烧身灭度的。傅大士曾这样写道：

独自情，其实离声名。
三观一心融万品，荆棘丛林皆自平。②

在这首诗歌里，傅大士提到天台宗最基本的教义“一心三观”。天台宗认为宇宙万

---

①② 楼颖：《善慧大士语录》卷三。

物都具有空、假、中三种谛理，而这三种谛理又互具互融，同时存在。空即假中，假即空中，中即空假。如果我们在一心中看到万物毕竟空无，净若虚空，称为空观；看到万物历历分明，称为假观；看到万物虽历历分明，但性常自空，空不定于空，假不定于假，称为中观。而空观、假观、中观同时现于一心之中，这就是所谓的“一心三观”。傅大士诗歌中的“三观一心融万品”即是在说对万物作“三观”，虽然此处“三观”未必指天台宗的“三观”，但傅大士对万物的看法毕竟是通过“一心三观”进行的，与天台宗的看法有相似之处。

在天台宗的著作中，有不少关于傅大士的记载，傅大士的舍利也被天台宗僧徒三次迎请供奉。此外，天台宗七祖慧威、八祖玄朗分别是义乌及东阳人，他们常在双林寺周围的会稽、婺州一带传教，和双林关系密切。玄朗相传还是傅大士的六代孙，曾说过“玄朗愿生兜率亲近弥勒”的话，要继承先祖傅大士的衣钵。

在唐代，由于玄奘法师及贤首法师的弘法，唯识宗和华严宗等宗派逐渐兴起，盛极一时，而天台宗的发展不尽人意。为振兴天台宗，玄朗的得意弟子湛然打着傅大士的旗帜来弘扬天台止观义理。他在《止观义例》中写道：“设使印度的一圣(达摩)来仪，未若兜率二生(傅大士)垂降。……况复三观本宗《璎珞》，补处大士(指傅大士)金口亲承。故知一家教门，远禀佛经，复与大士宛如符契。”日本天台宗的创始人最澄在其《内佛法相承脉谱》中，也将傅大士列为天台宗二祖之一。

后世影响与评价

傅大士灭度至今已有 1 400 多年，但他的影响并没随着人的消逝而消失，历代学者对傅大士评价颇高。北宋崇宁二年(1103)，徽宗诏谥傅大士“等空绍觉大士”。日本学者忽滑谷快天曾说：“梁武帝时代，僧副、慧初等，息心山溪，重隐逸，小乘之弊犹未能去。独傅大士超悟大乘，出入佛老，感化及于后世禅教者，翕一人也。”①南怀瑾则说：“傅大士生于齐、梁之际，悟道以后，精进修持，及其壮盛之年，方显知于梁武帝，备受敬重。而终梁、陈之间。数十年，始终在世变频仍、生灵涂炭、民生不安中度过他的一生。他不但在东南半壁江山中弘扬正法而建立教化，而且极尽所能，施行大乘菩萨道的愿力，救灾济贫，不遗余力。当时江左的偏安局面，有他一人的德行，作为平民大众安度乱离的屏障，其功实有多者。至于见地超人，修行真实，虽游心于佛学经论之内，而又超然于教外别

① 忽滑谷快天：《中国禅学思想史》，上海古籍出版社 1994 年版，第 93—94 页。

传之旨，如非再来人岂能如此。"①冯志来说："他不但是中国佛教史上一位超悟的禅师，而且是中国文化史上的一位哲人，一位思想家。"②

可以说，傅大士对义乌甚至中国佛教的发展都有着深远的影响。现在，人们将傅大士与文学大家骆宾王、兵学大家宗泽、医学大家朱丹溪并称为"义乌四大家"。

第二节　骆宾王：不废江河万古流

骆宾王(约619—?)字观光，婺州义乌人(今浙江义乌)人。唐初诗人，7岁作《咏鹅》诗，号称"神童"。与王勃、杨炯、卢照邻合称为"初唐四杰"。曾任李元庆幕僚，后相继任武功主簿和明堂主簿。唐高宗调露元年(679)，升任侍御史官职。曾被诬陷入狱，出狱后任临海县丞，后人因此称之骆临海。武则天执政期间，李敬业起兵讨伐，骆宾王起草了著名的《讨武氏檄》。其为五律，精工整炼，不在沈、宋之下，尤擅七言长歌，排比铺陈，圆熟流转，或被誉为"绝唱"。

少年得志

唐武德二年(619)③，在离京城长安千里之遥的乌伤县(今义乌)一户诗礼传家的官僚家庭里，诞生了中国历史星空里一颗闪耀的星：骆宾王。

骆姓在义乌历史上曾是世家大族。汉魏时期的骆俊、骆统、骆秀祖孙三人是盛极一时的文臣武将和志行卓越的名士。此后骆族簪缨不绝，代有人才。到骆宾王祖上时，家族虽不再兴盛，但诗书传家的家风依然存在。骆宾王的祖父学识渊博，精通经史，父亲骆履元也是个腹有诗书的饱学之士。小男孩出生时，祖父与父亲大喜过望，他们仔细推敲斟酌，最终据《周易》"观国之光，利用宾于王"④一句给小孩取名宾王，字观光，希望孩子长大后能建功立业，造福百姓。

骆宾王出生不久，父亲便出去求仕，于是祖父就承担起教育孙子的重任。为将骆宾王培养成国家栋梁之才，祖父对他的教育十分用心。还在骆宾王咿呀学语的时候，祖父

① 南怀瑾：《禅话》，复旦大学出版社2003年版，第271—272页。

② 冯志来：《傅大士》，载《义乌名人传》，中国文史出版社2001年版，第67页。

③ 关于骆宾王的出生时间，在学界一直备受争议，大约有十余种说法。如闻一多先生的公元640年说(《唐诗大系》、刘开扬先生的公元638年说(《论初唐四杰及其诗》)，傅璇琮先生的公元630年说(《卢照邻杨炯简谱》等，在此取骆祥发先生的公元619年，参见《骆宾王生年考辨》)。

④ 《周易·观·六四》。

就给他读琅琅上口的诗歌。骆宾王从小就跟诗歌结缘，一首诗，祖父没读几遍，骆宾王便会背诵了，这给祖父晚年的生活增添了无穷乐趣。骆宾王长到五六岁时，不仅掌握了很多诗歌，自己也学会了作诗。方圆几十里的乡亲都知道骆家出了个小神童，祖父更是高兴，逢人便说自己孙子多么聪明。

骆宾王 7 岁的时候，有一天一个远方的朋友过来拜访祖父。骆家设宴招待，主客二人长久没见，有说不完的话。讲着讲着，祖父又开始说他那得意的孙子。说他如何天资超拔、文思敏捷。客人越听越觉得他酒后狂言，自吹自擂。一个 7 岁的毛头小孩，哪有那么神乎其神呢！饭后，祖父带着骆宾王陪客人散步，走着走着，眼前出现了一个池塘，一群白天鹅正在水中嬉戏，有的振翅欲飞，有的交颈而歌，煞是好看。客人突然灵机一动，对骆宾王说："你能以眼前的情景作一首诗吗？"骆宾王看了下眼前的场景，凝思了片刻，便用清脆的童声朗诵道：

鹅，鹅，鹅，
曲项向天歌。
白毛浮绿水，
红掌拨清波。①

这首只有 18 个字的诗歌，以清新欢快的语言，将白天鹅戏水的神情体态写得惟妙惟肖，十分真切与传神。这首在咏鹅方面堪称千古绝唱的诗迅速流传开来，骆宾王也由此获得"神童"的美誉。

骆宾王父亲在外求仕多年，经过几番拼搏，总算功夫不负有心人，京试中式，被委任为博昌(今山东博兴)县令。这时，祖父年事已高，无法胜任骆宾王的教育，于是母亲带着骆宾王与弟弟投奔父亲。父亲为了让骆宾王学业上更上一层楼，把他送进博昌县学馆，让他接受系统教育。

博昌县具有深厚的文化底蕴。春秋战国时期的齐国曾在博昌县附近的临淄建稷下学宫，天下名士汇集于此，著书立说，讲学辩论。临淄县附近的兖州是孔孟的故乡，儒家学说的发祥地，孔子曾在此设馆授徒，弟子三千，显赫一时。骆宾王在博昌县学馆刻苦学习，认真钻研，在其后的《上兖州崔长史启》一文中，对这段时期的学习有所反映：

然而少奉过庭之训，长昧克己之方。弋志书林，咀风骚于七略；耘情艺圃，偃图

① 陈熙晋：《骆临海集笺注》，上海古籍出版社 1985 年版，第 109 页。

籍于九流。洒惠渥于羊陂，屡泛文通之麦；峻曲岸于莺谷，时遗公叔之冠。虽不能纵逸韵于霜皋，唳野致九天之响；而颇亦蓄余芬于露薄，垂薰有十步之芳。①

"七略"、"九流"包括儒家典籍、诸子学说、诗词歌赋，以及兵书、术数、方技等三教九流的学问，可见骆宾王学习之广。在博昌的学习，开拓了骆宾王的视野，增长了他的见识，使他从一个江南神童转变为一个齐鲁才子。骆宾王本想继续学习以实现"利用宾于王"的目标，但是父亲的突然逝世打乱了他的学习计划。突然的变故，使得骆宾王面临严峻的考验。他此时年仅十六七岁，尚缺乏处世经验和应变能力，在父亲生前友人的帮助下，母亲与骆宾王一起料理了父亲的后事，之后骆宾王在家守孝三年。

坎坷仕途

中国传统社会是一个官本位社会，一个人要想在这样的社会中干一番事业，实现自己的理想，最好的办法就是当官，而当官的正途则是参加科举考试。

骆宾王在守完孝后，一方面因父亲去世，家庭缺乏经济来源，生活拮据，一方面是因为想为国家作点贡献，于是决定进京参加科举考试。当时进京赶考，有两种方式，一是通过"学馆"选送，称为"生徒"；二是由州、县考送，称作"乡贡"。骆宾王此时早已离开博昌学馆，所以只能走"乡贡"这条路。"乡贡"的竞争十分激烈，一个州往往只有两三名。骆宾王凭借着多年所学，顺利地获得了"乡贡"资格，怀着满腔的热情，奔赴长安。

唐代的科举考试有诸多弊端，诸如请托、通关节、私荐或场外议定等，考生为了中式，常在考前多方奔走，宣传自己。他们有的将自己的诗文送给当朝重臣，以获得他们的赏识，有的直接把诗文送给主考官以获得良好印象。总之，功夫在考场外。22岁的骆宾王初次赶考，不懂考场规矩，也不认识大人物，因此在考试前，当人家忙于钻营时，他却在悠闲地游览名胜古迹。在著名的《畴昔篇》里骆宾王写道：

少年重英侠，弱岁贱衣冠。
既托寰中赏，方承膝下欢。
遨游灞陵曲，风月洛城端。②

可见在当年，他漫游了灞陵、曲水的古迹，观赏了洛阳的风光。考完试后，骆宾王名落孙山。考场的失意使得骆宾王遭受了一次巨大的精神打击，而他要建功立业的目标也被无情的现实击得粉碎。不仅如此，个人的前途，家庭的生活等现实问

①② 陈熙晋：《骆临海集笺注》，上海古籍出版社1985年版，第247、161页。

题蜂拥而至。下一步该怎么办？经过几个不眠之夜的思考，骆宾王决定南下义乌，向亲人求援。

贞观十六年(642)夏天，满怀失落与愤慨心情的骆宾王南下回家。在途中创作的《途中有怀》一诗，充分表达了他当时的心理状态：

睠然怀楚奏，怅矣背秦关。
涸鳞惊煦辙，坠羽怯虚弯。
素服三川化，乌裘十上还。
莫言无皓齿，时俗薄朱颜。①

在外流浪多年的游子，投入久违的故乡的怀抱，使他欣喜异常。而父老乡亲热情的接待，对他处境的深深同情，又使他倍感故乡的温暖。但由于父亲去世，此时年迈的母亲与年幼的弟弟都寄居在瑕丘，无人照顾，于是骆宾王在和亲友团聚一段时间后，离乡北上。回到瑕丘时，已是年关将近，骆宾王科考未中，一家人难免有些许失落，但合家欢聚，共度春节，又给家里增添了欢乐。科考的失败使得骆宾王变得更加成熟，他决定埋头苦读，潜心向学以求下一次的雁塔题名，功成名就。

几年以后，二十七八岁的骆宾王在长安谋到了一个职务，开始仕宦生涯。他具体担任的职务由于史料的欠缺，至今无法知晓。从《畴昔篇》中所描写的情况来看，骆宾王大约担任权门幕僚之类。骆宾王生性浪漫，为人耿直，这与当时追名逐利、尔虞我诈的官场风气格格不入。因此，没过几年，骆宾王就遭到排挤，受到诬陷，被罢官职。但是，塞翁失马，焉知非福？经友人的推荐，骆宾王在道王李元庆府中谋得一个职务。

李元庆是唐高祖李渊的第十六个儿子，唐太宗的异母弟弟。贞观十年(636)被封为道王，此时正任豫州刺史。李元庆豪爽豁达，礼贤下士，十分赏识骆宾王的文采。骆宾王于是担任李元庆的幕僚，仕途坎坷的他总算在道王府中过了三年舒心畅意的日子。按唐制，亲王府中任职的幕僚，任职时间不能超过四年，以免彼此情谊深厚，滋生事端。李元庆赞赏骆宾王的文才器识，想为他任满后谋得一职。于是在骆宾王任职满三年后，特下手谕，要他“自叙所能”，想以此作为提拔举荐的依据。

在唐代，这种做法很普遍，也是一个表现自己才干的机会，更是一个获取进一步发展的机会。但是，骆宾王生性耿直，认为“自叙所能”有自我吹嘘之嫌，因此他在给李元

① 陈熙晋：《骆临海集笺注》，上海古籍出版社1985年版，第54—55页。

庆的《自叙状》的最后，讲了这么一段话：

若乃脂韦其迹，乾没其心，说己之长，言身之善，腼容冒进，贪禄要君，上以紊国家之大猷，下以渎狷介之高节，此凶人以为耻，况吉士之为荣乎？所以令炫其能，斯不奉令。①

骆宾王明确表示不想炫耀自己的才能以扰乱国家大计，也不想亵渎了自己的名节。骆宾王这样做，虽然避免像庸吏那样自吹自擂，败坏名节，但是毕竟影响了自己的前途，也违背了李元庆的初衷。没多长时间，骆宾王任职超过规定时间，于是他离开了李元庆。

在官场起伏近十年的骆宾王受够了宦海的乌烟浊气，不想再一次踏入官场，于是回到他的第二故乡兖州，希望过上一边读书一边耕作的田园生活。在那段无丝竹之乱耳，无案牍之劳形的日子里，骆宾王尽情地享受生活。这段时间也是他创作上的一个高峰。他常和一帮志同道合的朋友游山玩水，凭吊古迹。在《冬日宴》里，骆宾王写道：

二三物外友，一百杖头钱。
赏洽袁公地，情披乐令天。
促席鸾觞满，当炉兽炭然。
何须攀桂树，逢此自留连。②

这是冬日闲居欢宴的一个剪影，闲适的生活情趣跃然纸上。刚开始，毕竟官场多年，手头尚有些许积蓄，随着时间的推移，身边的钱越来越少，生活越来越拮据，而以前的好友，出仕的出仕，升迁的升迁，都各奔东西，很难聚到一起。骆宾王的心情也随着现实的改变而改变。在《秋日送别》一诗中，他写道：

寂寥心事晚，摇落岁时秋。
共此伤年发，相看惜去留。
当歌应破涕，哀命返穷愁。
别后能相忆，东陵有故侯。③

诗中充满无限的寂寞与忧愁的情绪，和他刚退隐时的诗歌迥然不同。骆宾王隐居兖州12年，特别是最后几年，由于家庭生活的压力，加上母亲与自己身体不好，这种病困穷愁，激发了骆宾王的创作，其作品显得更加意蕴深厚，情感真挚，具有极强的艺术感染力。

①②③　陈熙晋：《骆临海集笺注》，上海古籍出版社1985年版，第304、63、100—101页。

骆宾王不想再独处蓬庐,寂寞度日了。于是他写信给司列太常伯兼右相的刘祥道等官员,陈述因由,希望得到引荐。由于骆宾王在文坛声誉日隆,于是被荐举入朝对策。此时的骆宾王已是两鬓斑白,年近五十的老人了,等待他的会是怎样的命运呢?

回到阔别十多年的长安,回想早年的官场经历,一时酸甜苦辣各种滋味涌上心头,骆宾王来不及细细品味,便赶紧准备参加考试。考试通过后,骆宾王被授予奉礼郎。奉礼郎品秩不过从九品上,任务也很简单,不过在朝廷举行朝会、祭祀典礼时负责君臣版位的安排和各种祭器的摆设等。让一位文坛射雕手做这样简单的工作确实有点大材小用,但毕竟生活有了着落,骆宾王平静地接受了这个职位。

工作不忙,比较清闲,公务之余,骆宾王常邀二三好友吟诗作对,切磋文艺,日子过得还算自由自在。由于在文坛认识了一些朝廷大员,经他们举荐,骆宾王担任奉礼郎不久,又兼任东台详正学士,任务是负责校理图书旧籍。

军旅生活

宦海沉浮,难以预测,就在骆宾王对策入选的第三年,也即兼任东台详正学士两年后,他再一次被罢官。这回,骆宾王没有重蹈隐居的覆辙,生活的压力已使他失去过隐居生活的条件,他必须再谋求一个职位以养活家人。但是,对于一个被罢官员,重新获得任用十分困难。正当骆宾王进退维谷之际,西北边境发生了战乱。咸亨元年(670)四月,吐蕃攻陷西域十八州,并夺取龟兹拨换城,罢龟兹、于阗、焉耆、疏勒四镇。军情紧急,朝廷派薛仁贵为行军大总管,率兵讨伐。西北的军务刺激了赋闲的骆宾王,此时他已是52岁,但在政坛上几乎没有成就,很想在沙场上报效祖国,于是,骆宾王给时任吏部侍郎的裴行俭写了一首著名的《咏怀古意上裴侍郎》:

三十二余罢,鬓是潘安仁。四十九仍入,年非朱买臣。
纵横愁系越,坎壈倦游秦。出笼穷短翮,委辙涸枯鳞。
磨铅不沾用,弹铗欲谁申。天子未驱策,岁月几沉沦。
轻生长慷慨,效死独殷勤。徒歌易水客,空老渭川人。
一得视边塞,万里何苦辛。剑匣胡霜影,弓开汉月轮。
金方动秋色,铁骑桕风尘。为国坚诚款,捐躯忘贱贫。
勒功思比宪,决策暗欺陈。若不犯霜雪,虚掷玉京春。①

① 陈熙晋:《骆临海集笺注》,上海古籍出版社1985年版,第110—112页。

在这首诗里，骆宾王充分表达了爱国的激情和从军西域的愿望，裴行俭很赏识他的诗文和报国雄心，最终，骆宾王被编入阿史那忠军队为幕府，从军西域。这年四月底，骆宾王离开长安，开始了戎马倥偬的军旅生涯。

在西域，骆宾王和征战士兵一同饮食起居，了解他们的生活和精神面貌。大漠孤烟、长河落日、天山积雪、野气狼烟，西域的独特风光丰富了他的人生体验，开拓了他的文化视野，为他的诗歌创作提供了大量素材。《军中行路难同辛常伯作》、《边庭落日》、《久戍边城有怀京邑》等诗歌都写于这个时期。作为一个文人，骆宾王在军中发挥不了多大的作用，在普通士兵看来，他只是一个耽于幻想的诗人，他提出的建议也只是纸上谈兵，解决不了实际问题。在这样的环境下，骆宾王不久便感不适，盼望着早日回去。

三年后，军队突然接到紧急情报：姚州(今云南姚安县)发生少数民族叛乱。于是，骆宾王随西域军队前去征讨。骆宾王于4月出发，6月上旬到达姚州。军队刚到便投入激烈的战斗，六七月间一共打了两场战役，皆以官军胜利而结束。其中第二场战役，一共歼灭叛军7 000余人，缴获战马5 000余匹，叛军首领也遁入深山，不敢再发动进攻。战争结束后，骆宾王跟随主将入朝献捷，他乘机和老母及家人小聚，不久后，离开长安，奉命入蜀。

在四川，骆宾王主要的职责还是负责文书的起草。由于没有战乱，骆宾王得以利用清闲时间留连山水，饮酒赋诗。四川优美的自然风光及深厚的文化底蕴激起了骆宾王的创作激情。上元元年(674)秋冬之交，骆宾王在四川供职两年的限期届满，于是便和同事、朋友握手道别。在一个落叶满地的深秋清晨，骆宾王只身一人踏上了回京之路。

宦海沉浮

唐代官员的任免升迁要经过吏部考核。骆宾王作为一个文人，在军中没有立下类似跃马杀贼、克敌制胜那种实质性的功劳。吏部考核的结果是量功补过，功过相当，最终授予骆宾王武功县主簿。县主簿品秩虽为正九品上，比他十年前的奉礼郎略高，但武功县在京郊，奉礼郎却在宫中，因此吏部对骆宾王的任免其实是明升暗降。

十年宦海浮沉，长期从军在外，历尽艰辛，最终依旧是个九品芝麻官，骆宾王表面上虽淡泊宁静，但内心深处难免有说不出的酸楚。经过一段时间的调适后，骆宾王还是去了武功县。官场上的失意使得骆宾王借助诗歌创作来缓解痛苦，著名的长诗《帝京篇》就是写于武功县任上。全诗在内容上着力渲染长安一带地形的险要，建筑的雄伟以及贵族生活的奢侈豪华。突然，作者笔锋一转，给权贵们敲响警钟，提醒他不要在繁华的掩盖下忘乎所以。在表现手法上，五言、七言错杂运用的句式，平仄韵相互转换的节奏，铺张排陈,构成流走婉转的声调,形成磅礴奔放的气势。一时洛阳纸贵,传为绝唱。

裴行俭也看到了骆宾王写的名诗,对他的遭遇十分同情,想找个机会提拔这位仕途坎坷的才子。恰巧这时吐蕃再度发动战乱,朝廷任命裴行俭为洮州道左二军总管,出师征讨。于是,裴行俭决定让骆宾王担任军中书记。这是一个要职,地位高于县主簿,且如果在战场上立功,前途光明。但是,骆宾王这一次依旧婉言谢绝。他在写给裴行俭的《上吏部裴侍郎书》中,感谢裴行俭的垂顾之恩,接着说到母亲体弱多病,需要自己留在身边照顾,因此只能谢绝他的举荐。这份书信感情真挚,言辞恳切,孝亲之义,感人肺腑,足以与李密的《陈情表》相媲美。

裴行俭最终没有出征,依旧在京主持吏部工作,于是调任骆宾王为明堂县主簿。这年年底,年迈的母亲突然逝世,按唐制,骆宾王回家守孝。三年后,骆宾王补授长安县主簿,没多久被提拔为御史台侍御史。侍御史是"纠举百僚,推鞠狱讼"的监察官,当时官场腐败,骆宾王生性耿直,秉公办事,不怕得罪权要,结果为别人所忌恨,受人诬陷,以贪赃的罪名入狱。

在狱中,骆宾王受尽折磨。在《畴昔篇》中,骆宾王提到当时人们还给他捏造罪名,对他严刑拷打,强迫他承认。他有冤无处说,只能通过诗歌表达自己的冤屈。在著名的五律《在狱咏蝉》中,骆宾王写道:

西陆蝉声唱,南冠客思侵。
那堪玄鬓影,来对白头吟?
露重飞难进,风多响易沉。
无人信高洁,谁为表予心。①

寒蝉饮深秋之露水,品质高洁,但却受秋风秋露的无情摧残,欲飞不能,欲响无声。骆宾王以蝉自况,托物言志,表明自己的清白无瑕。"无人信高洁,谁为表予心"!最后一句撕心裂肺的呐喊,折射出骆宾王无尽的愤怒,读后为之震撼。

骆宾王在狱两年,罪名一直无法洗脱。永隆元年(680),唐高宗立英王为太子,大赦天下,62岁的骆宾王终于遇赦出狱。人虽被释放,但罪责依旧在,因此他没有被官复原职。次年夏天,骆宾王被贬谪到东南边远的临海(今属浙江台州),担任县丞。

五月初,骆宾王匆匆打点行装,携家眷扶母棺南下,京城的亲朋好友纷纷过来送行。

---

① 陈熙晋:《骆临海集笺注》,上海古籍出版社1985年版,第159—160页。

一路上水陆兼程，迤逦而行。七月初，骆宾王回到了久别的故乡义乌。亲朋好友都来迎接他，看到他平安回来，大家都很高兴，得知他在狱中备受折磨又唏嘘不已。亲友设宴款待他，纷纷向他敬酒，骆宾王沉寂在温暖的乡情中，心中洋溢着无限的欣喜。在安葬完母亲后，骆宾王辞别故乡亲友去临海上任。

扬州起事

公元684年是中国历史上的多事之秋，翻开《中国历史纪年表》，我们可以发现这一年一共改了三次年号。一月改元嗣圣，二月改元文明，九月改元光宅。年号的不断更改反映了当时政局的动荡，这跟武则天有重大关系。

武则天14岁进宫，曾被唐太宗封为才人。武则天不仅天生丽质，且爱好文史，博览群书。与一般女性不同的是，武则天权力欲极强，是个铁腕人物。她先是通过击败王皇后和萧淑妃，登上皇后宝座，接着趁唐高宗体弱多病，无法处理繁重公务，参与朝政。从麟德元年(664)起，武则天开始垂帘听政，与高宗被并称“二圣”。永淳二年(683)高宗去世，中宗李显即位，武则天成为皇太后。此时的武则天已执掌朝政多年，十分不愿意将权力交给儿子，于是借故贬中宗，废为庐陵王，另立李旦为睿宗。同年九月，武则天临朝称制，开始朝纲独断，而皇帝的权力则被架空。

在中国传统政治中，不允许后宫干政，牝鸡司晨会遭到所有人的反对。为堵住悠悠之口，武则天采取恐怖统治。她一方面大开杀戒，屠杀李唐宗室和元老勋臣，重用武氏宗族和心腹，另一方面大开告密之风。由是人心惶惶，全国笼罩着一派恐怖气氛。很多大臣敢怒而不敢言。

此时的扬州正在酝酿一场起义，起义的首领就是李敬业。李敬业为唐初名将李勣之孙，历官太仆少卿、眉州刺史。684年，李敬业因事被贬为柳州司马。眉州在四川，柳州在广西，由眉州去柳州本不必经过扬州，这里面另有隐情。李勣死时，唐太宗特别给予礼遇，赠“扬州大都督”，因此李敬业在扬州起事，便多了号召力。

李敬业和一同被贬官南方的唐之奇、杜求仁等一起密谋起事。得知李敬业要起事，骆宾王马上来到扬州。经过一番密谋，他们最终决定以“拥戴庐陵王，匡复唐室”为号召，先占领扬州为根据地。当时扬州没有都督，由长史管理州务。李敬业先使人诬告长史陈敬之谋反，薛仲璋以御史奉使的身份将他幽禁，起事因此缺少了阻力。于是李敬业自称扬州司马，组织囚犯、工匠、役丁数百人，占领了扬州。

骆宾王在起事中担任艺文令，负责起草檄文。扬州攻下后，骆宾王撰写的《讨武氏檄》被传布各地。这篇战斗檄文气势磅礴、行文凌厉、音韵铿锵，堪称千古第一檄文，骆宾王也因为这篇檄文名垂青史。文章第一段写道：

伪临朝武氏者，人非温顺，地实寒微。昔充太宗下陈，尝以更衣入侍。洎乎晚节，秽乱春宫。密隐先帝之私，阴图后房之嬖。入门见嫉，蛾眉不肯让人；掩袖工谗，狐媚偏能惑主。践元后于翚翟，陷吾君于聚麀。加以虺蜴为心，豺狼成性。近狎邪僻，残害忠良；杀姊屠兄，弑君鸩母。神人之所共疾，天地之所不容。犹复包藏祸心，窥窃神器。君之爱子，幽之于别宫；贼之宗盟，委之以重任。呜呼！霍子孟之不作，朱虚侯之已亡。燕啄皇孙，知汉祚之将尽。龙漦帝后，识夏庭之遽衰。①

在第一段中，骆宾王首先指出武则天出身寒微，这在很重视门第观念的唐代是耻辱的事情。接着骆宾王说武则天曾做过唐太宗嫔妃，后来又嫁给唐高宗，这当然是违背伦常，为人所不齿的。然后，骆宾王又揭露武则天的滔天罪恶：残害忠良、杀姊屠兄、弑君鸩母、窥窃神器等等。整段话既打击了武则天，又为讨伐武则天指出了正当理由。

在第二段中，檄文写道：

敬业皇唐旧臣，公侯冢子。奉先帝之遗训，荷本朝之厚恩。宋微子之兴悲，良有已也；桓君山之流涕，岂徒然哉！是用气愤风云，志安社稷。因天下之失望，顺宇内之推心，爰举义旗，誓清妖孽。南连百越，北尽三河，铁骑成群，玉轴相接。海陵红粟，仓储之积靡穷；江浦黄旗，匡复之功何远。班声动而北风起，剑气冲而南斗平。喑呜则山岳崩颓，叱咤则风云变色。以此制敌，何敌不摧！以此攻城，何城不克！②

这段文字用第一人称声明李敬业深受朝廷厚恩，遵循先帝遗训，在天下危亡之际，毅然挺身而出，维护社稷安危。这为起事争取合法地位，也为争取朝野人士支持与同情起到作用。然后，文字笔锋一转，以夸张的语言渲染了扬州兵力之强，士气之高，尤其是最后两句“以此制敌，何敌不摧！以此攻城，何城不克！”读起来鼓舞人心，催人奋进。檄文接着写道：

公等或家传汉爵，或地协周亲，或膺重寄于爪牙，或受顾命于宣室。言犹在耳，忠岂忘心！一抔之土未干，六尺之孤安在？傥能转祸为福，送往事居，共立勤王之勋，无废旧君之命，凡诸爵赏，同指山河。若其眷恋穷城，徘徊歧路，坐昧先几之兆，

①② 陈熙晋：《骆临海集笺注》，上海古籍出版社1985年版，第330—334、335—336页。

必贻后至之诛。试看今日之域中，竟是谁家之天下！①

在这段文字中，骆宾王为朝中文臣武将分析天下大势，希望他们当机立断、弃暗投明，鼓励他们一同作战。檄文的结尾以豪壮的语言写道："试看今日之域中，竟是谁家之天下！"倍觉气势磅礴，震撼人心。

文章很快就传到了宫中，武则天刚看檄文时，还言笑自若，当读到"一抔之土未干，六尺之孤安在"时，惊问是谁写的，叹道："有如此才，而使之沦落不偶，宰相之过也！"这篇文章也深深地鼓舞着各地反对武则天的义士，他们纷纷奔向扬州，参加起事。据历史记载，扬州起事后不久，起义军就扩大到十多万人。当时对于用兵存在两种意见，第一种认为利用天下人心愤惋于武则天专制之时，一鼓作气，北上洛阳，沿途可收编各路义军，壮大自己的力量，促使统治集团内部瓦解；第二种建议南下先取常州（今属江苏）、润州（今江苏镇江），建立自己的军事据点，然后再北上。李敬业采纳了第二种意见。第二种战法，没有采取主动的作战方式，且不能利用各路起义军，贻误战机，弊端很多，而武则天正好利用时机，派兵几十万南下。大军压境，起义军作战节节失利。这年十一月，李敬业兵败，为部下所杀，同党大多被捕杀，起义最终失败。

下落之谜

兵败后，关于骆宾王的下落众说纷纭，莫衷一是。主要有以下几种意见：

一、被杀。《旧唐书·骆宾王传》中记载："文明中，与徐敬业于扬州作乱，敬业军中书檄，皆宾王之词也。敬业败，伏诛。"②《资治通鉴》也有类似的记载。

二、逃遁。《新唐书·骆宾王传》中记载："敬业败，宾王亡命，不知所之。"③郗云卿在给《骆宾王文集》作序的时候，也赞同这个观点。

三、投水。《朝野佥载》卷一中记载："宾王后与敬业兴兵扬州，大败，投江水而死。"④

四、出家。孟棨《本事诗》记载了一个故事：公元709年的一个晚上，诗人宋之问夜游灵隐寺，曾作诗"鹫岭郁岧峣，龙宫隐寂寥"。后两句想不出，此时一个老和尚见宋之问一脸苦恼，就随口吟出一句"楼观沧海日，门听浙江潮"。宋之问听后欣喜万分，于是

① 陈熙晋：《骆临海集笺注》，上海古籍出版社1985年版，第336—338页。
② 刘昫等：《旧唐书》。
③ 欧阳修：《新唐书》。
④ 张鷟：《朝野佥载》。

做完全诗。他反复吟诵，觉得老和尚赠的诗联实是全诗点睛之笔。次日清晨，宋之问去拜访老和尚，他已不见踪影。询问寺僧，才得知他就是大名鼎鼎的骆宾王。

以上几种意见，无论哪种都不能给出确切答案。但这并不重要，作为一个中国历史上的著名人物，他的耿介正直的义乌人性格，已经通过他的一生展示得淋漓尽致。正如闻一多先生所言，他"天生一副侠骨，专喜欢管闲事，打抱不平"。也许这样的性格在中国腐败的官场和世俗的社会中，多少有些混不好吃不开；但也恰恰是骆宾王这样富于正义追求的人物，才为后人留下了一笔珍贵的精神遗产。正如杜甫在当年所认为的那样："尔曹身与名俱灭，不废江河万古流。"

第三节　宗泽：长使英雄泪满襟

宗泽(1060—1128)字汝霖，浙江义乌人。元祐六年(1091)进士。历任县、州文官，颇有政绩。晚年任东京留守期间，曾 24 次上书高宗赵构，力主还都东京。他是两宋之际杰出的政治家、军事家，是著名的民族英雄。留著有《宗忠简公集》。

文武双全

天下大势，合久必分，治久必乱。自李渊起兵建立唐朝后，经唐太宗、武则天、唐玄宗等几位雄才大略的英主经营，唐代成为继汉代之后少有的强盛帝国。然而，安史之乱后，由于藩镇割据，宦官专政，唐代逐渐衰落。到了五代，更是南北分裂，战乱不断，致使天下人烟断绝，荆榛蔽野。

处于战乱中心的南阳(今河南南阳)，人民的日子更是难熬。有个叫宗道溥①的人，终因忍受不了战争，决定举家南迁。经过长时间的跋涉，躲避了多场刀光剑影，他们最终来到义乌并定居下来。宗泽就是宗道溥的八世孙。

公元 960 年，北周大将赵匡胤黄袍加身，建立了北宋政权，到 979 年，北宋消灭了南方的割据政权，结束了五代十国的分离割据局面。世间在变化，宗道溥的子孙也在繁衍。宗家经过几代人的勤劳奋斗，逐渐从务农家庭开始过渡为耕读传家的家庭。宗泽的祖父宗拱，是当地较有学问的人，而宗泽父亲宗舜卿已开始步入仕途。

北宋嘉祐四年(1059)十二月十四日，宗泽出生于义乌山村石板塘。出生前一晚，母

① 宗道溥(898—985)，又名溥，字惟源，河南南阳人，浙江义乌宗姓始祖。

亲刘氏梦到“天下雷电，光烛其身”①。宗泽出生时，又有金麒麟现身。当母亲抱他去宅旁的石板塘施洗后，原来冬暖夏凉的山泉在宗泽施洗后，变得跟普通塘水一样了，石版塘也因此更名为麒麟塘。清人宗范铭根据这个传说，写了一首《麒麟塘遗迹》，记载麒麟现身传说：

天地辟成时代遥，采登县志已多朝。
麒麟下降生奇杰，官长去来企古豪。
水动盈盈波映日，山环郁郁树连郊。
有人还欲希虞帝，借作河边业习陶。

宗泽自幼随长兄宗沃从事田间劳作，农闲时则在祖、父的教导下读书识字。宗泽天资聪颖，读书过目不忘，深受长辈喜爱。十几岁时，为了躲避瘟疫，宗泽一家迁到交通便利、经济繁荣的廿三里村。在那里宗舜卿与名士陈允昌义结金兰，与陈裕成了莫逆之交。通过父亲的关系，宗泽的社会交往面扩大了。宗泽自懂事以后“即尊奉公(陈允昌)若叔”，②陈允昌也视宗泽如己出，悉心培养，并资助宗泽读书。陈裕也十分欣赏宗泽的人品和才华，还将第三个女儿许配宗泽为妻。陈裕次子陈锡“处太学，以文行驰名，及进士第”。通过与他们的接触，切磋学问，宗泽的视野开拓了，学识增长了。

不到20岁，宗泽毅然外出，游学四方。在游学期间，宗泽不仅学习古代文化典籍，还实地考察各地风俗民情，探求治国之道。在耳闻目睹宋王朝吏治腐败和战乱频仍的现实后，宗泽认识到整顿吏治是解决政治腐败的关键。同时，由于辽国、西夏屡屡入侵，也使他产生了靖边安境、报效国家的思想。于是在学文的同时，宗泽向乡民学习武艺，练就了一身好武功。据说宗泽膂力出众，能倒拉动一头大水牛。多年的游学成就了宗泽，使其成为一位博学多才、能文能武的青年才俊。宗泽晚年迥异于一般文弱书生，力主抗金且多次得胜，这跟他早年习武培养出来的尚武精神是分不开的。

元祐六年(1091)，宋廷开科取士，已过而立之年的宗泽参加了这次考试。在通过省试(礼部试)后，进入最后一关——殿试。当时朝廷的实际主政者是反对变法的保守派神宗皇后高氏，她表面上鼓励殿试参加者畅所欲言、各抒己见，实际上她却下诏规定了殿试册文的字数，以防应试者力陈时弊，攻击保守派。因此，有应试的考生私下说：“只

① 郑柏：《续金华丛书·金华贤达传》卷一《宋宗泽传》。
② 宗泽：《陈公墓志铭》，载《宗泽集》，浙江古籍出版社1984年版，第53页。

要按诏书的要求去写，就能考中。”宗泽却明确表示反对：“事君尽忠，自今日始，岂可图前列而效寒蝉乎？”[①]于是，宗泽针对时弊，洋洋洒洒写了几万字，突破了规定字数。

在对策文中，宗泽不赞同保守派动辄将他人归为变法派进而打击的做法，尤其反对吴处厚等人出于私人恩怨诬陷、放逐蔡确的行为。宗泽大胆指出：

> 自古兴衰治乱，悉有人才，人才之困，厄于朋党。今处厚笺注诗章，臣恐朋党之祸自此始。[②]

在宗泽看来，人才是国家发展的关键，而无休止的朋党之争最终必然导致人才被埋没，导致国家发展乏力。宗泽反对朋党政治，反对吴处厚。他的这篇对策，由于涉及敏感的政治问题，主考官“以其言直，恐忤旨”，将宗泽置于“末科”，仅给以“赐同进士出身”。[③]这次殿试，宗泽虽没名列前茅，但他那种“苟利国家生死以，岂因祸福避趋之”的爱国精神及大丈夫气魄却得到淋漓的展现，此后其一生为人处世，皆与此种风格相始终。

忧国忧民

宗泽通过科举考试后，开始步入仕途。元祐八年(1093)，宋哲宗亲政，起用新人，宗泽因此被派往大名府馆陶县任县尉兼摄县令职事。官职虽卑微，但毕竟是个实职，宗泽踌躇满志地离京赴任，开始了一生跌宕起伏的政治生涯。

到任后，馆陶县属吏见宗泽年纪轻轻又初次为官，毫无从政经验，十分瞧不起他。宗泽不顾同僚白眼，大胆革除弊政。一方面，宗泽着手处理诉讼积案，调解群众纠纷。宗泽审理案子，剖析曲直，明察秋毫，许多难案一经他手就迎刃而解。不到一月，县里所有积案都得到妥善处理，一时诉庭阒然；另一方面，面对当时众多逃军在县流窜，为非作乱，不断骚扰百姓的情况，宗泽派人进行捕杀。不多久，全县秩序井然，黎民安居乐业。宗泽上任不久就出手不凡，赢得同僚的信任与敬仰。即使是顶头上司吕惠卿也对宗泽赞赏有加，希望能将他调入自己幕府，充任助手，但被宗泽谢绝。

绍圣二年(1095)，宗泽参与巡视御河修建工程。恰在这时，宗泽长子不幸夭折。他本可以以此为故不参加巡视工作，但宗泽将丧子悲痛放在一边，拿到公文后，马上就过去。吕惠卿得知此事后，为他尽职的精神感动，不禁赞叹道：“可谓忧国忘家者也。”[④]

时值数九寒冬，朝廷不顾百姓生死，驱赶他们大修御河。在饥寒交迫下，不少百姓被冻得无法劳动，有的甚至冻死在河边。监督官吏害怕耽误工程，不仅不敢向上级反映

---

①②③④　宗颖：《遗事》，载《宗泽集》，浙江古籍出版社1984年版，第77页。

实情，反而催促得更严，致使百姓叫苦不迭。宗泽巡视途中，发现了这个问题，立马向上级汇报情况。宗泽写道："时方严寒，锸镬一举，冰冻已合，徒苦民而功未集"，建议推迟工期，以待来年。宗泽还表示到时自己一定对修建御河工程负责到底。在他一再要求下，上级将此书奏请朝廷，最终皇帝同意了宗泽的建议。到第二年春天，御河果然修筑成功，很多百姓由此免遭饥寒，捡回一条小命，对宗泽感激不尽。宗泽在馆陶县任职五年期间，处理了大量积案冤案，整顿社会秩序，体察民情，爱民如子，为百姓做了很多实事，深得百姓的拥戴。

元符元年(1098)，宗泽出任衢州龙游县令。龙游县地处偏僻，民智未开，群众文化素质很低。宗泽到任后，为改变该县愚昧落后状况，决定振兴教育，启迪民智。他在县内办了很多学校，并不辞辛苦到各地聘请老师，有时还亲自给学生讲经论术。同时，宗泽认识到单靠政府力量，无法彻底改变教育落后的面貌，于是，他发动群众力量，鼓励当地乡绅出来办义学。经过政府与民间双方努力，龙游县教育迅速发展，风俗为之一变。此后，龙游县儒生登科者逐渐增多。十年树木，百年树人。宗泽在龙游的振兴教育举措，为龙游县日后的发展培养了人才。

在大办教育的同时，宗泽还着重整顿社会秩序。当地一些里闾恶少常聚集起来，拿蛇、毒虫等东西威胁百姓，进行敲诈勒索。百姓稍有不从，他们就鼓噪而上，扔瓦砾，破屋壁，弄得百姓家里鸡犬不宁。以前的县令不敢得罪恶少，一直拿他们没办法。宗泽了解情况后，经过反复调查和深思熟虑，将此事禀明衢州知府。于是，恶少中的强壮者被招入军中，每天被招去的都有一百多人。这既解决了征兵问题，又减少了里闾恶少，一举两得。没多久，恶少群龙无首，不再聚众闹事，社会秩序恢复了平静。

崇宁二年(1103)，宗泽在丁母忧期满后，被朝廷任命为莱州胶水县(今山东平度县)县令。胶水县号称"剧县"，当地豪强勾结地方官员挟势虐民。有个叫温包的豪强，依仗着跟莱州通判的姻亲关系，仗势欺人，为非作歹。他常在背后诬告良民，从中牟利。历任县令奉行为政不得罪巨室的教条，不敢招惹他。宗泽到任后，不顾温包势力，清查他以前的罪行，准备予以严惩。莱州通判得知情况后，亲自召见宗泽，希望他网开一面。但宗泽拒绝他的无理要求。通判火了，气势汹汹地说道："你敢拿他怎么样?"宗泽对莱州通判这种玩忽国法，纵容奸恶的行为十分不满，他大义凛然地说："温包犯法，就应当受到法律制裁，其他的我不管!"最终，宗泽顶住上司的压力，依法惩处温包，有力地打击了豪强势力的嚣张气焰。宗泽在胶水县令任职中，不惧权要，不怯豪强，这种精神在中国整个古代官场是很少见的。

宗泽任职胶水县时，曾有一支有百十号盗贼的队伍进扰胶水县。宗泽闻讯后，立即亲自前往镇压。他召集手下说："你们要是捕获盗贼，都会受到奖赏，反之，都要受惩罚。"于是手下奋勇追剿，将来犯击退。有一世家大族的女儿被盗贼掠去，藏在附近县城，很久都没有找回，家里人很是着急。宗泽得知情况后，吩咐部下加派人员，对此事进行彻底侦查。最终，宗泽发现了盗贼在邻县的老巢。他火速赶过去，指挥手下直捣黄龙，越境捕杀盗贼。宗泽不仅亲自救出少女，还和手下一起捕杀盗贼50多人。为防止他人再聚集为盗，宗泽下令放火烧掉盗贼老巢。这次追捕，宗泽不仅将盗贼一网打尽，还救得美人归，立下了大功，受到朝廷奖赏，被升为文林郎。

大观三年(1109)，宗泽出任晋州赵城县县令。赵城地处西北，是抗击辽国、西夏入侵的前沿阵地。宗泽位卑未敢忘忧国，十分关心西北军事问题。上任后，宗泽仔细观察赵城及周边地形，觉得赵城"前有并河、汾阳之固，后当晋、绛、蒙坑之险，左依霍邑，右阻太行，沃野百里，可以种植，实河东用武之地"。①因此，宗泽上书朝廷，请求将赵城县升为军，但朝廷没有采纳。宗泽最后无奈地感叹道："方今承平之久，固无虑，他日有警，当有知吾言者矣。"到政和三年(1113)朝廷终于将赵城县升为军，由此可见宗泽的军事才略和远见卓识。从这件事情也可看出，宗泽虽然只是一个小小的县令，但是他思考的却不是个人的安危荣辱，而是国家的长治久安，可见宗泽是一个精忠谋国的士大夫。

政和三年，宗泽出任莱州掖县知县。北宋末年，宋徽宗先后四次任用奸臣蔡京为相，总计近20年。他们君臣一伙，常派人到全国各地搜刮钱财，无所不用其极地剥削百姓。宗泽刚到任不久，就碰到转运使传旨到县前来科买牛黄，以供宫廷药用。宗泽一看，发现掖县也被分摊到数百两。牛黄本是牛胆囊结石，未必每头牛都有。但在官员高压逼迫下，掖县百姓为凑足所科之数，只好大量屠宰牛，结果还是无法凑足。无奈之下，老百姓只好砸锅卖铁，变卖家产以高价收购牛黄，有的百姓甚至因此家破人亡。即使这样，还是完成不了朝廷交给的任务。宗泽目睹百姓日子过得如此艰难，官员气焰如此嚣张，内心十分气愤，于是挺身而出，对官员责问道："方时疫病，牛饮其毒凝为黄。当此太平，和气横流，牛无伤者，黄何自得？"②一席话顿时讲得官员无言以对，于是他恼羞成怒，声称要劾奏县里属官。宗泽不为他的恐吓所吓倒，反而理直气壮地说："这是我个人的

①② 宗颖：《遗事》，载《宗泽集》，浙江古籍出版社1984年版，第78页。

意见，跟同僚有什么关系？”回去后，宗泽怕大家受连累，就以个人名义给户部写了份奏折，力陈科派弊端。最后，朝廷免掉了掖县牛黄科派任务，宗泽也没因此被加罪。宗泽不顾个人政治前途，反抗牛黄科派，为人民减除经济负担，一时传为美谈，也受到后人的称颂。

宗泽在掖县只当了短短一年的县令，后来就充任青州当安抚使的属僚。从元祐八年(1093)至政和四年(1114)，宗泽在20多年时间里先后五任县官。宗泽为政，恩威并用，宽猛相济，用霹雳手段打击豪强，用菩萨心肠体恤百姓。他为百姓做了大量实事，赢得了人民的爱戴，是个为官一方即造福一方难得的循吏。史称宗泽为官“纲条简而不烦，所至称治”。①龙图阁学士范纯粹对宗泽尤为赞赏，他常对部下说：“如宗君，所至有去思，虽古循吏未见其比。”②然而，由于宋王朝吏治腐败，政绩卓著且年逾五旬的宗泽依旧没有得到重用，英雄无用武之地。

两任通判

政和五年(1115)，正在青州充任安抚使梁子美幕僚的宗泽，由于办事能干，受到赏识，被推荐为登州通判。当时登州境内有数百顷贫瘠官田，连年几乎颗粒无收，却还要按旧例纳粮。官员无奈，只好将这笔负担转嫁到农民头上。百姓本来生活就艰难，额外的赋税更是增加了他们的生活负担。宗泽在掌握基本情况后，立即将实情上奏朝廷，力陈其弊，最终为百姓免掉了这一额外的赋税。

登州黄县一些豪强，上奏朝廷请求整治河道，妄图趁机盘剥百姓。宗泽知道后，开展实地调查，发现这次整治河道纯属劳民伤财工程，于是上书，建议朝廷取消这项工程，朝廷最终接受宗泽建议，老百姓因此免遭一场飞来横祸。

此时正值北宋末年，宋徽宗上台后，崇信道教，将道教升为国教。宋徽宗自称是“神宵帝君”下凡，令道箓院册封他为“教主道君皇帝”。他下诏访求道教仙经，编成《万寿道藏》一书，他还亲自注释《道德经》。在宫中，宋徽宗养了一大批道士、神仙，对他们青睐有加，尤其是少时曾为苏东坡书童的永嘉道士林灵素，更是深受宋徽宗宠爱。他自称上知天宫，中识人间，下知地府，被宋徽宗赐号“通真达灵先生”，加号“元妙先生”、“金门羽客”。徽宗还专门赐建了一座“上清宝箓宫”供他讲经论道。一时间，朝廷乌烟瘴气，群魔乱舞。道教愈发兴盛，其地位被抬到空前的高度。许多道士凭着官方重视，到处胡作非为，气焰嚣张，官员们却拿他们毫无办法。

---

①② 宗颖：《遗事》，载《宗泽集》，浙江古籍出版社1984年版，第79页。

在登州就有个叫高延昭的道士，在林灵素的卵翼下，横行乡里，仗势欺人，百姓苦不堪言。宗泽明知高延昭是道教总头目林灵素的亲信爪牙，得罪高延昭就会得罪朝廷，但宗泽爱民如子。为了百姓，他置个人安危于不顾。在查明高延昭种种罪行后，将他严加惩治。这次惩治道士虽大快人心，但高延昭却伺机反扑，为宗泽日后被贬埋下了祸根。

宣和元年(1119)，年届六十一的宗泽渐感国是日非，小人势长，君子道消，而自己在官场摸爬滚打近30年，至今依旧是个芝麻小官，得不到朝廷的重用，无法行远大之举，成非常之功，心情异常苦闷。同时，宗泽也逐渐厌倦了尔虞我诈、钩心斗角的官场，想归去来兮，急流勇退。正在此时，宗泽获得了一个主管南京(今河南商丘市)鸿庆宫的虚职，于是便欣然告老还乡。宗泽从此结庐山谷，与清风明月相伴，砥砺学问，著书自娱。

这时，曾被宗泽治罪的道士高延昭趁他去职，潜往京师，通过林灵素向徽宗诬告宗泽蔑视道教，改建登州道观“神霄宫”不当。于是宗泽被革职并发送镇江丹徒编管。宗泽为官，以猛治县是他的一个特征，为官多年，宗泽得罪了很多权要，也得罪了很多地方豪强及市井无赖。现在身为一介平民，很有可能遭以前敌人迫害。但宗泽到达丹徒后，杜门扫雪，赋诗自娱，丝毫不惧怕敌人的谗言迫害，也没有因官场失意而自暴自弃。

宣和六年(1124)，宗泽以66岁的高龄升任巴州通判。与过去踌躇满志赴任不同的是，此时的宗泽内心十分苦闷。此时的宋王朝，内部农民起义风起云涌，战乱不断，危机四伏；外部大金国已建立有年，蒸蒸日上，不断在边境生事，企图占领宋朝。而当局者置内外危机于不顾，一味贪图享乐，醉生梦死，整个国家已到倾覆灭亡的边缘。宗泽见自己为官西南一隅，难以为国分忧，报效国家，十分惆怅。但烈士暮年，壮心不已。宗泽在巴州期间写了《古楠赋》一文：

> 吁嗟！斯木之异兮，有不遇之穷。尔胡不生于泰山之侧，秦帝东封，会风雨之是避，岂以五大夫之号而封松？尔胡不生于周成之宫，禁林九重，顾亲贤之是戏，岂以封国之瑞而剪桐？尔胡不生于分陕之域，舍彼召公，未必以甘棠之蔽芾，流咏于国风？抑亦岂无工师之良，识尔材之非常？用之为栋梁，则足以建九重之明堂；用之为舟楫，则足以济巨川之汪洋；用之为宗庙社稷之器，则足以参鼎鼐、交神明、荐至德之馨香。夫何默默而甘老于穷山寂寞之乡？①

文中宗泽以古楠自喻，述说自己所处非地，无法建一番拔山扛鼎的伟业的处境，表

① 宗泽：《古楠赋》，载《宗泽集》，浙江古籍出版社1984年版，第63页。

达了自己苦闷、失望和怀才不遇的感情。在《重修英惠侯义济庙记》一文中,宗泽借题发挥,强烈谴责那些苟且偷生,自顾个人荣辱,不顾国家安危的鼠辈。他赞扬汉末巴郡太守严颜那种惟忠是孝,惟义是为的精神,勉励自己向他学习,即使做"断头将军"也绝不愿做"降将军",表达了宁死不屈的勇气和决心。

全力抗金

五代纷纷,换了八姓、十三君。北宋建国后,如何避免王朝短命,是统治者思考的一个主要问题。"赵匡胤即位之后,在政治、军事和财政经济诸方面的立法都贯穿着一个总的原则:以防弊之政,为立国之法。"①政治方面,为防中央集权政策出现流弊,令政府机关叠床架屋,事权分散,致使行政效率下降,政治积弱;经济方面,冗官冗员极多,而恩荫、赏赐、祭祀等花费又极大,加上输往辽、夏之岁币又甚巨,造成国库空虚,国家积贫积弱;军事方面,由于宋代推行重文轻武政策,致使文人理军事,士兵素质低下,其战斗力弱,难以抗敌。宋朝经过一百多年发展后,积贫积弱情况更加严重,而此时的皇帝宋徽宗,不思改革,却先后四次用奸臣蔡京为相,总计近 20 年。君相二人,狼狈为奸,任用贪官,盘剥百姓,败坏国是,将国家和民族的命运推向倾覆的边缘。

与此同时,活跃在黑龙江白山黑水一带以渔猎为生的女真族,自 1115 年在领袖完颜阿骨打领导下建立金国后,实力逐渐强大。为金国长远计,金国开展以占领辽朝五京为战略目标的灭辽之战。五京被占后,辽朝于 1125 年灭亡。金国在灭辽过程中看出了北宋军队的无能,于是随即掉转矛头,进犯北宋,对华北以至中原的广大汉族地区肆意掠夺,焚烧和蹂躏。北宋从此国无宁日。

宣和七年(1125)十月,金兵分东西两路大举南下,迅速攻入山西、河北腹地。开封城里的君臣惊异于金兵进军神速,立马慌作一团。宋徽宗赶紧下"罪己诏",承认自己所任非人,败坏国政。这年十二月,徽宗将皇位传给了太子赵桓,即宋钦宗。钦宗登基后,升主战派首领李纲为尚书右丞。李纲就任亲征行营使,负责开封防御。他组织开封军民加紧备战,及时完成防御部署,并亲自登城督战,击退敌军。各路勤王部队也陆续赶往京城。宋钦宗为赢得民心,抵抗金兵,重振朝纲,下诏朝臣举荐能员和堪任将帅者。御史大夫陈过庭为国荐贤,推荐了宗泽。朝廷于靖康元年(1126)召宗泽进京,出任台

① 邓广铭:《宋朝的家法和北宋的政治改革运动》,载《邓广铭全集》第 7 卷,河北教育出版社 2005 年版,第 288 页。

谏。得知喜讯后，精忠谋国却报国无门的宗泽大喜过望，他的激动心情从以下两首诗中可见一斑：

忧国心如奔马，勤王笔有奇兵。
一旦立诛祸乱，千载坐视太平。
黄屋肇新巍巍。四方豪杰云来。
片言之误天也，一见而决时哉。①

宗泽接到诏书后，不顾68岁的高龄，日夜兼程赶赴京城。一路上，宗泽“夜据征鞍不交睫，举头弹指睡希夷。”②一到开封即兴冲冲向钦宗“奏对三策”，力主抗金，反对议和。但是宗泽一腔报国热情就像重拳打在棉花上，毫无反应。宋钦宗并不是个抗金的明主。之前的“革新”姿态也只不过是收买人心，稳固自己地位而已。此时虽然西路金兵仍在加紧围攻太原、河东，而东路金兵已退回燕京，朝廷危险有所减轻。在这种情况下，主和派已占上风，朝廷四处弥漫着求和的氛围。

宋廷为求和，自毁长城，极力打压主战派。主战派大臣李纲不久即被调任河北、河东宣抚使，被排挤出朝廷；抗金大将种师道、姚古等人纷纷被解除军权；各地的勤王军队遭遣散；宗泽也难逃被打压命运，他竟被朝廷派去充当“和议使”，赴金营议和。宗泽认为“和议使”是去屈膝求和使者，坚决不同意使用这个名称，希望朝廷改名“计议使”以显示两国平等谈判。然而，即使这么个微不足道的请求，也被宋廷拒绝。钦宗深恐宗泽破坏和议，急忙改派刘岑去谈判。

靖康元年(1126)九月，金兵再次南下，河北形势十分混乱。朝中主和派大臣因人划线，党同伐异，排挤宗泽，于是钦宗任命宗泽为磁州知府。这时太原刚刚失守，真定府正被围攻，朝廷官员都不愿去那一带当官。宗泽却在接到诏书后，只带了十几个老弱病残士卒就匆匆赴任了。

磁州地处抗金前沿阵地，经金兵铁蹄践踏过后，早已满目疮痍，破败不堪。此时的磁州官员挂冠，盗贼横行，人民流离，社会秩序极其混乱。如此场景，怎能抗金？宗泽刚到任，马上着手整顿，加紧备战工作。他亲自监督部下修缮城池，疏浚护城河，又打造兵器，招募士兵，武装民众。为解决军队粮食供应问题，宗泽不仅将府库所有金帛拿去换

---

① 《宗泽集》，浙江古籍出版社1984年版，第64页。
② 宗泽：《华下》，载《宗泽集》，浙江古籍出版社1984年版，第69页。

粮，甚至带头将自己的俸禄也贡献出去，百姓为宗泽尽职所感，纷纷“争献金谷”，支持抗金斗争。不到一个月，磁州不仅防务重建，还组织了一支上万人的武装队伍。

同年十月，金军围攻真定府。真定是北方门户，此府一陷，金军便可长驱直入，迅速逼近黄河一线。宗泽知道真定府在战略上的重要性，极力主张朝廷派军援救。但是，宋钦宗唯一的表示就是授宗泽一个“河北义兵都总管”的空头衔，命他率部前往救援。

宗泽受命后，明知势单力薄，寡不敌众，但依旧誓死前往。宗泽部队多次与敌交战，最终因寡不敌众，无法解围，只好撤回磁州。真定陷落后，金兵分路南下，遣数千骑兵进攻磁州。此时的磁州经宗泽治理，已“大治甲兵，声振河朔”①宗泽披甲临阵，亲自指挥作战，他下令数千士兵用神臂弓射敌，顿时城下箭如雨下，金军不得已后撤。宗泽马上传令开城门追击逃兵。金兵经惊吓后，早已溃不成军，几百人很快成了宋军的刀下鬼。此外，宋军还缴获了大量牛、马、金帛，取得了胜利。宗泽以一文官，年近古稀，居然能带兵打赢金兵，这不仅使宗泽声名大振，还破除了金兵不可战胜的神话，增强了河朔各地宋军抗金的信心。

同年十一月，金兵再次包围开封。钦宗见议和无望，慌忙下令起用被贬在外的李纲为相，委任康王赵构为兵马大元帅，宗泽、汪伯彦等为副元帅，希望他们戮力同心，挥师勤王。十二月初，赵构传檄各地勤王军赴大名府集合。

宗泽接到命令后，率领2 000名士兵出发。时值寒冬腊月，天寒地冻，大雪纷飞，宗泽不顾年迈与士兵同甘共苦，他披坚骑马，抖擞精神，马不停蹄地渡过冰封的漳水，向大名府进发。到大名府后，宗泽和赵构谈了一整天，宗泽提出：“京师受围日久，入援之策不可缓”②，希望赵构尽快率军解开封之围。此时赵构却跟宗泽想法完全不一样。一方面，他曾在金朝兵营里当过人质，亲眼见到女真贵族的野蛮残暴，因而患有“恐金症”；另一方面，他深知北宋政府军队已被金人打垮，自己的军队只能充当他的私人禁卫军，他绝不肯拿自己的老本去拼命。更为重要的是，赵构一心想当皇帝，绝不愿意救出父兄，居人之下。因此，最不愿意勤王的就是赵构。他除了表扬宗泽精忠谋国，授予他副元帅之职外，对于勤王，则声称要从长计议，其实是要拖着不做。

不久开封沦陷，徽、钦两帝成了金兵囊中物。宗泽又一而再提出出师救援，愿意充当革命军中马前卒，希望各路勤王部队协谋同力，解围京城。赵构为将宗泽排挤出去，于是交给宗泽一部分军队，命他前往开德府。从此，宗泽远离大元帅府，再也没机会与

①② 宗颖：《遗事》，载《宗泽集》，浙江古籍出版社1984年版，第81、85页。

赵构等商讨军政大事了。开德离开封很近,位于金兵活动范围内。宗泽到达开德后,常遣精锐部队与金兵作战,前后打过13场大战,每战必捷。金兵自此不敢进扰开德。

靖康二年(1127)二月,宗泽率军从开德出发,向开封挺进。一路上宗泽不断与相遇金兵作战,接连攻克南华、卫南、韦城等地,逐渐逼近开封。正当宗泽孤军深入,浴血奋战时,康王赵构以及其他各路勤王队伍却隔岸观火,坐山观虎斗。宗泽面对十倍于己的金兵,显得势单力孤,无法突破金兵重围,解围开封。

二月六日,金军下令废黜徽、钦二帝。为填补权力真空,他们又下令建立"大楚"政权,推主和派头子张邦昌为傀儡皇帝,作为自己利益的代理人。四月初,金军开始撤离开封,撤离前,金军将城内金银珠宝搜刮一空,并掳徽、钦二帝及后妃、皇子、宗室、贵卿等数千人。东京城中公私积蓄为之一空,北宋至此灭亡,史称"靖康之难"。

宗泽获悉二帝被掳后,急忙率部赶到大名府,准备会合各路宋军渡河追击金兵,夺回二帝。可是没有一支部队跟他会合。宗泽自知单凭己力无法抗衡金兵精锐部队,于是只能北望长叹,无可奈何。拦截金军,迎还二圣未果后,宗泽一方面准备讨伐伪楚政权,派人往开封府散发檄书,痛斥张邦昌之流投敌叛国的卑劣行为;另一方面,宗泽看到赵氏皇室仅赵构一人幸免于难,只有他赶紧登基才能防止群龙无首,号令天下,讨伐金兵,因此宗泽敦请赵构称帝。

东京留守

靖康二年(1127)五月一日,赵构在南京应天府(今河南商丘)登基,称宋高宗,建立南宋政权,改年号建炎。宋高宗登基后,为组织一个初具规模的政府,具备能够抗金的气势,起用了不负众望的大臣李纲做宰相。政府建立后,官员马上分为主战、主和两派。主战派以李纲、宗泽为代表;主和派则以汪伯彦、黄潜善为代表。宋高宗本人就是最大的主和派。他登基后首先想到的是要巩固自己的皇位,奉迎二帝后,自己往哪里摆?宋朝政府养的兵没有战斗力,甚至每次领到的口粮和自己的铺盖都要别人来挑,这样的军队如何跟生猛的金兵对抗?因此在军事上宋高宗依旧奉行宋朝一贯坚持的"守内虚外"家法;在政治上则排挤主战派,重用主和派。

南宋刚建立,宗泽就不断上书力主抗金,并揭露汪、黄之流"阿意顺旨,作为歌颂,以叨富贵"①,置国家社稷于不顾的真面目。主和派视宗泽为眼中钉、肉中刺,竭力反对他

---

① 宗泽:《乞回銮疏》,载《宗泽集》,浙江古籍出版社1984年版,第21页。

留朝任职，想方设法把他排挤出朝廷。宗泽一到南京，就拜会了神交已久的李纲。两人一见即纵论天下大计，探讨中兴之策，谈话十分投机，都有相识恨晚之感。在谈话中，宗泽讲述了自己誓杀金贼，收复失地，保家卫国的抱负，希望国家能将自己派往抗金第一线。李纲为宗泽的决心所感，推荐宗泽任东京留守。

宗泽到开封后，这个曾经人声鼎沸，车水马龙的繁华都城，经金人洗劫一空后，早已破败不堪，面目全非。只见楼橹尽废，盗贼横行，人情汹汹。各地来的勤王之兵，杂居寺院，毫无纪律。而金兵就屯在离开封城不到两百里的地方，战鼓之声朝夕相闻，黎民百姓整天生活在担惊受怕中。宗泽接管的开封，早已是一个烂摊子。收拾这个烂摊子的历史重任就落在了这位69岁高龄的老人身上。

宗泽面对开封严峻形势毫不气馁，一到任就着手整顿。宗泽首先从安定民心入手。他下令捕杀一批曾勾结金兵、出卖国家利益的汉奸，杀鸡儆猴，以清除金兵的内应；同时，他通告全城，严禁盗窃，违者一律以军法处置。于是，“豪强退缩，盗贼屏窜”①，社会秩序很快恢复正常。百姓欢呼雀跃，奔走相告：“今有宗公，我不危矣。”②

此时开封，货物奇缺，加上不法奸商囤积居奇，物价飞涨，有的生活必需品价格居然比平常高出10倍，弄得百姓惶惶不可终日。宗泽认为民以食为天，秘密派人去市面了解粮食价格，当得知价格远高于以往价格后，严惩了一批不法奸商，并推行限价政策。同时，宗泽恢复“税盐制”，允许百姓贩盐，盐价随之下降。这些措施平抑了物价，稳定了市场。

在人心安定，市场平稳的基础上，宗泽开始加固开封防务。本着御敌于城外的原则，他带领群众修复楼橹，加固城墙，开浚濠河，修造守御之具。并根据地形的不同，在开封城郊修建了24座坚固的壁垒，每座壁垒都派兵驻防。宗泽甚至还创立一种壁垒战术，以防金兵入侵。为对付金国铁骑的冲锋，宗泽制造了1 200辆“决胜战车”。每辆战车是一个独立的作战单位，其中“一卒使车，八人推车，二人扶轮，六人执牌辅车，二十人执长枪随牌辅车，十有八人执神臂弓弩，随枪射远”③。一辆战车总计55人，宗泽将每十辆战车编为一队，共计120队，66 000人。宗泽派两员干将担任战车队总指挥，负责操练战车事宜。战车操练好后，宗泽又把它们分散到京城各个地方。这种战车后来在保卫

①② 宗颖：《遗事》，载《宗泽集》，浙江古籍出版社1984年版，第99页。
③ 宗泽：《乞回銮疏》，载《宗泽集》，浙江古籍出版社1984年版，第17页。

开封的战役中，紧密配合步兵作战，对抵制金兵铁骑的冲锋，发挥了不可替代的作用。

宗泽治军，赏罚分明，唯才是举，体恤士兵。他已经69岁了，来日无多，金兵却势头正健。宗泽深知跟金兵的战争不是一时半会能打完的，这是一场持久战，因此尤其注重培养人才，他培养岳飞就是著名例子。岳飞原是太行山"八字军"首领王彦的部下，与王彦在一次战争中对军事行动产生意见分歧，岳飞擅自出兵迎敌，违犯军法。正当岳飞即将被"正典刑"时，宗泽得到情报及时赶到，他见岳飞虎背熊腰，气宇非凡，不禁赞道："此将才也！"一问才知他就是作战以勇猛著称的岳飞，于是下令松绑，将岳飞留军候用。

这时正好传来紧急情报，金兵进犯汜水了！宗泽于是委任岳飞为踏白使，给他五百兵马，让他前去击敌。临行前，宗泽对岳飞寄予厚望："我放了你是希望你能将功补过，希望你能打败进犯金兵。"岳飞果然不负众望，首战告捷，凯旋而归。宗泽按功行赏，将岳飞提拔为统领，后来又升迁他为统制。从此岳飞效力于宗泽麾下，在抗金过程中逐渐成长为一代抗金名将。在南宋初年，岳飞的"岳家军"是抗金主力，曾大破金军"铁浮图"和"拐子马"，把金兀术打得大败。没有岳飞，很难想象宋军能否抵挡得住金兵的铁蹄。

金兵自南进华北后，就实行野蛮的统治，如奸淫妇女，强迫汉人结辫，穿女真服，拉壮丁当兵或与西北居民换马等，这些措施激怒了汉人。他们纷纷组织义兵抗金。这些义兵虽然数量很多，实力也很强，但是缺乏统一领导，无法协同作战，虽然牵制了金兵南下，但没有发挥出最大价值。而宋朝兵制与唐朝不同之处在于采取募兵制而非征兵制，因此兵农分离。宋高宗最害怕义兵破坏他的和议计划，不敢起用义兵。宗泽从防务角度考虑，大胆起用了这些义兵。

活跃在濮州的王善，号称拥兵70万，战马上万匹，当时正准备攻占开封。宗泽闻讯王善兵马如此之壮，大喜过望。他不顾个人安危，立即单骑前往王善营中。一见王善，宗泽就拉着他的手，仰天大哭："以前金兵横扫中原，几乎没人起来抗金，以致发生靖康之难这样的国耻！当初如果就有你这样的义士，国家又何至于败落到如此地步？现在正是我们建功立业的时候，希望你能与我同舟共济，保家卫国。"一席话说得在座的义兵无不为之动容。王善最终接受宗泽劝告，与他一同抗金。宗泽单骑出走多时不见回来，部下都以为这次他遭遇不测，谁知他后来竟带着王善回来了。

义兵首领杨进拥兵30万，王再兴拥兵5万，李贵拥兵2万，他们常打家劫舍，抢人钱财。宗泽派人四处找寻，对他们动之以情，晓之以理，陈说抗金大计，希望他们能来东京共同保卫首都。这些义兵首领敬佩宗泽不忘民族大义，忧国忧民的精神，于是齐聚东京，保家卫国。不到半年，宗泽就招募了上百万的义兵。由于宗泽带兵有方，很多强盗都被他感化为义兵，而宗泽死后的下一任留守杜充却不懂军事，胡乱带兵，不仅造成很多义兵流散，很多政府士兵反而转变为盗贼。正如时论所言："宗泽在则盗可使为兵，杜充用则兵皆为盗矣。"由此可见宗泽的军事才能。

建炎元年(1127)十二月初，金朝大兵压境，集中优势兵力，妄图一举攻下开封。宗泽凭借多次与金兵作战的经验，识破敌军的战略意图。他派统制官刘衍和刘达各带兵2万，战车200辆，分头开赴滑州和郑州，以粉碎金兵的钳形攻势。在城内，宗泽下令增修防御设施，严阵以待。对于开封城外千里之地，宗泽下令坚壁清野，因而金军作战得不到给养，无力为战。

然而，金兵贼心不死。建炎二年(1128)正月，金兵企图趁汉族欢度春节，无暇顾及之时，发动全面进攻，打垮汉人信心。初七，金兵前锋迅速推进开封。部下得知军情后，赶紧去向宗泽报告。当时宗泽正在跟一棋友对弈，闻报后，只见宗泽一边下棋，一边饮酒，谈笑自若，毫无大军来临的慌乱与震惊。下完棋后，宗泽选派何贤率数千军队增援滑州，并面授机宜，让他绕道插入金兵后方，和刘衍前后夹击金兵。

时值元宵节将近，由于金兵的威胁，百姓不敢过元宵节。宗泽在完成军事部署后，张榜告示全城百姓，放心准备元宵佳节。开封百姓已经两年没过节了，得到宗泽的承诺，大家心中一片释然，都高高兴兴地去准备过节。这年元宵节，开封城一改往日萧条的情况，只见车水马龙，川流不息，人声鼎沸，一派繁荣，丝毫不见被洗劫过的景象。人们都沉浸在节日的欢乐之中，忘记了痛苦。

此时的开封郊外，刘衍军队和金兵大战正酣。突然，金兵背后一支部队赶到，杀声震天，原来正是宗泽下令埋伏在附近的何贤援军。金兵两面受敌，招架不住，只好撤退。宋军乘胜追击，收复了延律、昨城、河阴等地，一直追到滑州，并夜袭军塞，一举捣毁了金兵在滑州城西囤积粮草辎重的营寨，缴获辎重军需无数。捷报传来，恰逢元宵节结束。直到这时，老百姓才明白自己在欢度元宵节的时候，宋军正与金兵鏖战，击退了大敌。开封城的百姓于是都感激宗泽给他们元宵节送一份大礼。

二月，金兵卷土重来，宗泽再次给金兵以迎头痛击，大败金兵于滑州。金兵统帅至此才认识到，只要宗泽留守东京，开封就固若金汤，无法攻破。从此金兵不敢再向开封发动大规模进攻，开封得到了暂时的安定。开封保卫战的胜利，使得宗泽再一次名声大振。从此北方人听到宗泽名字则肃然起敬,说起宗泽抗金的壮举,不敢直呼其名,言必称“宗爷爷”。

乞请回銮

南宋一朝是在民族矛盾激化下产生的,因此南宋建国后面临的一个重大问题就是如何对待金国。在这个问题上,官员分为两派,一派主战,一派主和。两派又围绕定都问题展开激烈争论。主和派主张定都东南一带,以防金兵南下;主战派主张定都开封,和金兵再决雌雄。宗泽是铁杆的主战派,极力主张定都开封。

纵览史乘,可以发现一个规律,北方多出将士,南方多出才子。历次战争,从北方攻打南方易,反之则难。宗泽认识到这个规律,因此认为若要继续抗金,北方开封是首选之地。他刚任东京留守时,在整顿社会秩序稍有成绩,人心安定后,马上给宋高宗写了第一封《乞回銮疏》。疏中,宗泽提到:

> 三代之得天下也,得其民也。得其民有道,得其心也。得其心有道,所欲与之聚之,所恶勿施尔也。①

宗泽在疏中提到,现在东京百姓都希望高宗能够回京与大家一同抗金,他希望高宗学习三代得天下之道,回京抗战。盼了一个多月,开封旧貌大有改观后,宗泽又上了第二封《乞回銮疏》,里面提到:

> 臣窃闻将士籍籍,皆愿陛下归京师,云京师是众兵驻扎之本根也;商旅籍籍,皆愿陛下归京师,云京师是天下贾贩之要区也;农民籍籍,皆愿陛下归京师,云京师是天下首善之地也;士大夫怀忠义者籍籍,皆愿陛下归京师,云京师是陛下祖宗之域也。②

在这段话里,宗泽运用了排比句,饱蘸感情地提到东京士、农、工、商等社会各阶层百姓都祈盼着皇帝回来的情况。但是,主和派却唆使高宗避敌东南。因此宗泽在疏中痛斥这帮奸险小人,他说:

> 臣窃料百僚中倡为异议,不欲陛下归京师者,不过如张邦昌等奸邪辈,阴与贼虏为地耳。臣愿陛下体尧禹顺水之性,顺将士,顺商旅,顺农民,顺士大夫之怀忠义者,早降敕命,整顿六师,及诏百执事,示揭款宗庙垂拱九重之日,毋一向听张邦昌奸邪辈,阴与贼虏为地者之语。③

---

①②③　宗泽:《乞回銮疏》,载《宗泽集》,浙江古籍出版社1984年版,第11、12、12—13页。

文中虽痛斥主和派，但最想南逃的不是手下那一帮主和派，而是为首的宋高宗。宗泽见高宗还是不回来，两个月后，又上了一封《乞回銮疏》，疏中再次恳请高宗回京："臣闻圣人中天下而立，定四海之民。夫中原天下之中也，京师又中原之中也。"①在这篇疏中，宗泽提到了东京是南宋的根本，希望宋高宗回京，号令天下，力主抗金。但是高宗还是不为所动。见高宗不肯回来，宗泽上疏更加频繁。从建炎元年(1127)七月到二年(1128)五月，在短短不到一年的时间内，宗泽接连上了24封《乞回銮疏》。这就是中国历史上著名的"乞回銮二十四疏"。二十四疏言真意切，感人至深。600年后的乾隆皇帝，偶读宗泽著作，对二十四疏爱不释手，他说：

> 夫南渡去今六百余年，读其疏者，未尝不嘉其血诚，赏其卓识，叹其孤忠，欲为堕泪。②

虽然数百年后的一个与金国同宗的皇帝读他的《乞回銮疏》还被他的忠心感动得落泪，但宋高宗却对这些疏无动于衷，他的"恐金症"一直没好，一直畏敌如虎，至死不肯回开封。

宗泽在不断给宋高宗上疏的同时，也没忘记沦陷区的百姓，尤其是辽国沦陷区的百姓。宗泽知道他们虽国家被灭，称臣金国，但是内心却不甘于当金国的子民。于是宗泽亲自撰写了《散示陷没州县榜文》、《散给被掳民人公据》、《散给契丹汉儿公据》等文章，散发到沦陷区。在这些文章中，宗泽不断提到宋朝和辽朝曾是兄弟之国，有上百年的交往历史。宗泽说宋朝与辽朝互相依赖，唇亡齿寒，希望沦陷区的辽朝子民和宋朝同舟共济，共同抗金。宗泽还给沦陷区的子民发放证明身份的"公据"，以防止宋军打过去后，把他们当金兵误杀。宗泽的这种策反宣传一方面争取了沦陷区的百姓，孤立了金兵；另一方面，被策反后的百姓金兵不敢用，这势必减弱金兵的实力。

宗泽不仅做百姓的策反工作，还做将士的策反工作。王策就是极好的例子。他本是辽国旧将，人作战勇猛，机智多谋，是个文武双全的将才。金朝对他委以重任，让他负责管理黄河一线军务。在一次作战中，宗泽用计将他擒获。当士兵将王策绑缚到宗泽兵营时，宗泽亲自给他解缚，还设宴款待他。席间，宗泽说："北宋和辽国都曾是强大的帝国，他们还义结金兰。现在辽国被灭，北宋也被灭，你我都做过亡国之臣，我们应该同病相怜，合力抗击啊。"

---

① 宗泽：《乞回銮疏》，载《宗泽集》，浙江古籍出版社1984年版，第13页。

② 乾隆：《读宗泽〈忠简集〉》，载《宗泽集》，浙江古籍出版社1984年版，第112页。

王策本以为落在“宗爷爷”手里必死无疑了，没想到宗泽不仅不杀他，反而设酒款待，还晓之以民族大义，指明前途方向，处处替他考虑。一番深明大义的话，讲得王策极其感动，他含着热泪说:“士为知己者死，我一定报答你的厚恩。”于是，王策尽其所知，将金军黄河一线的防务情况告诉宗泽。宗泽获悉敌情后大喜过望，从此便有了渡河北伐的想法。

抱憾终老

建炎二年(1128)一到五月，宗泽分别派遣范世延、呼延次升及儿子宗颖赴扬州，面奏北伐准备情况和六月进兵渡河计划，乞请获得高宗批准。令人失望的是，南宋小朝廷不仅不支持宗泽北伐，还处处作梗，从中刁难。他们不仅控制宗泽军费，限制军事物资，宋高宗甚至还派亲信郭荀为东京副留守，就近监视宗泽。宗泽眼看错过时机，北伐无望，自己对朝廷忠心耿耿，反而“信而见疑，忠而被谤”，一气之下终于病倒了。他的背上生了一个毒疮，人日渐消瘦，两颊如削。他一个人躺在床上老泪纵横，长吁短叹。他常自言自语:“我的北伐计划实现不了了!”由此，心情更加郁闷，病情迅速恶化。宗泽自知即将离世，来日无多。他最后一次强打精神，在病榻上给高宗写了一份疏，内容仍然是乞高宗回銮北伐抗金!

岳飞等部下得知主帅重病卧床，纷纷前来探望。宗泽不顾自己重病在身，对诸将说道:“我是因二帝被俘忧愤成疾的，只要你们完成我的北伐计划，消灭金兵，我就死而无憾了。”将领们深受感动，齐声道:“我们一定尽力报国。”诸将退后，宗泽思绪万千，他想到了“鞠躬尽瘁，死而后已”的诸葛亮。自己和他是多么相似啊，虽然都精忠报国，但是最终还是天不假年，北伐无望。宗泽不禁吟起了杜甫的千古名句:“出师未捷身先死，长使英雄泪满襟。”

建炎二年七月十二日，宗泽在弥留之际什么都没有说，只是大声呼喊了三声:“渡河!渡河!渡河!”就溘然长逝了。即使临死，宗泽心中也没有一句话涉及个人，他胸中藏着的就是一腔热血，唯一的目标就是要北伐抗金!宗泽死后的第二年，开封就沦陷了。而南宋小朝廷在金兵的追击下狼狈逃窜，他们从扬州逃到镇江，从镇江逃到南京，从南京逃到杭州，最后居然从杭州逃到定海，坐上小船逃到大海里去了，连江南的残山剩水也保不住。直到宗泽培养的部下岳飞等继起后，南宋才保住了东南半壁江山。

第四节　朱丹溪:悬壶济世医家楷

两千多年前，中医专著《黄帝内经》(以下简称《内经》)问世，中医学由此发端。中医学不唯治病，使病体阴阳调和而康复，更兼度人，授意修性养生，达到真人、至人、圣人、贤人的境界。《内经》确立阴阳五行理论，体察脉象、藏象、经络，阐发病因、病机、病症，论说气运、养生诸法，成为中国医药学发展的理论基础和源泉。而后有《难经》，问难《内经》，发挥解释，补其不足；而后有《伤寒杂病论》、《神农本草经》；而后则名家辈出，各有手著或论说，存世医案方剂不胜枚举。

及至唐宋，方书泛滥，方多药众，间有伪作，致使临床论治无所适从。于是宋神宗、徽宗广设药局，吸取历代经效名方，确认疗效，形成官方认定的标准处方集《太平惠民和剂局方》(以下简称《局方》)，“官府守之以为法，医门传之以为业，病者恃之以立命，世人习之以成俗”①。自宋迄元200年，《局方》流弊渐显，医家据证验方，即方用药，思想禁锢，无所创新。中医学界亟待革故鼎新，创建符合时宜的新医学理论，这一历史使命就落在了婺州义乌人朱丹溪身上。

朱丹溪(1281—1358)，原名震亨，字彦修，婺州义乌(今浙江义乌市)赤岸镇人。赤岸镇有水名丹溪，后人因此尊称其为丹溪先生、丹溪翁。朱丹溪倡导滋阴学说，创立丹溪学派，对中华医学贡献卓著，后人将他和刘完素、张从正、李东垣②一起誉为“金元四大医家”。

儒理世家

朱丹溪出生地赤岸镇有东西二溪，合流为丹溪，丹溪四周群山环抱，景色秀丽。其实，朱丹溪本来并不叫朱丹溪，他的正式名字为朱震亨，正因为他住在丹溪边，后世才尊称他为“丹溪翁”，说习惯了，便叫成了朱丹溪。

赤岸朱氏诗书传家，为当地望族。朱丹溪祖上多习儒从仕，在理学、医学上颇有建树。朱丹溪的从曾祖朱杓博览群书，精通理学，著有《太极演说》、《经世补遗》等书，深究道与体、知与行、常与变等哲学问题；从曾祖朱锷著有《自省篇》，提倡静心养性，“清心寡欲，以为养生之基”，主张“内节七情，外顺六气，曲尽保养之道”；从祖朱叔麒为宋咸淳四年进士，仕而兼通医学，善烹药，临床诊治经验丰富，且医德高尚，“急于救人”，乃至不畏酷暑寒冬，长途跋涉。儒理入医的家学渊源，为成就朱丹溪的个性风貌和学术品格奠定了基础。

---

① 朱丹溪：《局方发挥》。

② 刘完素(约1110—1200)，字守真，自号通玄处士，河间(今河北河间)人，“寒凉派”创始人，强调“火热”之邪治病的重大危害，主张用清凉解毒的方剂。李东垣(1180—1251)，原名李杲，字明之，晚年自号东垣老人，真定(今河北正定)人，“脾胃学说”创始人，十分强调脾胃在人身的重要作用，也被称作“补土派”。张子和(约1156—1228)，名从正，号戴人，睢州考城(今河南兰考)人，学宗刘完素，强调病因多为外邪伤正，主张祛邪以扶正，治病善用汗、吐、下三法，后世称“攻下派”。

朱丹溪出生在宋亡后两年，各地反抗不断，童年历经战祸。在动乱的环境中，朱丹溪没有忘记祖上的教诲，自幼勤勉好学，10 岁时就能读出书中的精义奥妙，且“日记千言”，诗才敏捷，深得长辈们的喜爱。稍微长大，朱丹溪开始接受理学教育，背诵朱子注释的《四书》，“为举子业”。

朱丹溪的母亲戚氏也是诗礼之家出身，贤德而又不失威严。朱丹溪 15 岁时，父亲朱元病故，他在后来的医书《格致余论》中曾这样写道：“因追念先子之内伤……一皆役于药之误也。”朱丹溪的父亲是因为内伤病不治而去世的，这对朱丹溪是个很大的打击，他搞不懂为什么经过医生的治疗，父亲反倒去世了呢？

唯侠是尚

因生逢乱世，又是孤儿长大，朱丹溪开始变得“尚侠气”，如果人家轻慢、捉弄他，他必会跳出来，“必风怒电击”，找地方长官评理，搞得天翻地覆，以至于周围的大户人家“上下摇手相戒”。20 岁时，朱丹溪担任“里正”，负责征收赋税，同时保卫乡里安全。他侠气十足，敢于扶助弱小，伸张正义，即便是县丞、县大夫等上级官员发布的政令，只要是他认为不合理的，就义正言辞地提出反驳。

朱丹溪 22 岁时，所在州县承接“包银令”。当时元朝政府的苛捐杂税繁重，上面要收“包银令”，“州县承之，急如星火”。当时朱丹溪带头抗命。这可把郡守给急坏了，传召朱丹溪责备他说：“你胆子够大的，公然抗命，难道连脑袋都不要了吗？”朱丹溪不慌不忙，笑着说：“郡守大人您是做官的，当然要爱惜脑袋，我们小老百姓，贱命不足惜。但是加收包银税目不符合当下民情，勉强征集就将毒害子孙，如果一定要征，那就把我家的财产连带房子都收上去代替乡邻的钱吧，您看着办吧。”此言话中有话，让郡守无可奈何。最后听从朱丹溪的建议，只推举乡里的两位富豪交了包银，其余乡亲皆得以脱免。可见青年朱丹溪的正直勇敢。

又有一个县丞，迷信鬼神，想要修岱宗祠。但修宗祠肯定需要一笔费用，他需要找朱丹溪解决这个问题。县丞知道此人不好惹，于是用婉转的口气对朱丹溪说：“震亨啊，我告诉你一个天机，人的生死是由岳神掌管的，你千万别传给别人啊！”然而又说道：“我打算修建岳神的庙，那是天意！”朱丹溪听了就知道这是无稽之谈，毫不留情地反驳县丞：“我们的生命是上天给予的，有必要向土偶献媚吗？如果岳神无灵倒也罢了，如果他有灵的话，那为什么在饥荒的岁月里，老百姓却还饥寒交迫呢？”此话说得有理有据，义正词严，县丞无力反驳，这个神仙工程最终不了了之。

朱丹溪的侠义在当地出了名，每次有什么官府的苛捐杂税命令下来，老百姓都聚集到他家里，"相依如父子"。如果事态严重，朱丹溪便会与上面的官员交涉，结果"上官多听，为之损裁"。赋税得到了减免，朱丹溪为当地百姓做了不少好事。

后来，朱丹溪在州县中威望渐长，少时的侠义之气越发刚正。县令长也时常听取他的意见，请他评判决狱得失。他对偶然失足的小孩及需奉养老人的犯人总能施以恩义，劝其改过，乡邻们因此称其为"仁人"。有一个人不知好歹，把朱丹溪家祖坟上庇荫的树给砍了，朱丹溪训斥他，他还不服气。于是朱丹溪把他告到官府。这个人怕了，问乡邻们怎么办，乡邻们纷纷责怪他，说："你这个人实在糊涂，朱丹溪这样的好人你也去触犯？所幸丹溪先生是个仁厚的长者，你快把这棵树扛回去，他就会宽恕你了。"砍树的人依言行事，朱丹溪果然既往不咎。

矢志行医

朱丹溪为何最终走上了医学之路呢？这要从他母亲生病的事情说起，那年他30岁。根据他在《格致余论》中的描述，他母亲当时得了一种慢性疾病，而且比较痛苦。当时家里请了很多医生，但都对他母亲的病毫无办法。孝顺的朱丹溪为此而感到痛苦，而这种痛苦到后来转变为一种愤怒。

有一天，他来到了曾经就读过的私塾，问私塾先生要来《黄帝内经素问》，从那天起他苦读《素问》三年，三年后颇有心得，开始为母亲开药方，又过了两年，母亲的病竟被他治愈。当年那个时候，朱丹溪只是为了尽孝，还没有决定从医。但上天还是为他提供了某种机缘，使他最终走上了医学的道路。

当时，朱熹的四传弟子、理学名家许谦①在东阳八华山讲道，传授朱熹及四传学说，追随者很多。朱丹溪听说后，感叹道："丈夫之学，不务闻道，而为侠是尚，不亦惑乎？"（据宋濂记载），他觉得自己学问浅薄，毅然前往拜师学道。

朱丹溪在许谦门下接触了朱熹的理学思想后，深感震动。每夜读书到四更，学问日益增长，心胸日益开阔。他力争把每个问题都搞清楚，"不以一毫苟且自恕"，明辨了"理欲之关，诚伪之限"，且慎思笃行。程朱理学的格致思想对他今后的医学思想影响巨大，他的某些作品的标题就带有程朱理学的烙印（《格致余论》）。

---

① 许谦（1270—1337），字益之，晚号白云山人。婺州金华人，为金华理学大师，著有《读书丛说》、《白云集》及《诗集传名物钞》等。

经过四年苦读，朱丹溪准备参加科举考试。关于其中的经过，历史上存在争议：一种说朱丹溪在考试前占过一卦，不吉，遂放弃了考试(宋濂《故丹溪先生朱公石表辞》："幸占一命，以验其所施。")；另一种说法则认为他参加了乡试，但失败了。总之是他的科举之途不顺。

在这段时间里还发生了一件事，对他震动很大。那就是他的妻子戚氏，患了"积痰"病，由于治疗不当而去世了。他在悲痛之余，还想到了很多往事。在《格致余论》的序言中，他记载道："因追念先子之内伤，伯考之瞀闷，叔考之鼻衄，幼弟之腿痛，室人之积痰，一皆殁于药之误也。心胆摧裂，痛不可追！"他身边最亲近的人几乎都是在庸医的治疗下离他而去的，这里包括他的父亲、大伯、叔叔、小弟和妻子。

这时他的老师许谦说话了，他自己也染恶寒疼痛病数十年，看朱丹溪读书之余常研究医药学问，且颇有心得，便劝慰他说："我常年在病中，不是精于医道的人救不了我，多亏你照顾，你这么聪明，如果愿意从事医学，必定会创下另一番天地。"朱丹溪在老师肯定的鼓励下，坚定了从医的决心，悟到"精一艺以推物之仁，虽不仕于时，犹仕也"①的道理。朱丹溪后来的发展证明了许谦的慧眼，而且朱丹溪也在不久以后治好了老师的病。

师从太无

在决心从事医学事业以后，朱丹溪重读《素问》、《难经》等中医理论著作，更用心地搜集名家医案和药方。当时医学界，从官方到民间，从大夫到病人，都以宋朝廷编订的标准处方集《局方》为凭据，将其奉为医学宝典，用以治疗各种杂症。朱丹溪精习中医理论，以"医圣"张仲景辨证论治法则为依据，结合自己多年诊疗经验，发现《局方》存在多处弊误。朱丹溪认为"操古方以治今病，其势不能以尽合"，时代在进步，医学思想也要进步，因此决意再度拜师，追求新的更广博的医学思想。

时年40多岁的朱丹溪离开家乡，踏上了千里求师之路。他渡浙江(钱塘江)，经过吴(江苏苏州)，到宛陵(今安徽宣城)，上南徐(今江苏镇江)，辗转建业(今南京)、吴中等地，仍没有探访到能够给他以启迪的医学大师。

在安徽定城，朱丹溪读到"金元四大家"之一的刘完素写的《素问玄机原病式》、"脾胃学说"创始人李东垣、"攻邪派"开山鼻祖张子和等人的医学著作。不能尽释疑窦。直到这年的夏天，刘完素再传弟子罗知悌来到杭州，影响了他的命运。

---

① 戴良：《九灵山房集·丹溪翁传》，乾隆三十六年传经书屋刻本。

罗知悌，字子敬，世称太无先生，精于医，既得刘完素之学，也旁参张子和、李东垣两家的医学思想，青年时曾担任宋理宗赵昀的御前侍医，甚得宠厚。这一年，他告老还乡，带回医药、天文、地理、历史、艺术等数千部书。

谁知这罗知悌性情特别怪异，高傲且偏执，朱丹溪几次求见都被拒绝，致使徒劳往返十余次，要知道当时他已有四十多岁。不过朱丹溪很有耐心和毅力，他没有打退堂鼓，每天垂首拱立于罗知悌门前，“大风雨不易”，每天都要看门人通报，引来“蒙叱骂者五七次”。直到三个月的最后一天，罗知悌决定去见见这个如此坚毅的年轻人，而朱丹溪也经受住了考验。

罗知悌首先教导朱丹溪明确学医的方向，他以北宋陈师文、裴宗元所集的《大观二百九十七方》为例，说：“区区陈、裴之学，泥之必杀人！”①指出学医应该以《素问》、《难经》为根基，先探究基础理论，辩证吸取历代方书的成功经验，再谈开处方、解决病症。他鼓励朱丹溪将张仲景的外感之学和李东垣的内伤之学结合起来研习，抓住矛盾的关键，治病于未病之时。

罗知悌的一番论说让朱丹溪豁然开朗，他细心观察老师的诊疗手法，发现老师给人看病并不跟其他大夫一样，拿着现成的处方调制药品。而是针对病人的脉诊结果，先做病源分析，其次才决定用什么药治，用什么药引，并且配药寒热必相监，攻补必相宜。

有一四川籍的和尚，因离别老母已有七年，突然有一天非常想念母亲，回去又没路费，“徒尔朝夕望西而泣”，因此得病。罗知悌看他“黄瘦倦怠”，每天给他吃煮烂的牛肉、猪肚之类，又赠他十锭银子作路费，好言好话安慰他。过了半个月，和尚的病有好转后，罗知悌用桃仁承气汤给他服用，一日连服三帖，和尚气色渐好。后罗知悌嘱咐和尚吃熟菜、稀粥，调理脾胃，过了半个月，病就完全好了。

在罗知悌的诊疗实践中，朱丹溪看出，对于“黄瘦倦怠”的人，一定要先补后攻。他举一反三，得出“攻击宜详审，正气须保护”的治疗原则，认为治病要根据人的不同体质及其精神状态，病持续的时间长短等变因来掌握药剂药量，采取或急攻或慢补或攻补兼施的治疗方法。

悬壶济世

朱丹溪师从太无先生一年半，尽得其学，回到义乌，开始了行医的人生。他的出诊

① 宋濂：《宋学士全集·故丹溪先生朱公石表辞》，康熙四十八年彭式刻本。

频率非常高,所谓“四方以疾迎候者无虚日”。他常为贫穷的人看病,却不收取费用。文献中有这样的记载:“其困厄无告者,不待其招,注药往起之,随百里之远弗惮也。”而且只要有患者有急,朱丹溪“无不即往,虽雨雪载途,亦不为止”。从回家乡那一天起,直到78岁去世,他就一直在这样的行医生涯中度过。朱丹溪坚守“发大慈恻隐之心,誓愿普救含灵之苦”的信念,为此,他受到当地老百姓的尊重。

当时南方医学发展远落后于北方,义乌时医仍然推崇处方治病。当他们听到朱丹溪的新思想时,不禁大为惊讶,又是讥笑又是排斥。但朱丹溪以无可争辩的有效实践证明了新理论的价值,他“每治往往以意为之,巧发奇中”①,“遇病施治,不胶于古方,而所疗皆中”②,赢得了患者的信赖和医界的尊重。

金华人叶仪与朱丹溪同门,也是许谦的弟子。有阵子患了痢疾,腹痛难忍,腹泻不止,又吃不下饭,困倦乏力,试过好多药都不见好,后来甚至不能起床,只能在床上开一个孔,就在孔中解便。朱丹溪为叶仪切脉看苔后,为他开人参、白术等补脾胃之药。叶仪遵照朱丹溪的嘱托连服十日,可病却越来越重,心里万念俱灰,准备跟家人道别。朱丹溪去复诊时,细察脉象,对叶仪说:“你的病没那么严重,我给你开小承气汤,你好生调养着,不出数日,就可以跟健康人一样走坐说笑了。”随后又亲自给叶仪煎药、喂药。叶仪服后泻下数次,泻完了就觉得浑身轻松,腹痛顿减,第二天吃下一些粥饭,精神大为好转。不久果然就跟朱丹溪说的一样,完全康复了。乡医们都很佩服朱丹溪,纷纷向他询问治法。朱丹溪说:“一般治疗痢疾都直接开攻积逐下的药方,但叶仪这位病人胃气已伤,不能贸然用。我先给他补脾胃,胃气充实之后,再用承气汤攻逐结邪,先补后攻,保正驱邪,没有不好的道理。”乡亲们听了连连称是,越发地尊敬他。

朱丹溪治过不少“二手”病人,他们在别的大夫那边得不到及时、正确的治疗,把全部希望放在朱丹溪身上。而朱丹溪总是竭尽所能,帮助他们转危为安。一位老妇人得带下病,怕冷,经历了三次误诊,身体异常虚弱,气喘得太厉害以致睡不安稳。朱丹溪结合老妇人的治疗史,对她的病症进行细致分析,果断决定采用升提之法,首先用人参养她的肺阴,拒火毒,用白术补她的胃气,除湿热,再用通草佐桃仁、李仁促她去瘀生新,这样四五天后,经过解食毒、消肿满、补肾水、逐积热等一系列层次分明的诊疗措施,老妇

---

① 吴之器:《婺书》,转引自冯汉龙:《朱丹溪的生平事略》。

② 戴良:《九灵山房集·丹溪翁传》,乾隆三十六年传经书屋刻本。

人的身体逐步恢复。

朱丹溪不仅善用中草药材，也善以情志为药，以心药治心病。有一位少妇，因为丈夫经商两年不回家，心思郁结，吃不下饭，整天恹恹地躺在床上。朱丹溪看了之后，就叫人故意激怒她，惹得她大哭几个小时，而后又宽慰她，让她服下一剂枳实滑窍泄气之药。少妇因为之前哭了一阵，怒气生发，冲开原本郁结的脾气，马上来了胃口。等她吃完粥饭，朱丹溪又假装得到了她丈夫的口信，便跟她说："你丈夫这一阵子忙完就回来啦，你放心养好身体。"三月后她的丈夫回了家，这位少妇的病也得以痊愈。

另有一位叫宋恒的浙江人，某次收拾碗筷的时候发现橱窗里有一条蛇，吓了一大跳，并且怀疑自己吃过的饭菜里边有蛇卵。整天怀疑着，心神不宁，觉得肚子里有东西在乱爬，饭也吃不好，觉也睡不着，身体越来越瘦，看了很多医生也不见好。朱丹溪路过时，就给他仔细诊断，说："你吃了毒蛇下的蛇卵，肚子里有小蛇，我给你一剂驱虫药催吐吧！"于是他就对身边的小童耳语了一番，请宋恒服药。宋恒服药以后，立即就有了吐意，对着小童拿过来的面盆狂吐一番。等他歇息了一下缓过神来，小童端起面盆给他看，只见有好多虫子在蠕动。朱丹溪笑着对他说："你看，你肚子里的小蛇都吐光了，你的病马上就能好！"果然，宋恒不久就恢复了健康。其实，面盆里的虫子都是朱丹溪吩咐小童放进去的，为的就是解决宋恒的心病，心病一除，身体自然就好了。

朱丹溪在业内声誉日隆，许多官家也找他看病。有一位权贵，生了场小病，传召朱丹溪到他的住所。朱丹溪去了，只见这位权贵端坐中庭，两旁列三品官员仪仗队，大摆官架子。他不以为意，诊脉后一言不发，转身就走。有人问他，他说："这个人骄气太盛，三个月后必死。"后来果然言中。

又有一次，江浙行省一位地方高级长官平章政事在上任途中忽患中风，请朱丹溪前去诊治。朱丹溪诊断后说："病已危殆，不可救药了。"平章政事不甘心，又请苏州名医葛可久前来会诊，葛可久说："我也知其危殆。不过，还有一针法可用。"朱丹溪却接着说："针法只可以暂时运动他的二肢，不能使疾病康复。"旁人都要葛可久用针。针刺后，朱丹溪对他们说："即刻回去，还可到家，稍为迟缓，就来不及了。"后平章政事真的到家就去世了。

江西清江人杜清碧也是名医，编著有《敖氏伤寒金镜录》，是最早的舌诊专著。当时，杜清碧学道武夷山，至婺源时，忽患脑疽，但自治不愈。朱丹溪赶往婺源诊治，建议杜清碧服用防风通圣散。杜清碧称："已服三四帖了。"朱丹溪仔细想了想，又建议用酒制通圣散。

杜清碧恍然大悟,依照朱丹溪的方法,"服不尽剂而愈"。从此,杜清碧心服丹溪。①

朱丹溪善治因七情、酒色、劳倦、本虚、外邪等引起的各类内伤杂病。他治亲友、治百姓、治官家、也治同行,不问病人出身,不趁机贪敛钱财,为穷人治病不取报酬,甚至送药上门,即使远隔千里也不辞辛劳。他说:"病人度刻如年,我怎么可以贪图安逸呢?"足见其医术高超,医德高尚。

著书立说

朱丹溪师从罗知悌一年半,又经二十余年的医学实践,使刘完素、张子和、李东垣三家的医学思想发扬流布,而终为己所用。晚年时,他对平生所学进行经验总结,著有《格致余论》一卷,《局方发挥》一卷,《本草衍义补遗》一卷,《金匮钩玄》三卷(戴思恭校注)。其中《格致余论》和《局方发挥》是其代表作,前者全面反映了朱丹溪在医学理论、病因病机、治方治则上的研究创见,后者则以问答、辩论的形式对当时官方"医学宝典"《和剂局方》作了一针见血的批判,《四库全书总目提要·医家类》更将其作为"丹溪之说与宣和局方之争"、"医之门户分于金元"的重要标志。

朱丹溪吸收借鉴刘、张、李三家的学说,刘的道医思想和"六气化火论"促其形成"阳有余阴不足论"、"相火论"等医学基本理论;张的"邪去正安论"及对攻邪法度的把握促其形成"攻击宜详审,正气须保护"的治疗思想;李的"脾胃论"和"气机升降论"则对朱丹溪的临床诊治起到直接的指导作用。此外,朱丹溪融汇古今,补遗旧说,独创新说,主张古方不能治今病,倡导气血痰郁火辨证施治,将元代医学推向一个崭新的阶段。

其一,阳有余阴不足论。《阳有余阴不足论》是《格致余论》的重要篇章,以天地日月取譬,演化《太极图说》②,阐发养生之道。朱丹溪生活的时代,"世风日偷"、"人多酗酒纵欲,精竭火炽"③,促使其进一步发挥从曾祖的养生思想,并推物及仁。朱丹溪从刘完素"五志皆能化火"的观点出发,指出人身阳(指精神情志活动)易动,阴(指精血气血)易亏,人之情欲无涯,而阴气不能及时供给,造成"阳常有余,阴常不足"的生理状态,阐明情欲伤阴的病机病理,谆谆告诫人们摄养阴气,男子远离女色,饮食则务求清淡。《格致

① 以上几则医案出自朱丹溪的《格致余论》、江瓘的《名医类案》、宋濂的《故丹溪先生朱公石表辞》、都穆的《都公谭纂》、俞弁的《续医说》等书篇。

② 宋代周敦颐名篇。周敦颐是中国理学的开山祖,继承《易传》和部分道家及道教思想,提出"无极而太极"的宇宙构成论,认为"太极"一动一静,产生阴阳万物。提出的哲学范畴,如无极、太极、阴阳、五行、动静、性命、善恶等,成为后世七百年间理学研究的课题。

③ 孙一奎:《医旨绪余》,江苏科学技术出版社1983年版。

余论》卷首饮食、色欲二箴，及《茹淡论》、《房中补益论》、《大病不守禁忌论》、《慈幼论》、《养老论》等谈论的也都是养生之道。察中国传统医学，以求长生为根本目的的道教为发端，《内经》谓"提携天地，把握阴阳"成就真人道生；金元时期道医向儒，理学昌盛，天道、性命紧密相连的观念更加深入人心。因此朱丹溪提出阳有余阴不足论，固然得益于师道继承、家学影响，本质上则是道教哲学、理学思想长期滋养的结果。

其二，相火论。"火"是中医学重要概念，用以描述人的生理和病理状态，分少壮、虚实、阴阳。《内经》有"少火壮火"说，将维持人正常生理活动的动力称为"少火"，它是人体生长发育繁殖后代的能量，即生命活力；将过于旺盛的"火"称为"壮火"，它消耗人体的水液，消耗正气，是病理上的"火"。《素问》有"君火、相火"说，认为君火寄藏于上焦心，主人之后天，有温煦、推动的功能，相火寄藏于下焦肝肾，有温养脏腑，主司生殖的功能。君火与相火相配，共同维持机体的正常生理活动，相火过亢则危害人体健康。"金元四大医家"中的刘元素创火热论，李东垣持阴火说，对人体生理病理之"火"都做过大量的研究。朱丹溪继承前人学说，独辟蹊径，大大扩展了"相火"的外延，认为相火无一定形质，不独居一脏，是人体正常活动的能量源泉，也是病机关键。人体"五性感悟"，则相火妄动，内生火热，继而导致一系列病变。他在《格致余论·相火论》中对生理意义上的君火、相火加以区分："以名而言，形气相生，配于五行，故谓之君；以位而言，生于虚无，守位禀命，因其动而可见，故谓之相。天主生物，故恒于动，人有此生，亦恒于动，其所以恒于动，皆相火之为也。"并对相火妄动的病机病理做出描述："相火易起，五性厥阳之火相扇，则妄动矣。火起于妄，变化莫测，无时不有，煎熬真阴，阴虚则病，阴绝则死。"朱丹溪的相火论引起了当时及后世医学界对君火、相火概念的重新探讨，使人们加深了对内生火热证辩治规律的认识，推动了医学的进步。

其三，保护正气①的治疗思想。在拜罗知悌为师之前，朱丹溪曾通读张子和的医书，对攻邪说很是叹服，称"其意以正气不能自病，因为邪所客，所以为病也，邪去正气自安"，以为"医之法尽于是"；但很快又想到，就疾病发生的机理而言，邪症实的根本原因还在于正气虚，"苟正气实，邪无自入之理"②，如果正气保护得好，邪气连进入体内的机会都没有；又联想到《内经》特重正气，张仲景主张先补后攻、攻邪须以扶正为基础，恍然

---

① 中医上的"正气"指人体内防御、抵抗和再生的能力，是人体机能的总称，有时与"元气"、"真气"通用，"邪气"则是各种致病因素的统称。

② 《素问·刺法论》："正气存内，邪不可干。"

觉得“扶正”是上策，“攻邪”是下策。后来，朱丹溪亲眼看到罗知悌治疗病人，“随时取中”，或而“先攻后补”，或而“先补后攻”，或而“攻补兼施”，终于豁然开朗，认识到“扶正”、“攻邪”无定法，全据病人体质及病情轻重缓急，由此确立了“攻击宜详审，正气须保护”的治疗思想。他用治国类比治病，用国运强弱类比人体之泰否，说：“真气，民也；病邪，盗贼也。或有盗贼，势必剪除而后已。良相、良将，必先审度兵之虚实与时势之可否，然后动。动涉轻亡，则吾民先困于盗，次困于兵，民困而国弱矣。”这一类比，侧面体现出朱丹溪“不为良相，即为良医”的从医态度，健康所系，性命相托，从事医疗事业务求“详审”，做到严谨、细致。

其四，古方不能治今病论。金元时期，社会环境变迁动荡，契丹、西夏、蒙古、汉各族政治经济及文化融汇发展，医学上也多有创新。自刘完素创火热论之后，民间医家不满足于定制成规，争相探索新理论，金代医学改革家张元素[①]有名言：“运气不齐、古今异轨，古方今病不相能也。”[②]后来这种风气从北方渐渐传到南方，朱丹溪也深受影响。他自幼好学深思，研习陈师文、裴宗元《大观二百九十七方》时“穷昼夜”，又熟读《素问》、《难经》，但不尽信于彼，认为“操古方以治今病，其势不能以尽合”，甚至说：“苟将起度量，立规矩，称权衡，必也《素》、《难》诸经乎！”[③]对于医道真理的追求促使他千里求师，也促使他将质疑之声化为行动批判。

朱丹溪将批判的矛头对准了《局方》。他说《局方》“别无病源议论，止于各方条述证候，继以药石之分两，修制药饵之法度”，又说“仲景因病以治方，《局方》治药以俟病”，指出《局方》忽视病源探讨，没有理论根基，也缺乏临证论治的精神；医者传业于《局方》，照搬成法，治疗过程不是病源分析、理论应用的过程，而变成检验药方效用的过程，“集前人已效之方，应今人无限之病”，常使得理法、方药不一致，误治不治的病案比例加大。他著《局方发挥》，首先肯定《局方》形成的必然性，继而剖析《局方》不适应医学发展的现状，最后广设问答，辨《局方》之弊，阐发辨证论治精神。《局方发挥》共设31问，其中2—

① 张元素，字洁古，金之易州(河北省易县军士村，今水口村)人，中医易水学派创始人，其所处时代略晚于与其同时期的医家刘完素，代表作为《医学启源》、《脏腑标本寒热虚实用药式》，另著有《药注难经》、《医方》、《洁古本草》、《洁古家珍》以及《珍珠囊》等。

② 《金史·张元素传》卷六十九。

③ 戴良：《九灵山房集·丹溪翁传》，乾隆三十六年传经书屋刻本。“起度量”句典出《史记·扁鹊仓公列传》：“扁鹊虽言若是，然必审诊，起度量，立规矩，称权衡，合色脉，表里有余不足顺逆之法，参其人动静与息相应，乃可以论。”

5 问辨《局方》治风之药通治诸痿之弊，明确提出风属外感，痿属内生热症，强调认病识症的重要性，对中风病的治疗提出新看法；6—23 问辨《局方》类聚燥热以治热症之弊，指出气逆、气滞等气病及噎嗝、翻胃①等脾胃病属热为多，宜用寒凉药，补中益气，使得中气清和，阴气清宁；24—31 问辨《局方》治痢疾多用辛香燥热毒药之弊，明辨滞下和泄利的区别，主张视症立法，宜用中和药，和血调气，治妇人痢疾尤其要注重补血养阴。朱丹溪是系统批判《局方》的第一人，在此以前，北方的刘完素、张元素等医家曾创立新说，南方的陈无择②、严用和等医家曾倡行从探究病源入手，结合时宜治疗疾病，但都没有动摇《局方》的权威性。而朱丹溪在这方面迈出了重要的步伐，他更正惟务成法的旧观点，开创辟温补、戒燥热的滋阴理论，倡导辨证论治的新风气，为后世留下了宝贵财富。

丹溪学派

随着朱丹溪的医名渐播，追随他的人也越来越多。同为医家的项昕，是朱丹溪最早的“信徒”。1327 年，47 岁的朱丹溪从老师太无先生处学成归乡，途经绍兴碰到项昕，跟他讨论刘、张、李三家的学说，直接改变了项昕原来的医疗思想。后来项昕撰写《脾胃后论》以弥补李东垣《脾胃论》的不足，其中就包含了朱丹溪给他的启发。

朱丹溪最得意的学生是浙江浦江的戴氏一门四父子叔侄。1338 年，文学家戴良的兄长戴士垚因为母亲病死于庸医之手而立志习医。在他母亲生病的时候，戴士垚求访了很多名医，用了很多名贵药材，奔波劳碌，而母亲的病却日益加重，后来遇到朱丹溪才得知一直以来给母亲配的药都是不对症的，可恨悔之已晚，母亲病情恶化的态势已无法扭转。悲痛之余，戴士垚向朱丹溪拜师，发愤学医，他的两个儿子戴思恭、戴思温以及侄子戴思乐也同时成为朱丹溪的弟子。

戴氏一门中，又以戴思恭在医学上的成就最大。他跟随朱丹溪学习医术二十余年，传有《推求师意》二卷，《金匮钩玄》一本以及《类证用药》二十卷、《本草摘抄》若干卷（已佚）。戴思恭不仅为广大百姓诊治疾患，更曾为明太祖朱元璋治病，位至太医院院判。《四库全书总目提要》评价戴思恭的医学著作，称：“原礼本震亨高弟，能得师传，故所录

① 朱丹溪在《局方发挥》中没有严格区分噎嗝、翻胃，明代孙一奎在其著作《医旨绪余·噎嗝翻胃辩》中说：“噎、嗝、翻胃，三病也”，并对三种病症作了比较详细的病理分析。

② 陈无择（1131—1189），名言，以字行，原籍宋青田鹤溪（今景宁县鹤溪镇）人，长期居住温州，行医济世。他是“永嘉医派”创始人，有中医病因学专著《三因方》传世。严用和，南宋医家，字子礼，庐山人。师从名医刘开，主张结合时宜治疗疾病，反对套用古方，通过长期临症实践，将亲身应用有效药方及古人可用之方汇集整理，于宝祐元年（1253）编成《济生方》十卷。

皆秘旨微言,非耳剽目窃者可比。”①

戴氏姻亲赵氏即浦江赵良本、赵良仁兄弟,金华赵道震,江苏王安道、刘叔渊,绍兴徐彦纯,丽水楼厘,义乌虞诚斋等,也先后拜朱丹溪为师。这些入室弟子开枝散叶,其子孙又成为朱丹溪的再传、三传弟子。另有一些私淑弟子,如王纶、虞抟、汪机等,积极发挥和补齐丹溪学说,形成了蔚为大观的“丹溪学派”。

《四库全书总目提要》序“医家类”中提出,“儒之门户分于宋,医之门户分于金元”②。如扁鹊、华佗,堪称一代神医,因无系统性的学说、著作传世,无众多弟子发扬,不成学派。直到金元时期,以刘完素河间学派为代表,扬弃张仲景《伤寒论》的观点,首创火热论,且经过纳徒授业,形成张元素、张子和、朱丹溪等旁支派系,中医学派才得以真正形成。朱丹溪门徒、私淑弟子众多,有的擅长理论研究,有的擅长临床诊治,有的致力于编纂修订《丹溪心法》等系列著作并掺入己见、加以发挥,使丹溪学说得以发扬光大。

在朱丹溪的弟子中,除了戴思恭曾就职南京太医院外,又有蒋用文蒋主善父子、盛寅、韩叔旸、赵友同等人相继执掌太医院,直至景泰年间(1450—1457),在地方医学训导等岗位就职的弟子则更多。这样,丹溪学派影响所及,上至皇帝,中至官僚,下至百姓,扩展到社会各个阶层。

不仅如此,丹溪学说还极早地影响了日本的汉方医家。在中国医学界研究“金元四大医家”理论的高潮期,日本僧人月湖寓居于钱塘行医,系统梳理李东垣、朱丹溪的医学思想,著《全九集》和《大德济阴方》各一卷。1487年,另一位来自日本的年轻医学生田代三喜到中国游学,投在月湖门下,用12年的时间学习李、朱医学。12年后,田代三喜携带大量中医研究资料回到日本。日本迄今尚有传承朱丹溪学说的“丹溪学社”。

誉满杏林

朱丹溪晚年热心公益,于治病、著书、授业之余做了许多为人称道的实事好事。朱丹溪64岁那年的夏天,因暴雨侵袭,赤岸村西北的蜀墅塘堤坝毁坏,大水灌入田地,稻谷有歉收危险③,朱丹溪将情况告知官府,号召有田的乡亲百姓出钱出力,修复蜀墅塘堤

---

①② 纪昀等:《钦定四库全书总目》,中华书局1997年版,第1354、1329页。

③ 《义乌市水利志》(1988年版)记载:“元至正四年(1344)夏,(赤岸村西北的蜀墅塘)暴雨堤坏田遂不稔,丹溪朱氏倡修之,出役夫一千,置防庸,凿三涵,下游筑山枧(输水管子),民复获全济。”《义乌县志》(1987年版)亦记载:元至正四年,蜀墅塘堤坏水涸,千顷田禾受旱。震亨“倡民兴筑,置防庸,凿为三窦,时其浅深而舒泄之”。十年后,堤又坏,命侄领头再修。

坝。明代开国文臣之首宋濂与朱丹溪是忘年交，特为著《蜀墅塘记》："丹溪朱君震亨……遂尽召有田之民，履其亩而使之输其力，荐货有差，复出役夫之功一千，以为从倡。众悦趋之，一听震亨之经画。补其缺遗，增以崇，高筑其址，加辟而渐杀其上。"10年后，蜀墅塘堤坝又坏，朱丹溪命他的侄儿领头再修。至于排解纠纷，扶危济困，只要是朱丹溪力所能及的，他都在所不辞。

公元1358年，朱丹溪病逝，享年78岁。临死前，朱丹溪没有多说话，只对从子嗣汜说："医学亦难矣，汝谨识之。"①将他毕生为之奋斗的医学事业概括为一个"难"字，朱丹溪总结自己学医、行医过程中的种种艰辛，意在告诫子孙，如果走上医学这条路，必要全力以赴，挑战万难。综观"金元四大医家"，张子和自幼从父学医；刘完素十五六岁时因母亲患病，三次求医不治而死，遂立志从医；李东垣十七八岁时因母病不救而投师张元素，尽得其传；朱丹溪30岁因母病习医，但主从举子业，于不惑之年方始专心为医，以半路出家之身集前三家之大成，他付出的努力是加倍的，所挑战的"难"也是加倍的。也正因为此，朱丹溪所取得的成就及其对后世的影响为三家所不及。

自元代至今，丹溪医学的丰功伟绩，受到后人尊敬，也受到当朝达官贵族的敬仰。朱丹溪逝世后，与他的妻子同葬在"东朱山之原"（现朱丹溪陵园内），并在墓前方不远处筑一庵舍，取名孝友庵，"俾弟子居之，以奉洒扫"。在漫长岁月中，丹溪墓地屡经兴废，清乾隆和民国时期几次修葺。

明成化十二年（1476），时任义乌县令的教育家吴仲珠到朱丹溪墓致祭："先生以纯正之学，发而为葩藻之文。俊登桂籍，志遂青云。乃薄于士，竟业于医；岐黄独契，神圣其谁？跻民仁寿，功泽恢弘，良医良相，宜以并称。呜呼，云山苍苍，高风不磨，世远弥声，仰止者多。"②民国23年赤岸镇东朱村民在孝友庵侧旁建丹溪庙，庙三间对合，正间居中为朱丹溪塑像，两旁石柱刻有对联："学绍程朱，道传百世；业精岐黄，德积千秋。"朱丹溪的族人又保存朱丹溪画像一帧（于"文革"期间失毁），世代相传，于每年农历正月初一日悬挂一次，特为瞻仰祭拜。题像赞：

先生浩浩，道学之真；理参古今，性澈天人；配义之气，济世之生；精微并许，玄奥过陈；不名而显，自屈而伸；生先生后，仰之弥殷。

---

① 宋濂：《宋学士全集·故丹溪先生朱公石表辞》，康熙四十八年彭式刻本。
② 《赤岸朱氏宗谱》，转引自冯汉龙：《朱丹溪的生平史略》。

“杂病用丹溪”①，朱丹溪开一时风气之先，以其对内伤杂病的卓有成效的研究，以其在气血痰郁火辨证论治方面的大量成功案例，得与针灸之祖黄帝、脉学倡导者扁鹊、外科之祖华佗、医圣张仲景、丹药学家葛洪、药王孙思邈、法医宋慈、药圣李时珍等历代名医并列。他们在世时各施所长，行医济众，谢世后医名远扬，德化后人，他们为中华医学的发展作出了巨大的贡献。

①　明代王纶在其《明医杂著》中强调“杂病用丹溪”说治疗内伤杂病，要向朱丹溪学习。王纶，字汝言，号节斋，慈溪(今属浙江)人。于弘治间(1488—1505)事任礼部郎中，后又于正德间迁右副都御史巡抚湖广，政绩颇著。又复勤于著述，曾著《本草集要》八卷、《名医杂著》六卷等，刊行于世，其中《名医杂著》为世人所重视，另有《医论问答》、《节斋医论》等。

第五章　义乌名士文化的人物谱系(二)

第一节　倪仁吉:江南才女

从性别的视角看,中国的文化传统总体而言是属于男性的,在儒家学说的人伦理想中,并没给予女性足够的地位,同样显而易见,名流士人也多为男性。不过,随着经济的发展,社会结构的变化,外来文化的影响,在大传统依然维持格局的前提下,民间社会亦会突破传统的格局,吹出几缕新鲜的清风。在对古代名士的考察中,我们会发现除了男性名士之外,女性名士的价值同样不可忽视。美国汉学家高彦颐在《闺塾师:明末清初江南的才女文化》一书中,就对女性在中国传统社会中的地位与价值进行了重新的评估与确认,在他看来尤其是明末清初(1570—1720),中国"产生了最有利于才女文化发展的社会经济和文化条件"。①同时,这些"才女"往往产生于富庶的江南地区。在某种意义上,这就为我们接下来考察义乌历史中最重要的女诗人倪仁吉,提供了重要的历史背景。

倪仁吉(1607—1685),字心蕙,号凝香子。浦江(今浙江省浦江县)人。父兄两进士,少习家学,才情双绝。17 岁嫁义乌县大元村吴百朋曾孙吴之艺为妻,是明末清初著名女诗人、刺绣工艺家。因其高洁的品德和不凡的艺术成就,被后人誉为"李清照式的传奇人物"。

全才少女

倪仁吉能诗善绣,琴艺书画皆通,是一个堪称"四艺俱佳"的传奇女子。她出生在明朝末年一个官宦家庭,父亲倪尚忠是明万历二十六年(1598)的进士,于万历三十五年迁任江西吉安府同知。倪仁吉出生时,倪尚忠已经 57 岁,她又是倪家唯一一个女儿,因此备受珍爱。为纪念倪仁吉出生地吉州,又希望女儿一生吉祥如意,倪尚忠按"仁"的辈分,为其取名为"仁吉"。

---

① 高彦颐:《闺塾师:明末清初江南的才女文化》,李志生译,江苏人民出版社 2005 年版,第 24 页。

同一年,倪尚忠“自吉州罢归”,回到故乡金生村。这是一个浦江、兰溪边界处的小山村,“溪山深秀,壑树窗幽,既车马迹所不到,而村人多朴野,自治田外”①,时有小桃源之称。无官一身轻的倪尚忠在自家住宅不远处的小湖“龙池”中构筑一阁,侍弄花木,颐养天年,摒除世俗干扰,把全部爱心放在培养子女尤其是幼女倪仁吉身上。倪仁吉在慈爱的环境中自由成长。她聪敏好学,7岁读《女诫》诸书,十二三岁通《孝经》、《四书》、《三礼》等,向父亲学诗,又向三哥倪仁祯学书法,尽得奥妙。倪尚忠得意非常,常常拿着女儿的作品给同僚亲友欣赏,尚在闺阁中的倪仁吉得以“才名藉甚”,誉满乡邻。

以文取郎

倪仁吉到了待嫁的年龄,面对络绎不绝的求婚者,父亲倪尚忠皱起了眉头。倪仁吉14岁时,她的生母就不幸辞世,倪尚忠挑着父亲和母亲两副重担,觉得宝贝女儿的终身大事,万万不可马虎。从来佳人配才子,倪尚忠思量再三,立了一个“以文取郎”的择婿标准:倪家的女婿,门第、才思要俱佳。按照这样的标准,村里的青年有心无力,竟是一个也配不上倪仁吉,直到义乌大元村“尚书府”公子吴之艺登门提亲,倪尚忠才松了一口气。

“尚书府”,是吴百朋的府第。久闻吴百朋在世时清廉刚介,“尚书府”家学严明,子孙代有才人出,倪尚忠想:我倪家女儿才情双绝,这吴家子孙也是知书识礼、儒雅清俊。这回,女儿总不至于受委屈了吧?他问女儿的意思,只见女儿俏脸微微一红,垂下目光,不胜娇羞地说:“但凭爹爹做主。”倪尚忠抚须大笑,当下允诺女儿,要为她置办一整套体面风光的嫁妆,时称“全房嫁”②,大小家具一应俱全。

倪仁吉出嫁时,轿子一路从浦江奔到义乌,浩浩荡荡。“尚书府”吴家更是鼓乐齐鸣,热闹非凡。洞房花烛夜,新郎官吴之艺眼看自己的妻子出落得花容月貌,楚楚动人,喜不自胜;又想到她博学多才、稳重贤淑,心下多了一层恭敬。夫妻二人端坐在花烛前,各自心思各自猜着,倒是半晌无话。倪仁吉眼波流转,看着微醺的郎君扑哧一笑,先开口道:“我父亲立下以文取郎的标准,你过了第一关,娶我进了门;现在还要过第二关。”吴之艺一愣,心知这位小娇妻是有备而来,且顺着她的心意,谦逊地说:“请出题。”倪仁吉听罢,即口占一联:“有客登堂,惊醒万里春梦”,等待吴之艺对下联。吴之艺虽也曾用

① 倪仁吉:《凝香阁诗稿·山居杂咏》。

② “全房嫁”是浦江方言,指嫁妆一应俱全。倪仁吉“全房嫁”一事,其族人口口相传,见吴璧瑛:《青口又发现倪仁吉文物》,2004年。

心读书，钻研文对，怎奈此时佳人在前，烛影摇红，心猿意马，竟是半天对不上来。待得夜深人静，吴之艺勉强凑成一联，道是“无人共枕，枉费一片痴心”。倪仁吉原本切切地望着郎君，不想等来的，却是这么一句煞风景的话，心下黯然，幽幽一叹：“以文度人，才情如此，郎君恐难永年矣。”

新婚之夜这段不甚完满的小插曲没有影响到两人恩爱的感情。两人时常共读诗文，相析疑义；闲暇时则登百尺楼望远抒怀，或漫步香草园，呼吸清甜的空气。贤妻在侧，红袖添香，吴之艺对家庭生活十分满意。然而，以无功名之身居“尚书府”，他又心有不甘。祖父辈的荣耀对他来说，是动力，也是压力。吴之艺想到曾祖父吴百朋的平寇之功、治乱之才；想到祖父吴大瓒怀志隆中，抱膝长啸，晚年不辞辛苦出山林；想到英年早逝的父亲吴存中雄浑的书法和大丈夫的怀抱；还有他的兄长吴之器、吴之文以及身边才华横溢的妻子……群英荟萃的环境，加深了吴之艺对“金榜题名时”的热望，他埋头苦读，不敢稍有懈怠。丈夫勤勉用功是好事，但倪仁吉隐隐约约觉得，当初“以文取郎”，是不是刺激了这位心地清澈的郎君呢？

立嗣奉姑

婚后3年，吴之艺积劳成疾，病入膏肓，药石不治。倪仁吉肝肠寸断，“洒泪和药”并“矢以身殉”。20岁的倪仁吉被命运无情地推进痛苦的深渊。她怎么也想不到，美满的婚姻，欢乐的时光，会这么短暂。临死前，吴之艺无限眷恋地看着爱妻，谆谆叮嘱“立嗣奉姑”，毋要轻生。倪仁吉“含泪顺承”，从此开始了59年的孀居生涯。

倪仁吉婚后尚无子嗣，吴之艺的三个兄长便分别把自己的次子吴云将、吴云亭和吴云津过继给她。倪仁吉对三个继子视同己出，疼爱有加。她还在吴家的仰止堂办起家庭书院，亲自授课，因材施教。讲课时，倪仁吉常引用吴百朋的平寇事例，让孩子们敬畏祖上，学习祖上的非凡气节。清嘉庆《义乌县志》记载：“抚教为后，三子云将、云亭皆食饩，云津声高黉序”，誉满乡梓。两个孩子做了秀才，一个孩子在学校里声望很高，倪仁吉课子有方，深得吴家上下的信任。

吴之艺的父亲也是英年早逝，寡母龚氏与倪仁吉身世相怜。倪仁吉待龚氏如生母，十三年如一日，“得暇为称说古传，娓娓承欢”①，婆媳二人建立了真挚的感情。龚氏临终前拉住倪仁吉的手说：“好媳妇，真是难为你了。”婆婆生前，倪仁吉百般搜罗奇闻逸事，

① 嘉庆《义乌县志》卷十七《列女》。

换取老人家一笑；婆婆死后，倪仁吉孝心不改，刻婆婆像“供室中三十余年，朝夕奉之，闲以吟咏自遣”①。她在《梦先姑龚太孺人》诗中满怀深情地哭道：“梦魂犹得承颜色，语笑经违三十秋。耿耿此心珍所授，尚存香鸭在床头。”

诗音清绝

20岁，正是如花岁月，为着防止来自方方面面的流言蜚语，孀居后的倪仁吉素衣素食，处处约束自己的行动。她不忘之艺的临终叮嘱，一心一意侍奉婆婆，教导孩子们长大。可是没有金风相伴的玉露，苦恨年年，倪仁吉的内心备受煎熬。每年的清明节对倪仁吉来说，是一道难以捱过的关口。彼时触处成愁，她痛悼夫君，沉哀入骨。其《清明》诗云：“山南山北雨萧萧，泪洒鹃枝血未销。归向孤灯悄无语，轻寒犹记落花朝。”《清明扫墓》诗云：“连宵凄雨报清明，恰恰轻寒日转晴。袖拂鹃花应染血，洒浇蔓草总伤情。黄垆永梦何年觉，白石围茔始课成。欲向深山舒闷叹，恐惊猿鸟为吞声。”

无论是刺绣、弹琴、作诗还是读书，在倪仁吉的笔下，都仿佛一场断肠梦。“迟迟初日绣难成”，“寂寂落花庭院悄”(《春闺》)，“松风谡谡茶声沸”，“长日幽人无一事”(《即事》)，“一片枯桐心未死，至今犹发断肠声”(《弹琴》)。白天，她强作欢颜，在亲人面前保持刚毅的形象。晚上，周遭寂然，愁闷侵袭，倪仁吉想起之艺的音容笑貌，失声痛哭：“孤馆无声犹似梦，空帷有案为谁供？残编点点皆余血，弃履尘尘尚剩踪。”(《悼亡》)她仰问苍天：“之艺啊，你是应了天帝的召唤吗？列位仙班了吗？我真想跟随你，只是不知你在何处？”她推窗望月，遥对着广寒宫的嫦娥兀自呓语：“一年十二月中月，月月清辉不少歇”(《玩月歌》)，“徘徊阶月旧帷单，拟展湘辞复懒观”(《步月》)。她夜夜悲歌，徒唤奈何：“之艺啊，如果你真的在天上，能否听到我的声音，我多想和你一起沐浴在这清辉之下，共诉心曲！”

倪仁吉哀怨悲苦了近20年，一直孑然一身，但心态在历练中逐步得到调整。1643年，李自成起义军一路攻城略地，并于第二年在西安建立大顺政权，崇祯帝也在这一年自缢于煤(景)山。不久清兵入关，天下大乱，波及倪仁吉寡居的大元村。这时婆婆已殁，云将等孩子都已长大，倪仁吉久念家乡，决定回到浦江暂避一时。

倪仁吉回到浦江，有姑嫂、侄女相伴，过着相对闲适的田园生活，思维活跃，灵感涌现，留下不少田园题材的诗画作品。她在《山居四时杂咏》中写道：“野况撩人，清思可

① 嘉庆《义乌县志》卷十七《列女》。

掬，宜子曰：是可图也。乃剪素，索余作仕女数十帧，以为真色难生，丹青易写，而余亦作天际真人。”又作《城中怀家山》：

层峦西去四十里，元是高人旧草堂。
径绕杏桃千树绮，谷生兰蕙百丛香。
穷幽尝入云深处，采药频登石醉乡。
回首胜游思此际，苍凉古木挂斜阳。
寂寂宁堪忆旧游，黄花红树缀深秋。
水光漾出玻璃镜，山色堆成翡翠楼。
险句每从天外得，丹青只向望中收。
闲关难到烟萝地，空对幽窗月半钩。

倪仁吉所谓的“天际真人”，语出《庄子》，是蝉蜕尘俗、吸风饮露的超逸人格的象征。身处辽阔乡野的倪仁吉，为自然所化，“险句每从天外得”，其人格胸襟和艺术品位展现出独特的禀赋。

倪仁吉近60岁时，在大伯吴之器、三伯吴之文、继子吴云将的帮助下，编订刊印了原创诗集《凝香阁诗稿》。《凝香阁诗稿》包括“凝香阁诗”、“宫意图诗”、“山中杂咏”等三部分。诗集初刻于康熙甲辰(1664)，再刻于嘉庆丙子(1816)，浙江古籍出版社2006年据此本影印。《凝香阁诗稿》收集诗作331首，另附其父作8首、侄女宜子作7首，共346首。前集158首，记录了她少女的芳踪、亲情的眷恋、爱情的悲欢、寡居的难堪；中集为其自题所画四时宫苑图景之作；后集收五绝144首，这是回娘家与女眷寻幽选胜、濡毫作画之欢快光景而创作的组诗。但此书并非倪仁吉诗歌全集，如朱彝尊、王士祯所称道的《赠董樵诗》并不在内。明清时期妇女文学方盛，倪仁吉以闺阁中人抒写名士气节，诗音清绝，得居名媛之列。

绣神再世

明清时期，民间刺绣空前繁荣，“至于乡村，纺织尤尚精制。农暇之时，所出布匹，月以万计，以织助耕，女红有力焉”①。倪仁吉在十二三岁时即学练刺绣，无助耕之忧烦，有修身之闲雅，拈针理线，妙入情思；亡夫之后，孤室独居，既为贴补家用，也为排遣愁思，倪仁吉“以针绣为程课”，将全副性灵绣入织锦，有时达到“日长绣倦”的地步。她的绣品

① 陈梦雷：《古今图书集成》，中华书局1934年版。

兼容书骨、画意、琴韵，有的端庄肃穆，有的脉脉含情，有的精巧雅致，有的简约练达，广为时人称颂。《凝香阁诗稿》诸位序作者对倪仁吉的针绣技艺多有激赏，常比之为“针神”[①]，她的侄儿倪一膺，也就是倪仁祯的儿子说“予祖姑针神，直追夜来”，“巧夺天工，灵动不减夜来”，同时代文化名人张德行也称赞说，倪仁吉“善以绣代笔，凡美女奇卉，随经点皴，波动欲生，莫窥其针所由度，向称薛灵芸，技至此乎”。后辈王崇炳则在《金华征献略》遥遥追忆：“予尝见其绣心经一卷，素绫为质，刺以深青色，丝若缕金切玉，精微洁净，妙入秋毫。”

倪仁吉取法明末顾绣大家韩希孟，工于画绣。画绣创作讲究的是劈丝配色，绣绘并用，对构图、空间的整体把握，对色彩的敏感度要求都很高。“娴敏多巧思”的倪仁吉善于此道，也乐于此道。她不仅摹绣黄荃、摩诘等古今名人书画，还别创新意，坚持创作，“特为设意中之景，想景中之人，写人中之画，作画中之诗”[②]，绣景绣人惟妙惟肖，呼之欲出，绣花绣鸟生趣盎然，活泼灵动。现存北京国家博物馆的刺绣《植树图》是倪仁吉画绣的一大代表，这副创作恰合山水画中高远、深远、平远的“三远法”，布局层次分明，人物、山水自然和谐。现藏义乌市博物馆的《春富贵》配色精妙，华而不俗，格调高雅，刺绣史论专家孙佩兰誉之为“神品”。

比画绣工艺难度更大的是发绣。人的头发丝色彩天然，光泽有别，又粗细不等，润燥不同，不像蚕丝那样熨帖，因此创作发绣尤其需要严谨细腻。此外，对古人来说，“身体发肤，受之父母”，夫妻结发、佛门剃度，以发为证，必得抱着对生命的无限敬重与虔诚。技艺、才情与善心，倪仁吉无一不具备。她用信女吴氏的发丝[③]绣成传世之作《发绣大士像》，运针如笔，备极精妙，绣像中的观音大士神貌端庄宁静，腾云驾雾，凌空袅袅，与管仲姬《发绣观音像》相颉颃。韦嵩寿的《重刻凝香阁诗跋》记曰：“夫人有发绣大士像，寿于隆平寺见之，通体作篆寿字，内无墨迹，真绝技也。以彼含精宝婺，孕季仙华，针可呼神，画能擅绝。”

露香园的顾氏绣“视图案所需，可以随意取材，不拘成法，真草、暹罗斗鸡尾毛，薄金、头发均可入绣”。倪仁吉在绣画材料的选择上也是不落窠臼，多有创新。相传特色

① 晋王嘉《拾遗记・魏》：“文帝所爱美人，姓薛名灵芸……改灵之名曰夜来……妙于针工，虽处于深帷之内，不用灯烛之光，裁制立成。非夜来缝制，帝则不服。宫中号为‘针神’也。”

② 张以迈：《宫意图诗》序，康熙壬寅(1662)。

③ 孙佩兰：《倪仁吉的刺绣瑰宝》。

工艺“浦江麦秆贴”由倪仁吉首创，她遴选表皮光洁的麦秆，因材施用，经漂白、染色、剪贴各道工序，拼贴成一幅幅生动的风情画。这项工艺曾一度绝迹，至清代同治年间，又由民间艺人金翠娥挖掘制作，才得以流传至今。

“尝闻针有神，不为针痕掩。非指亦非丝，秀动同挥染。”倪仁吉聪颖、勤勉，不断追求刺绣技艺的进步，并作刺绣理论专著《凝香绣谱》，“诸名公竞为之叙”。孀居多年的倪仁吉，面对纤丝乱，不作愁肠结，在怡静如绣娘的生涯中赢得了洒脱的心境，终于成为堪比“针神”薛灵芸，与管仲姬、韩希孟齐名的一代刺绣工艺家。现存倪仁吉刺绣作品有《五福图》、《春富贵图》等；发绣作品有《发绣大士像》、《种树图》等。

“一卷遗诗识素衷，易安身世略相同。燕泥堕榻潇潇雨，竹叶抚窗寂寂风。泪渍吟笺销病骨，情凝绣线绕春葱。于人不幸于时幸，仰止堂前一鞠躬。”随着时间的流逝，倪仁吉冠绝群伦的才情愈发让人敬仰。她的故事将永远被人传颂，她的诗作与品德可谓“香远益清”。

第二节　朱一新：忠臣淳儒

汤晏的《一代才子钱锺书》中写了一段钱基博与钱锺书父子论学的典故：

钱基博认为陈澧《东塾读书记》一书可与义乌朱一新的《无邪堂答问》配合起来读。如果先读陈书“以端其向，继之《答问》以博其趣”，就会收学问众人之途，不为拘虚门户之见。钱锺书提出异议，他说虽陈书与朱书同为兼综汉学与宋学，但若以识议宏通，文笔犀利而论，则陈书根本就比不上朱书。钱基博不太同意钱锺书的看法，作了一番解释，他说：“陈君经生，朴实说理，学以淑身。朱生烈士，慷慨陈议，志带匡国，《答问》文笔议论，远胜陈君，然《答问》之体，适会多途，皆朱生当日应机之作，事无常准，诗书互错综，经史相纷纭……不如陈君《读书记》之部居别白。”但钱锺书反驳说：“见朱生《佩弦斋文》，中有与康长素论学、论书极锐发。”又说：“朱生自诩人称其经学，‘而不知吾史学远胜于经’，大抵朱生持宋学以正汉学，盖陈君之所同趣，而治经学以得史意，则陈君之所未到”对钱锺书的诘难，做父亲的不以为忤，反而很高兴地说：“闭户讲学而有子弟能相逆难，此亦吾生一乐。”①

在这段引文中，被钱锺书赞为“兼综汉学与宋学”、“识议宏通”、“文笔犀利”、“论学、论书极锐发”的人就是近代义乌著名的学者朱一新。朱一新（1846—1894），字蓉生，号鼎

① 汤晏：《一代才子钱锺书》，上海人民出版社2005年版，第52页。

甫,义乌朱店人。光绪二年(1876)进士,历任翰林院庶吉士、散馆、编修、内阁中书舍人、陕西道监察御史等职。为官正直,忧国忧民,直言遭贬。晚年致力于教育事业,任广东肇庆端溪书院主讲及广州广雅书院(广州中山大学前身)山长(校长)。著有《无邪堂答问》、《汉书管见》等。

无日废书

朱一新出身于书香门第,祖辈中多为精通诗词及医学之人,世代的书香及朱店村的绿水青山、蓝天白云哺育了天资聪颖的朱一新。他五岁开始学习,读书过目不忘。每次听到旁座学童读《中庸》、《论语》等书,便能默记于心,甚至会背诵。

1861年,太平军攻克金华,义乌社会秩序大乱。为躲避战乱,朱一新母亲率领子女安身南山茅舍,父亲则留守乡里与村民一同作战。时值雨季,细雨不断,空气潮湿,山上更是雾气弥漫,朱一新因此浑身长湿疹。作为家中长子,朱一新承担着重任,他时而跑到山中照顾一家,时而回到父亲住处,生活颠沛流离,极不安稳。即使如此,朱一新从来没有一天放弃读书。父亲朱凤毛曾作诗夸道:

小少荒山弟妹俱,往来侍母备薪储。
最难一卷随身读,避居三年不废书。①

同治三年(1864),朱一新中秀才。次年科试,又成为可以领取生活补贴的廪膳生。四年后,朱一新就读金华丽正书院。读书期间,浙江督学徐树铭曾巡视金华,考察书院,同学纷纷作赋歌颂。朱一新作赋千言,文辞优美,花团锦簇,受到徐树铭的赞赏。巡视榜发,朱一新名列榜首。

24岁时,朱一新来到美丽的西子湖畔,求学于清代著名书院——诂经精舍。诂经精舍为乾嘉时期著名学者阮元所办,书院崇尚汉学,旨在穷经致用,注重实事求是,培养学生的钻研精神。书院历任主讲,皆为一代名流,阮元之后有王昶、孙星衍、俞樾等人,一时风气大开。

朱一新求学期间,书院照例于每年六月由学使命题考试。这年侍郎徐树铭出经史词章数十道考题,限半月交卷。朱一新回去后,闭门沉思,夜以继日写作,终成一寸厚的答卷。徐侍郎阅后,击节赞赏,赞叹道:“一日千里,必可大成。”并将朱一新介绍给翰林院侍读刘有铭。当时,徐树铭为鼓励优秀之士学习,特在诂经精舍设超等生六名,朱一新即名列其中。良好的家教及名师的教导使朱一新养成谨慎交友、专心学业的习惯,而

① 朱荃宜、朱恺元:《直臣名师朱一新》,浙江人民出版社2008年版,第7页。

终其一生没有一日废书不观。

随着年龄的增长，阅历的丰富，朱一新开始关心国家、政治。在他求学期间写作的文章及与师友的交谈中，常显露出他对民生疾苦的同情、对外患的警惕、对国家前途的担忧。从他早年的文章中我们看到一位以天下为己任的爱国知识分子的形象。

朝中贤臣

科举考试是传统社会知识分子经邦济世所走的主要途径，大凡要有一番作为，非经科举考试不可。同治九年(1870)，朱一新参加乡试，在所作策论中直陈时弊，但因主考官李文田的赏识，朱一新最终被录取。而与他一同中举的还有年少四岁的弟弟朱怀新。兄弟同科中举，在科举考试史上十分罕见，一时轰动全国。中举当年，朱一新来到北京，捐资任职内阁中书舍人，担任文秘工作。任职期间，朱一新曾两次参加会试，皆名落孙山，但他并没有因此气馁。光绪二年(1876)，朱一新再次参加会试，这次总算成功，考中进士，殿试二甲，朝考一等，授翰林院庶吉士。次年散馆后，朱一新被升为翰林院编修，参与编纂《国史》儒林、文苑传。

光绪九年(1883)夏，法国军队迫使越南成为其殖民地，进而窥视我国云南、广西两省。时值朱一新大病初愈，他顾不上调养，立即写了《请速定大计以搘危局疏》，力主抗战，反对求和。同年十二月，法军大举进攻中越边境，清朝军队因内部不和而溃败。被外国人打怕了的清政府马上派李鸿章前往天津与法国特使议和，处处退让，舆论大哗。1884年4月，朱一新上《和议未可深恃疏》。在这篇疏中，朱一新反对清廷一味迷信和议，认为“能守然后能和，古今不易之理。”①他指出道光年间的鸦片战争之所以失败与海防松弛密切相关，提出加强海防，稳固军心的建议。

不幸的是，清廷并没有重视朱一新的建议。腐败的清政府在这年五月与法国签订《中法会议简明条款》，同意法国的无理要求，撤回驻防北圻各营，开放中越边境。法国得寸进尺，于六月挑起“观音桥事变”，接着又炮轰台湾基隆，入侵福建，将战火烧到中国大陆。九月，朱一新又上《敬陈管见疏》，提出加强边防、抵抗法国入侵的策略。由此可见朱一新对时局的关注，对国家安危的担忧。

《清史稿·朱一新传》曾说道：“法越事起，数上书主战，又尝画海防策，语至切要。”②

① 朱荃宜、朱恺元：《直臣名师朱一新》，浙江人民出版社2008年版，第42页。

② 《清史稿》，四百四十五卷。

朱一新虽一心爱国，提出很多建议，但毕竟人微言轻，他的建议很少受到当局的重视，而中法战争最终也以中国不败而败、法国不胜而胜的结局告终。

光绪十一年(1885)秋，朱一新被委任为湖北乡试副考官，参与选拔人才。朱一新以经史、词章、算术取士，选拔了关棠、许士莹、余联璜等人。生员周树模的策论虽颇有见地，但触犯时忌，朱一新还是大胆录取了他。此次所选拔之对象，少迂腐文人，多一时俊杰。有人对此评价道："典湖北乡试，称得士。"①工作结束后，慈禧太后破例召见他，对他的工作表示肯定。这年冬天，朱一新任陕西道监察御史。朱一新为言官，从不因利害关系而缄默不语，明哲保身，凡是涉及国计民生、民族存亡的大事，朱一新都直言极谏。

在任翰林院编修时，朱一新就关注中法战争，认为海防的建设是防御海外列强入侵的重要措施，因此在升任监察御史后不久，上《敬陈海军事宜疏》。在疏中，朱一新从保卫旅顺、威海卫角度考虑，建议将胶州建为海军基地；从培养人才角度考虑，建议在福建、广东开办水陆学堂；从提高海军士兵战斗力角度考虑，建议满汉士兵兼用。这些建议，都是针对当时的弊端而发，有很强的针对性及可操作性，但未被当局者采纳。

这一年，慈禧派醇亲王奕譞(即光绪皇帝生父)到天津巡阅北洋海军，又派太监李莲英随行。慈禧派李莲英随行的目的是命他与李鸿章联络，好叫他拨款用来建颐和园。在中国传统政治中，最忌讳太监参与政治活动。汉代的党锢之祸，唐代的宦官专政，明代的太监与文官的党争，都因宦官参政而起。因此，太监检阅海军的消息一传出，顿时舆论大哗，但朝廷命官却一个个明哲保身，保持沉默。此时的朱一新却像是吃了豹子胆似的，居然于八月十四日上《预防宦寺流弊疏》，疏中说道：

> 今夏巡阅海军之役，闻有太监李莲英者随至天津，道路哗传，士庶骇愕。意深宫或别有不得已之苦衷，匪外廷所能喻。然宗藩至戚，阅军大典，而令刑余之辈厕乎其间，将何以诘兵戎兵而崇礼制？……从古阉宦之流，巧于逢迎而昧于大义，往往引援党类，播弄语言，使宫闱之内，疑贰渐生，而彼得私售其小忠小信之为，以阴窃夫作福作威之柄。此前代之积弊，皆史册所昭垂。②

朱一新这一奏疏由李莲英检阅海军说起，讲到了古代宦官参政的弊端，通过摆事实、讲道理的方法，直陈宦官参政的危害。这道奏疏由于针砭时弊，邸报不敢登，但消息

---

① 《清史稿》，四百四十五卷。

② 朱荃宜、朱恺元：《直臣名师朱一新》，浙江人民出版社2008年版，第76页。

依然不胫而走，风行海内。曾为清流代表的两广总督张之洞看到后，拍案叫好："好多年没读到如此文章了，有朱一新，可见京师风流之风未绝。"

朱一新在疏中反对李莲英，其实就是对慈禧不满，因为宦官历来与专制制度相始终，是专制统治者夹袋中的人物，反对宦官就是反对统治者。这种打狗不看主人脸色的做法，触怒了慈禧。她阅完疏后，勃然大怒道："'深宫或别有不得已之苦衷'是什么意思?"八月二十七日，朱一新上《明白回奏疏》解释道：醇亲王位尊望重，远涉海洋巡回视察海军，圣心为他安全考虑，特派太监随行，以示体恤重臣，这就是我所谓的"不得已之苦衷"的意思。如果朱一新的话只讲到这里，也许慈禧不会再追究此事。但是在解释完后，朱一新下面还有一段话讲道：

风闻北洋大臣曾以座船迎醇亲王，王弗受也，该太监遂乘之。沿途办差者，误谓王舟已至，骇人观听，众口喧传。臣恐事或失真，未敢遽尘圣听。第念该太监一不谨慎，流弊遂已至斯，万一踵之以行，为害何可胜道。臣所为反复思维，而不能已于言也。①

这段话不仅不迎合慈禧的意思，反而与她针锋相对，大谈宦官干政的弊端，指责李莲英的非法干政行为。朱一新这种不畏强权，一心谋国的精神固然可嘉，但呵责奴才，伤及主子，慈禧对他更加恼火，下令将他降为主事。虽然官职被降，只要他好好表现，迎合圣意，还是有升官发财，享受荣华富贵的时刻，但是朱一新不在乎荣华富贵，他也明白在慈禧的专制统治下，言官早已是纸糊泥塑的了，发挥不了什么作用。于是，他以母亲生病为由，请求辞官归里。后人对朱一新弹劾李莲英的事情评价道：

御史朱一新……封事数上，侃侃尽陈，唯论是非，罔顾利害，上遇灾修省，求直谏……懿旨诘责，降主事，告归。②

朱一新离京时，很多同僚、同年、好友相继过来送别，大家都对他弹劾李莲英的正义行为感到十分佩服，京师市民更是称誉朱一新为"真御史"。《清史稿》一书关于朱一新的传记只有寥寥七百多字，而他弹劾李莲英则占了五百多字，可见史官对此事的重视。

民间淳儒

朱一新回家后，得以叙天伦之乐，承菽水之欢，无奈早年为官清廉，两袖清风，少有

① 朱荃宜、朱恺元：《直臣名师朱一新》，浙江人民出版社2008年版，第79页。

② 支伟成：《清代朴学大师列传》，岳麓书社1998年版，第290页。

积蓄,因此生活过得十分拮据。为生计所迫,朱一新四处打探,希望找到一份教书的工作。在师友的帮助下,先后有广东、湖南、湖北等省书院聘请他去讲书。最后,他接受了两广总督张之洞的礼聘,于1887年8月出发前往广东端溪书院。

端溪书院创办于明代万历年间,是岭南著名的学术研究中心,有岭南第一学府之称。书院原是总督课士之所,后因督署迁移而规矩废弛。陋习相沿,导致书院诸多方面如招考制度、奖学金制度、书院风气都不尽合理。朱一新担任书院山长后,开始对书院进行系统改革。在招生方面,注重学生的品德,不以考试成绩为唯一标准;在课程内容上,摒弃时文学习,注重对经、史、理、文的教育;在教学方式上,首创书面问答,每人发一手册,记录疑难问题,而后亲自逐一解答;在奖学金设置上,将学生成绩分为四等,名次在前的均发奖金;对于藏书楼,重视藏书的质量和管理,以经、史、子、集为标准将藏书分类,便于学生查找。朱一新的这些改革使得书院焕然一新。自此以后,书院人才辈出,两广科举中试者多出自朱一新门下。

朱一新执教期间,教务十分繁重。端溪课卷有两百卷左右,长的课卷长达上百页,因此每月两课,虽看似四五百卷,其实无异于两三千卷。学生虽然有些诗词文章写得好,但是经史基础普遍薄弱,因此教起来比较困难,而学生们的虚心好学激励着朱一新继续教学。对学生写的作业,他动辄写下长达千字的批语。由于作业量大,朱一新常耗掉二十个昼夜才能将学生的作业批完。有学生求教朱一新读书方法,由于语言不通,朱一新就跟他笔谈,写到手疲惫不堪为止。虽然教书任务很重,工作很辛苦,但朱一新不觉得苦,他说教书就是他的兴趣所在。

1889年冬,朱一新接任张之洞创办的广雅书院第二任山长。广雅书院得名于"广者大也,雅者正也"一语,是晚清洋务派创办的诸多书院中最具影响的一个。学员由两广各州府县严格挑选,各选拔高材生100名。广雅书院虽然有志于创新,开创之初,仍未跳出传统的经史子集四部。直到朱一新出任山长后,这种情况才得以改变。

朱一新对课程内容进行改革,将原来的经、史、子、集改成经学、史学、理学、经济与词章五部分内容。其中,经学以通大义为主,不取琐细;史学以通古今之变为主,不取空论;理学以笃实为主,不取矫伪;经济之学以切用为主,不取泛滥;词章以翔实尔雅为主,不取浮靡。总的原则就是重视实行,摒弃空疏。朱一新尤其关注西学的发展,在他的《无邪堂答问》一书中,有大量与学生讨论西学的篇幅,如卷二的《景教流行中国碑考》一文,对当时世界上流行的基督教及其支派、伊斯兰教、佛教的情况及其与中国的关系都有论述。他对西学的引进功不可没。

朱一新授课，注重和学生的交流，每次在课堂上讲完一段内容后，就组织学生进行讨论，对学生的提问，不管涉及什么领域都务求作准确回答。在《无邪堂答问》一书中，可见当时情况。此书内容涉及经史考证、古今历史得失、边疆形势等，旨在笃实、切用与实践。他这种教法，使得学生摆脱了死读书的困境，活跃了读书气氛。

朱一新执教广雅书院后，书院教育质量逐渐提升，学生不仅精通中学，还熟悉西学，不仅知识面广，而且程度深，许多有识之士，争相过来就读，一时人才辈出。1891 年乡试，早年由朱一新选拔出来的周树谟已是乡试的主考官。考完揭榜后，他发现有 18 名新科举人出自广雅书院。考官不忘恩师的教导，亲自率领举人拜访朱一新，一时传为佳话。

方志编纂

方志是详细记载一个地区地理、风俗、人物、名胜古迹等的史志，是地方史的重要参考资料，具有“资治、教化、存史”三大功能。修志是中国悠久的文化传统，而清代则是修志极盛时期。乾嘉之际三修《大清一统志》，形成举国上下修志的高潮。清代各地还设有 11 个专门修志机构，每 60 年开展新一轮修志工作。许多著名学者如戴震、洪亮吉、章学诚、钱大昕等也竞相参与方志编纂，因此清代出现了一大批方志学家和高质量的方志。

朱一新一生与方志有不解之缘。早在光绪初年，缪荃孙被委任为《顺天府志》总编辑。顺天府即北京的地方行政区域，主要是京师即北京城和大兴、宛平两县。《顺天府志》是一部记述清末京师顺天府辖区情况最完整最丰富的地方志。1884 年，朱一新应邀参加全书第十三册《坊巷门》的编纂，内容包括北京城坊、巷、胡同等。

朱一新接受编纂任务后，白天则常窜访古城大街小巷，向居民收集历史典故、民俗风情；晚上则浏览古籍，考证历史事实及坊巷沿革。为写好此书，朱一新常晚上工作到三四更。经过一年多的努力，总算写成初稿。因典湖北乡试之命，来不及写完全书，后虽经缪荃孙的补编完成出版，但全书还有不少错漏之处。朱一新对这个初稿是不满意的。以后，他经常将书随身携带，闲暇时就浏览其他古书，不时增补内容，往往将书眉写满。此书直到朱一新逝世，还未完成定稿，由此可见朱一新治学的严谨。

此书后来改名《京师坊巷志稿》，共计 12 万字。书中收录的坊、巷、胡同等共 2 077 条，引用的著作在 320 种以上。因资料翔实、考证严密，对后人了解清末北京城的街道胡

同有较高的参考价值,一百多年来不断引起人们的注意。现行的《辞海》还有《京师坊巷志稿》条目,里面写道:

> 《京师坊巷志稿》是清地理著作。分上、下两卷。朱一新撰。本书由分纂《顺天府志·坊巷门》稿本增补而成。分区记载坊巷胡同,与官署、寺观、王公宅第、会馆、桥井皆随地附入,并征引旧籍中有关的琐闻佚事和前朝故实、诗篇,丰富详赡。可供研究北京历史地理的参考。

朱一新应聘到端溪书院不久,就受前德庆州知州杨文骏的邀请,主持编纂《德庆州志》。《德庆州志》是一部以地理志为主的综合性志书。全书共十五卷,十分册,1 358 页。内容广泛,涉及地理、食货、财政、职官、艺文等等。朱一新自 1888 年开始编纂以来,由于对修志的要求高,不肯草率完书,因此直到他调往广雅书院时还没有修完。朱一新于是将《德庆州志》带到广雅书院,继续未尽任务。跟第一本地方志一样的是,直到朱一新死去,这本书还是没有完稿,最终由他的学生完成。此书保存了当时地方的史料,对于现在社会经济文化建设作出很大的贡献。

朱一新不仅在异乡修志,他也关心家乡金华的修志事业。他曾在给金华知府陈仲英的信中写道:"敝郡前志体例繁芜,纂述漏略,疆域沿革,语焉不详,人物艺文,散而无纪。其中颠倒舛误,更仆难数。欲整理而排比之,非改弦更张不可。兹事体大,虽因实创,非具卓识莫能主持。"①接着又提收集资料、筹集经费可能遇到的困难,并介绍顺天、湖北修志的经验以解决这些困难。又鼓励他说:"读来谕,雅意勤拳,毅然为之,以存敝邦掌故,所为以经术饰吏治者,非阁下其谁与归?"②朱一新甚至曾有意亲自参与《金华府志》的编纂工作,但这个愿望终究未能实现。

调和汉宋

汉学与宋学是传统经学的重要派别。汉学,指在战国经学的基础上发展起来的汉唐章句训诂注疏考证之学,重在研究名物、训诂;宋学,指宋代义理之学(包括元明清宋学),以发挥经学义理为主的学派,以理学诸派为主体,包括王安石新学、三苏蜀学以及当时讲义理的诸治经学的流派。汉学重训诂,宋学重义理,这是它们最主要的区别。清代前中期是汉学由兴起到全盛的时期。在此期间,名家辈出,硕果累累,而宋学却以其空谈、空疏而遭到猛烈批判,处于弱势。嘉道以后,随着清王朝统治出现日益严重的危

①② 骆立胜主编:《义乌名人传》,中国文史出版社 2001 年版,第 510 页。

机，汉学不顾现实的弊病逐渐暴露，于是逐渐遭批判，宋学开始复兴。其实两者可以互相补充，并不存在根本矛盾。因此，在道、咸以后，许多有识之士纷纷开始做调和汉宋的工作。朱一新就是调和汉宋的杰出代表。

朱一新博览群书，深研汉宋明儒书籍，治学破除门户之见，兼采汉宋之学，旨在经世致用。在他看来学术有义理之学，有经济之学，有考据之学，有词章之学。他既注重汉学，也注重宋学。在汉学方面，朱一新著有《汉书管见》一书；在调和汉宋方面，朱一新著有《无邪堂答问》一书。

《汉书管见》约10万字，是朱一新任内阁中书时，利用业余时间，花了6年时间写成的。此书主要运用乾嘉考据学派训诂、考证、校勘等方法写成，以下摘录两条以见全文风格：

高帝纪

原文：高祖，母媪。

师古注：媪，女老称也。皇甫谧等妄引《谶记》，强为高祖父母名字，皆非正史所说，盖无取焉。《宋书·符瑞志》：高帝父曰刘执嘉。执嘉之母梦赤乌若龙戏已而生执嘉，是为太上皇帝；母名含，始是为昭灵后。斯即小颜所讥皇甫谧等之说尔。

原文：高祖，为泗上亭长。

《史记》作泗水。

案：《史记》是也。《水经注·泗水篇》小沛县治故城南土宅上东岸有泗水亭，汉祖为泗水亭长，即此。

《汉书管见》倾注了朱一新多年的心血。此书引经据典，对于正史、杂说、类书等皆广征博引，且关注时事，注重对新研究成果如《海国图志》、《瀛寰志略》等书意见的吸收。书中对于汉代地理沿革、人物生平、典章制度的考证尤为精审。此书出版后，受到清代学术界的重视，它是晚清考据学的代表作。

《无邪堂答问》是朱一新主讲广雅书院时和学生问答记录的整理文章。书名源于《论语·为政》："《诗》三百，一言以蔽之，曰思无邪"①一语。他调和汉宋的主张在以下一段文字里表露无遗：

① 朱熹：《四书章句集注》，中华书局1983年版，第53页。

汉宋学术持其平。……其有谬托汉儒之义以抵宋儒而实失汉儒之真者，浸淫害道，则必严辨之。九流百家之书，释迦、摩西之教，以及近时洋务西学，自有俾实用者外，其或谬诩新奇以大害人心者，亦必严切之。大旨学必期其有用，功必归诸实践。由训诂进求义理，而如汉学家溺于训诂以害义理者则不取；由义理探源性道，而如讲学家空衍性天以汩义理者则不从。①

正是由于朱一新对汉儒许慎、郑玄等人的古文经学，以及宋儒以程颢、程颐、朱熹为代表的理学深有研究，才能破除门户之见，客观地对待汉宋学术。《清史稿》对朱一新评价道："朱一新博极群书，洞知两汉及宋、明诸儒家法，务通经以致用。"这个评价是见道之语。

1894 年，甲午战争爆发后，朱一新认为国家衰败，难以抵抗日本人的入侵，从此精神萎靡，一病不起。这年农历七月，朱一新已是病入膏肓。初二中午，他自知来日无多，于是约弟弟怀新一起出去散步。他说："刚想了两句诗'撒手白云堆里去，回头四十九年非'用来自挽，你觉得如何？"朱怀新不知哥哥病情之严重，于是安慰道："兄病情一般，请勿思虑。"朱一新笑而颔之。

下午，朱一新已进入弥留之际。他反复地说着"朝鲜如同京师之屏障，万万不可放弃"，"明年迎养父母终成空愿"，"精力已衰，无力餍养诸生之望，犹盼诸生勤业"等语，没多久就撒手人寰了。临死之前，朱一新心中想到的只有国家、父母与学生，关于他自己则没作任何打算。朱怀新于光绪二十二年(1896)主持编纂朱一新遗著，共十六册，名《拙庵丛稿》，以此纪念朱一新，并嘉许他人格上的正直与他在文化上的卓越成就。

第三节　陈望道:教育救国

陈望道(1891—1977)，原名参一，又名融，字任重，笔名佛突、晓风、雪帆、张华等。浙江义乌人。先后就读于金华中学、之江大学、日本早稻田大学等。"五四"以后，提倡白话文，从事新文化运动。是《共产党宣言》中文全译本首译者。新中国成立后，历任复旦大学校长、华东军政委员会文教委副主任、华东文化部部长、华东高教局局长、《辞海》编委会总主编等职，中国著名的社会活动家、语言学家、教育家。

早年经历

1891 年 1 月 18 日(清光绪十六年农历腊月初九)，陈望道出生在浙江省义乌县分水

---

① 朱一新:《答龚菊田刺史书》，载《佩弦斋文存》，第 1352 页。

塘村的一户农民家庭。分水塘村位于义乌市西北部，虽广仅 15 亩，但四面环山，山水相依，是个风景秀丽的地方。由于地势较高，又地处金华到浦江的必经之路处，因此和外界交流较多。分水塘的山水哺育了陈望道的祖祖辈辈，也哺育了陈望道。陈望道就是从这里诞生、成长，随后走上历史舞台、走上革命道路的。

陈望道的祖父陈孟波精通靛青生产技艺，又善于经营，在他当家之际家道逐渐殷实。父亲陈君元继承祖业，农副业兼顾，家道继续上升，他本人也成为当地有名的乡绅。陈君元夫妇共生了五个孩子，取名为望道、漱白、漱青、伸道、致道。

陈君元虽为农民，但因经商，见过世面，颇受维新思想影响，较能顺应时代潮流，对子女的要求与当地一般人不同。他不希望子承父业，将家族产业扩大，恰恰相反，他希望子女能够好好读书，做知书达理的谦谦君子。他常对子女说："书读在肚子里，洪水冲不去，大火烧不掉，强盗抢不走，无论走到哪里都管用。"他不仅培养所有的儿子上大学，还把女儿送到县城去读书。除读书外，陈君元遵循义乌长期以来形成的"勤耕、好学、刚正、勇为"的优良传统，鼓励他们多参加劳动。

在父亲的督促下，陈望道从 6 岁开始就在村上的私塾里跟随张老先生攻读"四书五经"等传统书籍。陈望道自幼认真好学，加以天赋较高，很受老师喜爱。少时的陈望道，读书讲究持之以恒，注重平时积累，每次临考，别人都在埋头复习，他却一如往常，潇洒从容。家人问他为何不好好准备考试，他随口答道学习靠的是日常的积累而非临时抱佛脚。在每次的期末考试中，陈望道总是名列前茅。在各科成绩中，他的国文成绩尤其好，作文簿常填满老师表示赞赏的朱笔圈圈。

除主要课程外，陈望道兴趣极广，不仅善于绘画和音乐，吹得一手清澈优雅的洞箫，还跟拳师学习拳术。陈望道练就一身的功夫，后来虽然到了中年，依旧身轻如燕，健步如飞。儿时的教育显露了陈望道在语言方面的天赋，也为他以后从事语言研究打下基础，而练习武术，则将他培养成一个身体强壮的人，使他在体力、体育方面优于一般文弱书生。

传统社会往往以科举考试为目标对学生进行教育，随着 1905 年科举考试的废除，传统教育也起了变化。16 岁那年，陈望道不满足于传统教育，离开分水塘村去义乌读书。此时，国家兴亡、民族存灭的问题常萦绕在陈望道的脑海里。经过一年多的思考，陈望道认识到："要使国家强盛起来，首先要破除迷信和开发民智。"①于是，他毅然离开学校，

① 邓明以：《陈望道传》，复旦大学出版社 2005 年版，第 10 页。

回乡与一批志同道合的青年共同举办村学,招募孩童入学。为破除人们的精神束缚,陈望道还带领激进青年将当地佛堂和庙宇里的佛教雕塑砸烂。他相信只有破立结合,双管齐下,才能启迪民智,振兴民族。

办学期间,陈望道深深感到自己所受教育有限,难以实现"教育救国"的理想,于是他再次踏上求学征程,来到当时著名的金华中学。20世纪初"实业救国"是社会的一大主流思潮,要做好实业,就要学好数理化。因此,陈望道发愤学习数理化等现代科技知识。随着学习的深入,陈望道渐渐感到"欧美科学发达,要兴办实业,富国强民,不得不借重欧美科学"①,于是决定留学深造。

为做好充分的留学准备,陈望道先是去了上海的一所补习所学习英语,接着又考入杭州著名的之江大学。之江大学是中国著名的13所基督教大学之一,以英语和数理学科见长。陈望道进入之江大学后,专攻英语和数学。

在选择留学国家时,陈望道颇费了一番心思。当时去欧美留学的学生以学理工科的居多,去日本留学的以学文科居多。陈望道本想去欧美学习,由于学费等条件的限制,他只好舍远就近改去日本。父亲得知儿子要自费留学后,考虑到学费的昂贵,曾一度感到十分为难,迟迟不肯答复。陈望道于是旁敲侧击,在家里的墙壁上贴了李白"天生我材必有用,千金散尽还复来"的诗句以开导父亲。父亲还是没有表示。最后,陈望道向父亲表明心迹,以后绝不要家里的一份土地和家产,父亲被他的决心感动,考虑再三,最终同意了他的要求。为资助陈望道学习,父亲卖掉好多祖传的田产。父亲深知金钱来之不易,每次给陈望道汇钱,都会偷偷地落泪。

陈望道明白自己留学不易,因此加倍努力学习。留学期间,他除了学习法律专业知识外,还广泛阅读经济、物理、数学、文学以及哲学等学科书籍。这一时期的学习丰富了他的知识储备。他说:"我在农村读国文,绣湖学数学,金华攻理化,之江习外语,到了日本,则几乎从自然科学到社会科学无不涉猎。"②与此同时,陈望道以天下为己任,十分关心当时的政治。陈望道留学日本的那一年,北洋军阀袁世凯为镇压革命,维护统治,公然接受日本提出的旨在灭亡中国的"二十一条"。消息传开后,远在日本的中国留学生义愤填膺,纷纷发起各项爱国运动,陈望道也参加了运动。

俄国"十月革命"后,日本有识之士加大了马克思主义的宣传力度,陈望道因此结识

---

①② 邓明以:《陈望道传》,复旦大学出版社2005年版,第11、15页。

了河上肇、山川均等日本早期著名的社会主义者，开始接触马克思主义。从此，陈望道认识到富国强兵不仅仅靠实业，还需要社会变革，而马克思主义正是解决这一问题的关键。因此，陈望道加紧学习马克思主义，广泛阅读河上肇、山川均等人翻译的马克思主义书籍。这段经历改变了陈望道的一生。自此以后，陈望道抛开了“实业救国”、“科学救国”的幻想，开始从社会变革的角度拯救国家。

“一师风潮”

第一次世界大战后，中国作为战胜国参加了“巴黎和会”。中国代表团提出了废除外国在中国的势力范围、撤退外国在中国的军队和取消“二十一条”等正义要求，但是，弱国无外交，中国的正当权利遭到拒绝。列强拒绝了中国代表提出的要求，并决定将德国在中国山东的权益转让给日本。外交的失败引发了五四运动。5 月 4 日那天，北京各校学生打着“取消二十一条”、“还我青岛”等标语，纷纷举行游行示威。五四运动逐渐扩展到中国各地，在日本学习的陈望道再也坐不住了，便于这年 6 月回到祖国。

陈望道到达杭州后，经友人的引荐，赴浙江第一师范学校任教。一师是中国建立最早的六大著名高等师范学校之一，学校风气活跃，师资力量雄厚。著名人士沈钧儒、教育家经亨颐等先后担任过校长，李叔同、夏丏尊、马叙伦、鲁迅等也曾在这里任教。

陈望道执教一师时，正是五四运动冲击浙江的时期。一师得风气之先，很早就受到运动影响。学校师生纷纷组织起来，游行示威，对市民进行反日爱国宣传，劝说市民起来抵制日货。

秋季开学后，校长经亨颐和许多进步教员都感觉到时代精神已大有改变，学校在组织上、管理上应该跟随社会的步伐进行改革。他们提出学生自治、职员专任、国文改授和改革学科制度等要求。在国文改授中，一师国文教员中“四大金刚”：陈望道、夏丏尊、刘大白、李次九的改革影响最大。在改革中，陈望道提出明辨是非、反对权威、反对尊孔读经、蔑视孔教会等主张。

在改革国文教学的过程中，陈望道等四位语文教员采取了许多具体办法，如传授注音字母，出版国语丛书等。在教学中，陈望道特别向学生强调文字改革的重要，阐明文字必须改革的道理。他说：“文字的本质，完全是发表自己的意思，使人家了解。既然文字的本质如此，所以不能不从容易方面去做。”又说：“既然知道文字不宜拘古，当应世界潮流，所以当改革。”他还提出了文字必须横行的意见，认为无论从“看时的便利”或“经济的便宜”来看，都必须实行文字的横行。陈望道讲授国文课十分强调课文的艺术性和思想性。他特地选鲁迅的《狂人日记》为教材,用它来说明思想性对于文学作品的重要性。他还和其他教员编了《新式标点用法》、《国语法》、《注音字母教授法》等书。

由陈望道的改革措施可知,他的改革侧重在国文方面,尤其是白话文改革。在陈望道看来,“要改革教育,普及教育,国文教授是应当第一研究的问题”。而“国文应当为教育所支配,不应当由国文支配教育的宗旨,就非提倡国语改文言文为白话文不可”。①

在一师的带动下,杭州其他高校纷纷展开改革,并由此推及整个社会,杭州各报纸也一度采用白话文。改革虽然影响巨大,却招致封建顽固势力的反对,最终引起了著名的“一师风潮”。陈望道的学生施存统发表《非孝》一文,文章反对封建社会不平等的“孝道”,主张平等的“爱”,这是向家族制度发难,在浙江学界率先揭开反礼教斗争的序幕。此文一发表就引起当局的注意,被视为洪水猛兽。反动当局由浙江省教育厅出面,以“非孝”、“废孔”、“共产”、“共妻”等罪名,责令经亨颐对陈望道等“四大金刚”予以撤职查办。

经亨颐校长为人开明,坚决抵制当局无理要求。当局于是以此为由,下令撤换一师校长,改组学校。“风潮”至此由抵制查办转变为挽留校长。一师全体师生联合杭州其他学校的师生进行斗争,坚决反对撤换校长和改组学校。当政府利用寒假将经亨颐校长调任视学,并另派校长时,学生提前赶回学校进行抵制。他们甚至发出“吾侪宁为玉碎,毋为瓦全”的誓言,誓将与当局斗争到底。

学生的行动惹恼了当局,1920 年 3 月 29 日,七八百名军警用刺刀、步枪将学生逼往操场,团团围住,进行恫吓。他们包围学校,强令学生离校,妄图解散一师。手无寸铁的学生面对当局的镇压无比愤怒,有的女生还哭了起来。这时,只见陈望道大步走到学生中间,他高喊着:“我和大家在一起,你们不要哭。”这时,一个学生愤然对军警说:“你不肯牺牲数十元金钱甘来摧残我辈,我宁肯牺牲生命以全人格。”话刚讲完就夺下一军警的指挥刀要自杀。体育教师胡公冕见状马上扑过去,奋力夺下指挥刀,挽救了这个学生。陈望道乘机向军警大喝道:“学生被逼得要自杀了,你们还不赶快后退!”警长张皇失措,不知如何才是。师生与当局的斗争得到了社会的支持。海内外社会舆论纷纷声援,梁启超、蔡元培等社会名流也来电指责当局暴行。在强大的社会舆论压力下,当局被迫与学生重开谈判,经蔡元培之弟蔡元康调停,政府下令撤围,收回解散学校的成命,

① 《浙江第一师范校友会十日刊》第 6 号,1919 年 11 月 30 日。

并同意学生提出的“官厅任免校长须得学生同意”之要求。4月17日全校复课。“一师风潮”以校方的胜利而告终。

翻译《共产党宣言》

“一师风潮”使陈望道受到深刻的教育，风潮使他认识到他在一师的改革“实际上只是宣传文学革命，至于社会改革问题，只是涉及一些而已”①。风潮还使他认识到，做任何事情不能简单以新旧来判别是非，“单讲‘新’是不够的，应该学习从制度上去看问题”②。不对制度进行根本改革，一切改良实施都是劳而无益的。因此，陈望道开始着手从制度层面对社会进行改革。

“五四”时期，随着旧文化的衰落和新文化的发展，无政府主义、工团主义、实验主义等一系列外国思潮纷纷涌入中国，引起国人思想的混乱。面对各种思潮，陈望道开始认识到马克思主义的重要性。基于这种认识，他在“一师风潮”结束之后，回到故乡义乌分水塘村，着手翻译《共产党宣言》。

《共产党宣言》是马克思主义的经典著作。《共产党宣言》言简意赅，见道深弘。“翻译《宣言》是异常困难的”，连马克思的亲密战友恩格斯都这样感叹。陈望道的翻译工作更是困难。首先是占有的资料少，他手头只有英文版及日文版的《共产党宣言》；其次是身处的条件差，在穷乡僻壤翻译马克思主义经典著作，无人可以商量。但是，陈望道克服各种困难，完成《宣言》翻译。译稿完成后，经陈独秀、李汉俊校订，被上海社会主义研究社列为社会主义研究小丛书的第一种，并正式出版。初版的千余册没多久就销售一空，一时洛阳纸贵，好评如潮。应读者要求此书于同年9月重版。1921年9月，中国共产党在上海成立的人民出版社决定重印《共产党宣言》。在以后的20年中，陈望道翻译的《共产党宣言》多次重印，广为流传。毛泽东在1936年曾对斯诺说，陈望道翻译的《共产党宣言》对他建立马克思主义信仰起到很大帮助。周恩来也曾对陈望道说过：“我们都是你教育出来的。”

《共产党宣言》一经发表，当局大为惊恐，视之为洪水猛兽。他们千方百计阻止《共产党宣言》传播，甚至连译者陈望道都要迫害。尤其是“四一二”事变后，国民党更是借“《共产党宣言》译者”的罪名加大对陈望道的迫害。为躲避迫害，《共产党宣言》在以后的版本中，还使用了佛突、陈晓风和仁子等名字。为以假乱真，出版地点也常常与实际无关。

①② 陈望道：《党成立时期的一些情况》，《党史资料丛刊》1980年第1期。

在1919年至1921年间,陈望道还翻译了《空想的和科学的社会主义》、《马克斯底唯物史观》、《个人主义与社会主义》等文章,为马克思主义在中国早期的传播作出了积极的贡献。

首批党员

1920年5月,陈望道接受陈独秀的邀请,担任《新青年》编辑。12月,由于陈独秀去广东任职,陈望道开始负责《新青年》的编务工作。《新青年》是20世纪20年代中国最有影响力的一份革命杂志,1915年由陈独秀创刊,在五四运动期间起到重要作用。1920年9月1日起成为上海共产主义小组公开出版的机关刊物。

陈望道对《新青年》采取的是"树旗帜"的办刊方针。他"不是把旧的都排出去,而是把新的放进来,把马克思主义的东西放进来,先打出马克思主义的旗帜。如搞点翻译文章。开辟《俄罗斯研究》专栏,就是带有树旗帜的作用"①。为了坚持和捍卫《新青年》的马克思主义的办刊方向,陈望道还同胡适、梁启超、张东荪等人展开论战。通过论战,击退了反马克思主义思潮的进攻,促进了马克思主义在中国的传播,也为中国共产党的创建作了思想准备。

1920年5月至8月,在编辑《新青年》的同时,陈望道与陈独秀、李汉俊、李达等人一起组织成立上海共产主义小组。小组承担起中国共产党发起组的任务,积极建立与各地共产主义者的联系。陈望道作为小组负责人之一发挥了不少作用。诸如筹建社会主义青年团、创办共产主义小组内部理论刊物《共产党》月刊、组织五一劳动节活动等。陈望道还一度担任劳工部长,帮助筹建上海机器工会、印刷工会、纺织和邮电工会等。他还协助出版工人刊物《劳动界》,向工人群众进行通俗的马克思主义基本知识的宣传,深刻揭露资本家对工人的压迫和剥削,启发教育工人阶级组织起来,为争取自身的解放而斗争。陈望道的这些活动为积极组织和发动工人运动作出重要贡献。

继上海共产主义小组成立后,马克思主义得到更为广泛的传播,全国各地的共产主义小组纷纷建立,正式创立共产党的时机已经成熟。1921年7月23日,中国共产党第一次全国代表大会在上海召开,标志中国共产党正式诞生。陈望道作为中国共产党最早的五名党员之一,为筹备一大召开做了大量的准备工作,他也因此被推选为上海地区出席一大的代表。然而由于某种原因,陈望道最终没有参加中共一大。

---

①　陈望道:《关于上海马克思主义研究会活动的回忆》,《复旦学报》1980年第3期。

原来，为了组织经费的事情，陈独秀和李汉俊等发生争执，陈望道也受到牵连，被陈独秀指称为要夺取权力，想当书记。陈望道得知此事后，十分气愤，坚持要求陈独秀澄清事实，向他道歉。但是，陈独秀为人傲慢，不肯道歉，陈望道不服陈独秀的家长式统治，一气之下提出脱离组织的要求，因此没有出席一大。陈望道虽然没有出席党的一大，但当时也没有脱离党的组织。他正式离开是在党的三大召开以后。

1921年11月间，中国共产党中央局发表《中国共产党中央局通告》，要求上海、广东等地建立区执行委员会，并提出建立与发展党、团、工会组织，开展宣传工作等问题。此后不久，中共上海地方执行委员会成立，陈望道被推选为书记。陈望道担任中共上海地方委员会书记时间不长，只有一年左右。这一经过，茅盾在《我走过的道路》中回忆道："从前有上海地方执行委员会，第一任的委员长是陈望道，后来陈望道因不满陈独秀的家长作风而辞职。"①但是做的工作不少，例如他到党创办的"平民女学"上课及演讲，培养妇女干部，组织马克思诞生104周年纪念活动等。

1923年8月5日，上海地方兼区执行委员会第六次会议召开，中央委员毛泽东代表中央出席会议。会上，毛泽东代表中央建议："对邵力子、沈玄庐、陈望道的态度应缓和，劝他们取消退出党的意思"，毛泽东还建议把他们"编入小组"。②中央这一建议，显然是针对上海的一些青年党员因不了解陈望道等要退党的缘由，背后对他们有过不满意的议论而发的。党组织还指定茅盾劝说他们三人。茅盾后来回忆道："党组织又决定派我去向陈、邵解释，请他们不要退出党，结果邵同意，陈却不愿。他对我说：'你和我多年交情，你知道我的为人。我既反对陈独秀的家长作风而要退党，现在陈独秀的家长作风依然如故，我如何又取消退党呢？我信仰共产主义终身不变，愿为共产主义事业贡献我的力量。我在党外为党效劳也许比党内更方便'。"③

从此以后，陈望道虽然离开了党组织，但他对马克思主义的信仰依旧坚定，对党组织交予的各项任务，一如既往、坚韧不拔地努力去完成，即使所经历的环境险峻，道路艰辛。新中国成立后，陈望道重新回到党组织。

投身教育

在参与早期建党和传播马克思主义的同时，陈望道还积极从事文化教育工作。他在编辑中国共产党的机关刊物《新青年》的时候，接受复旦大学中文系主任邵力子的聘

①②③　茅盾：《我走过的道路》。

请,于1920年9月起在该系任教。从1923年开始至1927年,他还兼任了共产党创办的上海大学的教学与校政工作。在大学执教期间,陈望道研究了文学、美学、因明学、伦理学等学科,成果斐然。1921年9月26日至1922年2月13日,陈望道在《民国日报》上连载《作文法讲义》,3月底正式出版成书。此书对文章的构造、体制和美质等问题进行了探讨,在当时颇有影响。

1923年陈望道根据上课讲义,出版《修辞学发凡》最早的油印本,此书经过长期试教、反复修改后于1932年再次出版。《修辞学发凡》是陈望道的代表作。陈望道从汉语修辞现象的实际出发,将古今中外修辞学先进方法熔为一炉,并运用较为科学的研究方法,构建出一个科学的修辞学理论新体系。因此,书一出版就受到学术界的重视,并产生深远影响。

此书的出版还有一段故事。陈望道小时候有个秀才舅舅,文章写得花团锦簇,流畅华丽。舅舅每次喝完酒,只见他摇头长吟,优美的辞藻便脱口而出,得意非凡。但是舅舅虽写得一手漂亮的文章,却不知如何能写出来。陈望道那时就想将来学有所成,解答舅舅的疑问。

留学日本后,陈望道开始关注修辞学。早稻田大学是日本修辞学的摇篮,修辞学大家坪内逍遥和他的弟子岛村泷太郎、五十岚力当时正在大学执教。坪内逍遥的《美辞论稿》,岛村泷太郎的《美辞学》、《新美辞学》和五十岚力的《修辞学讲话》均为日本权威性的修辞学著作。陈望道在名师的指导下,又熟读他们的著作,修辞学水平提高很快。

回国执教后,陈望道开设修辞学课程,自编讲义,对修辞学作系统的研究。写作《修辞学发凡》时,有时为了找出一个句子或例证的出处,他上穷碧落下黄泉,对它追根溯源。陈望道常去图书馆查资料出处原书,图书馆没有,他就到处借。借不到,他就去书店买。要是原书是大部头书籍,不能单本卖,陈望道还不惜重金买下全套。到借无可借,买无可买的地步时,陈望道就向友人多方求教,一定找到原书为止。有时为了一句话、一个例证,耗费了大量的时间和精力。

此外,陈望道还于1926年出版《美学概论》,该书用较多的篇幅探讨了"美的材料"、"美的形式"等问题。在"美的形式"一章中,陈望道论述了"反复与齐一"、"对称与均衡"、"调和与对比"、"形式原理"等问题,为他的代表作《修辞学发凡》的辞格研究确立了美学基础。1931年,陈望道又发表了《因明学》,这是我国用白话文写成的第一本因明学著作。

在上海大学教书期间，陈望道还对学校的管理进行改革。中国文学系在陈望道主持下，开设了中国文学史、欧洲文学史、文学概论、修辞学、小说、戏剧、诗歌等课程。他讲授的课程民主空气浓厚，学术研究也非常活跃，学生学习活泼生动，仅研究文艺的学术组织，就有春风文学会、青凤文学会等。

1925年五卅运动爆发后，上海大学学生纷纷参加反帝爱国运动。此时，邓中夏已被党派到广东去领导工人运动，陈望道接任了上大教务长和代理校务主任职务。在党的领导下，陈望道率领全校师生，继续投入当时的反帝反封建斗争。学生运动引起帝国主义的惧怕。6月4日，英租界出动了海军陆战队，强行对上大进行武装占领。5日，在老西门勤业女子师范学校，上大建立临时办公处。教务长陈望道主持召开师生大会，详细报告学校被占领经过。大会强烈抗议帝国主义的暴行。在以后的上海工人第三次武装起义中，上大师生又组织了行动委员会，担任前线各项工作，并和工人一起并肩战斗。上大在历次运动中发挥了积极的作用。

1927年大革命失败后，上海大学被迫停办，陈望道任复旦大学中文系主任。1929年至1930年，他又兼任复旦实验中学主任。同年，他接受地下党组织的委派，创办了中华艺术大学，积极培育进步艺术青年。

青年导师

1931年"九一八"事变后，全国各阶层人民掀起了抗日民主运动的浪潮。陈望道在抗日救亡运动中始终走在前列。1932年1月，陈望道等人发起组织中国著作者协会，协会的纲领是："争取自由，反抗压迫，保障生活，反帝反封建反法西斯，以集团的力量促进文化事业的发展。"1932年"一·二八"事变后，面对国民党"攘外必先安内"的反动政策，上海文化界精英鲁迅、茅盾、陈望道、叶圣陶等43人联合发表《上海文化界告世界书》，宣告"我们坚决反对帝国主义瓜分中国的战争，反对强加于中国群众的任何压迫，反对中国政府的对日妥协，以及压迫革命的群众"。此后不久又集会讨论组织"中国著作家抗日会"，选举出17人组成执行委员会，陈望道被选为秘书长。陈望道在中共地下党组织的领导下，团结各界爱国人士，营救国际友人，为抗战救国斗争作出积极的贡献。

1934年，国民党策动御用文人汪懋祖、许梦因等加紧对白区进行反革命的文化"围剿"，公然提出"尊孔读经"、"文言复兴"等口号。5月，教育部汪懋祖在南京发表文章，提出要"文言复兴"。上海进步文化界人士针对这一逆流，组织力量予以痛击。6月上旬，陈望道与乐嗣炳一起，邀请了胡愈之、夏丏尊、傅东华、叶绍钧、马宗融、黎锦晖、陈子展、曹聚仁、黎烈文、王人路等12人，在西藏南路一品香茶室举行座谈，共同商议对策，保卫五四白话文运动胜利果实。会议最后提出“大众说得出、听得懂、看得明白、写得顺手”的大众语，发起一个“比白话稍进一步的文学运动”，这就是著名的“大众语运动”。

“大众语运动”虽然持续时间不长，但参加论战人数却多，是“五四”以来规模最大的一次语文运动。在讨论中，大家不仅反对文言文，还对白话文出现的脱离群众语言的现象进行批判；提出白话文必须进一步接近大众口语，主张建立真正以群众语言为基础的“大众语”和“大众文学”。在这场论战中，陈望道先后发表了《所谓一字传神》、《大众语论》、《建立大众语文学》等文章，对大众语的性质、建设及普及发表许多科学性、建设性的意见，沉重打击了反动保守势力。为了实践大众语，陈望道在鲁迅的支持下，还于1934年9月创刊《太白》杂志。

1937年“七七”事变后，中华民族进入全面抗战阶段。陈望道在中共地下党组织的领导下，同韦悫、郑振铎等人组织上海文化界抗日联谊会，积极投身抗日救国运动。为了动员全体民众团结一致对外抗日，他积极提倡拉丁化新文字，并开展对新文字的系统研究。陈望道亲自到难民所开展扫盲、普及教育的新文字宣传工作。1938年，他还在中共地下党创办的社会科学讲习所任课。此后，他又与陈鹤琴等发起成立上海语文学会，担任副理事长。同时，他还主编《每日译报》、《语文周刊》，先后发表了许多文章，成为上海战时语文运动的重要领导者组织者，对新语文运动的发展作出了很大的贡献。

新语文运动在“孤岛”轰轰烈烈地开展后，不久就引起当局的注意。那段时间，宣传新文学会遭到特务的盯梢、恐吓，甚至是暗杀。1940年秋，陈望道为避免汪伪特务的迫害，不得已离开上海，转到迁至重庆的复旦大学中文系任教。自1943年起，陈望道担任复旦大学新闻系主任。他在复旦新闻系任教期间，亲自募捐筹建了一座新闻馆，于1944年落成。新闻馆后来成为全校进步师生争取民主自由的活动场所。馆内收音室经常收听来自延安的信息。凡有新华社的要闻，一经收录便立即传遍校园，这里也因此又被复旦师生誉为“夏坝的延安”。这事后来被中统特务发觉，蒋介石亲下手谕，责令朱家骅对陈望道等人严加注意和查办。陈望道在复旦大学担任新闻系主任八年时间，做了大量工作，将新闻系建成复旦民主力量最强的一个系。

1946年，抗战胜利后，陈望道跟随复旦师生回到上海。同年12月24日晚，北大女学生沈崇遭美国大兵强奸，消息传出后立即引起学生的愤慨。复旦大学与上海的其他高校师生联合起来抗议美军暴行，并于1947年元旦举行全市性的示威游行。为适应斗争的需要，上海各大专院校教授在地下党的领导下组织“大学教授联席会”(简称“大教联”)。陈望道在“大教联”刚成立时就加入了。“大教联”积极配合全国解放战争，利用一切机会和国民党作斗争。“经常并及时在当时左倾报纸《大公报》、《文汇报》上发表宣言，内容主要是反内战、反迫害、反饥饿、反法西斯专政、反签订卖国条约、反美扶日和支持罢工、罢教、罢课等等。”①为发动更多教职员投入争取民主革命胜利的斗争，不久，上海又成立了国立大学教授联合会，旨在加强教授间的联系。陈望道出任联合会的主任。

1948年底，国民党在大陆的统治摇摇欲坠，共产党领导的解放战争节节胜利。在国统区政治腐败、物价上涨，人民生活在水深火热之中。在这种情况下，国民党教育部计划将复旦大学迁到台湾。消息传开后，舆论大哗，复旦大学一千多名师生反对迁校。他们成立应变委员会，陈望道担任副主席，努力做好护校工作，以迎接解放。

1949年4月，复旦新闻系师生举办隆重的庆祝活动以纪念陈望道执教30周年暨59岁寿辰。会上很多师生作了发言，赞扬陈望道先生革命及执教的业绩，其中，诗人汪静之的发言最具特色。他概括了陈望道一生的三个第一，即：《共产党宣言》第一个中文译者、中国第一部系统的修辞学论著——《修辞学发凡》和第一本简明美学理论——《美学概论》的作者。复旦八位同学还向他赠送写有“青年导师”四个大字的锦旗，这四个大字反映了无数青年学生的心愿与祝颂。

振兴复旦

1949年7月2日，新中国诞生前夕，陈望道作为华东地区的一名代表，动身北上，出席第一届全国文学艺术工作者代表大会。在归途中，陈望道从《新华日报》得知自己被中共中央任命为复旦大学校务委员会副主任。由于主任张志让不久被任命为最高人民法院副院长，陈望道便挑起了主持校务的重任。同年12月，他又被任命为华东军政委员会委员。

20世纪50年代初，全国高校进行院系调整，华东地区的浙江大学、交通大学、南京大学、圣约翰大学等14所院校的一些专业陆续并入复旦大学。调整后的复旦大学成为一所综合性的大学，实力大增。但是，经过调整，人事关系、校风、学风各异，要处理好这些复杂的关系，不是一个德高望重的能人，是无法完成任务的。在关键时刻，陈望道临

① 蔡尚思：《上海大教联的组织内容和斗争方式》，载《文史资料选辑》(上海解放三十周年专辑)下册，1979年版。

危受命,开始担任复旦大学的校长。

陈望道上任以后对学校进行大刀阔斧的改革,内容包括学校制度的根本改革、学校行政制度的改革、学校教育制度的改革等。改革后,复旦大学成为一所培养社会主义革命和建设人才的新型大学。

1956年元旦,毛泽东主席在上海亲切接见了陈望道。席间,毛泽东对他的文法、修辞学科研究表示关心,并鼓励他继续研究。毛泽东说:“现在许多人写文章,不讲文法,不讲修辞,也不讲逻辑。”在毛泽东的鼓舞下,陈望道在复旦大学建立文法、修辞、逻辑三个研究室,并确定研究室的方针任务。研究室每周进行一次学术交流,陈望道除按时出席例会外,还经常来研究室畅谈他的学术见解,为学术研究付出了很多的心血。

1961年,原《辞海》总编舒新城逝世后,陈望道接任他的总编职务。辞书编写工作量大、疑难问题多,但陈望道不畏艰难,迎刃而上,经过四年如一日、一丝不苟、认真严肃的努力,《辞海》最终在1965年发行出版。成书后,陈望道还为此书题写了书名。

1966年“文化大革命”爆发,和许多学者一样,陈望道也难逃劫难。大字报铺天盖地而来,陈望道被扣上“反动学术权威”、“大学阀”、“大官僚”等帽子。不久,复旦大学语言研究室被解散,陈望道也被剥夺了一切工作权利。他还被迫拄着拐杖,一天三次参加所谓的“抗大清队学习班”,成为学习班里年纪最大的学员。1970年春夏之交的一天上午,陈望道像往常一样去学校参加活动,突然,他因为体力不支滑倒在老教学楼前的台阶上,因此轻度中风。即使处在这样的困难时期,陈望道仍不忘学术研究。1971年语言研究室部分恢复后,他就发表了《论现代汉语中的单位和单位词》、《汉语提带复合谓语的探讨》等多篇论文。接着,他又修订重印了《修辞学发凡》。

从1974年开始,陈望道的健康状况越来越差,经常住院。1976年,卧病在床的陈望道依旧不忘学术研究,在艰难的条件下完成了《文法简论》一书的定稿工作。这本书是他继《修辞学发凡》后的又一革新体系的尝试,是他几十年思考的结晶。1977年10月29日陈望道先生因病逝世,走完了人生87个春秋。1980年1月23日,中共上海市委组织部根据党中央的指示精神,在上海市革命公墓隆重举行了为陈望道骨灰盒覆盖党旗仪式。

第四节　冯雪峰:左翼先锋

冯雪峰是最为典型的义乌人,性情耿直,质朴坚韧,喜欢较真,认死理,对革命忠贞不渝，对马克思主义忠诚不贰。他的朋友丁玲曾这样评价："他是最没有自己的了。他工作着，他一切为了党，他受埋怨过，然而他没有感伤，他对名誉和地位是那样地无睹，那样不会趋炎附势，培植党羽，装腔作势，投机取巧。"①冯雪峰一生为文学、为社会、为国家所作的巨大贡献，跟他的这种天性与禀赋是分不开的。当然，他身上的这些特质也让他遭受了更多的人生艰险与考验。鲁迅先生很早就了解冯雪峰："这是浙东人的脾气，为人太老实，要吃亏的。"

初涉人世

1903年，冯雪峰出生于浙江省义乌县南乡神坛村的一户农民家庭。神坛，位于义乌县的南部，是个十来户人家的小村落。由于当时交通闭塞，神坛村几乎处在与世隔绝的状态之中。那里的生活苦难而闭塞，冯雪峰曾以这样忧伤的笔调写起他的家乡：

> 我们的周围都是山，虽然并不高，可是从山那边和我们来往的只有飞鸟与云，从不曾有过一个生疏的人类到过我们那里；因此我们就很缺乏流动的性质了。……一切自然于我们都是灾难，不管于人们是怎样的恩惠，而且这结论也决不会错。②

冯雪峰原名冯福春，生活在一个四世同堂的大家庭中。曾祖母勤劳简朴，温柔敦厚，他的祖父同样单纯勇敢，坚忍不拔。抗战时期，日本人攻占义乌时，将其造房木料焚烧殆尽。对于一个穷苦的家庭来说，无疑打击巨大。祖父却能振作精神："砖，要一块块捡出来；石头，要一块块码起来！粮食，从今往后，要一穗一穗捡起来，一把把攒起来！今年换根柱子，明年再买根大梁，再操劳三年五年，盖起新房来！"祖父的这种坚韧，对冯雪峰有耳濡目染的影响。尽管如此，冯雪峰的童年依然充满着阴影。他的祖母独断专横，而父亲生性好赌，脾气暴躁。受害的则是他的母亲，在遭到祖母虐待和丈夫凌辱的同时，还要含辛茹苦把他抚养成人。冯雪峰非常同情母亲的命运，在其后来的文学创作中，他以诗文的方式对她寄予了无限的感恩与怜悯。

正是在这样的家庭中，冯雪峰初识人间险恶。其中最为典型的莫过于长辈强为其招领童养媳的事情。母亲因反对此事而遭到祖母的责骂与丈夫的暴打，冯雪峰自己更是难以接受长辈作出这样的安排。此事直至那个童养媳因与其他青年勾搭成奸，最后被遣回娘家才告结束。冯雪峰尽管厌她，但也理解她的不幸："想起她是那样的来归，又

① 萧红：《馨香一缕寄云边》，陕西师范大学出版社2007年版，第2页。

② 冯雪峰：《月灾》，载《雪峰文集》第1卷，人民文学出版社1983年版，第151—152页。

这样负着一身耻辱地回去;她已无好名声,将来的运命也就可以决定了的,我觉得她终太可怜了。”①

就是在这样的环境中,冯雪峰慢慢长大。义乌的风土风俗自然造就了他直率、彪悍的性格,强硬的筋骨,“犹如他们所处环境中的参天古树、峭壁巉岩、高山急湍一般”。②此外,生活的磨难,家庭的不幸,也日渐使他对社会上的不公正,人世间的不平等愈加敏感。

9岁那年在祖父支持下,冯雪峰获得了读书机会。他最初就读于离神坛五里地赤岸的一所私塾,后转学到田心村县立第三高等小学。由于在当时义乌县尚没有中学,这样的县小也可算是高等学府了。在学校里,冯雪峰与同学相处甚好,关系融洽,他好打抱不平,身上的硬气与正直更是凸显无疑。当时学校普遍存在着高年级学生欺负新生的恶习,比如在吃饭时,新生都不敢落座,只能站着吃,好菜也不敢去夹。冯雪峰对此非常看不惯,每到吃饭时,他都先去照料好新生,等安置好了自己再去吃饭;有个新生家境不好,寒冷的冬天没有棉被,遭同学讥笑,冯雪峰则主动请他同睡一铺。从少年时代起,冯雪峰就展露出与众不同的秉性与素质。

1919年春,冯雪峰小学毕业,在家人不知晓的情况下,偷偷考入浙江省立第七师范学校。尽管祖父和父亲为他的举动所震怒,但最终还是同意了他的选择。这也使得冯雪峰终能摆脱家庭束缚,踏上一条由他自己选择的人生之路。

冯雪峰入七师不久,在远隔万里的北京就发生了震惊中外的五四运动。五四运动所倡导的新观念与新文化影响了冯雪峰,他如饥似渴地阅读《新青年》、《新潮》等刊物。同时他还试着创作新诗。在这个风气保守的校园里,冯雪峰无疑是个异数。每当同学们在欢娱的场合见不到冯雪峰的时候,总会用嘲讽的口吻说:“冯福春又去闹‘文化革命’了。”

在校期间受到五四运动的激励,冯雪峰对专制的封建主义作风痛恨不已。1921年,他带头反对学监顾钟华。这位学监作风专断,不准学生接触新文化,也不允许学生参加社会活动,对学生的思想和言论严加控制,引起许多学生不满。他们要求学校辞退这个学监,但学校对此置若罔闻,不理不睬。被激怒的学生在冯雪峰的带领下闯入学监房

① 冯雪峰:《柳影》,载《雪峰文集》第1卷,人民文学出版社1983年版,第150页。
② 陈早春、万家骥:《冯雪峰评传》,人民文学出版社2003年版,第3页。

间，把他的床拆了，帐子撕了，铺盖扔了，以此解恨。但也终因此次事件，冯雪峰遭到学校开除。

开除之后，冯雪峰并没有回家，他继续向着自己的人生理想挺进。他带着同学为他凑来的17元钱，独自一人到杭州报考浙江省立第一师范学校。也就是在那个时候，他把自己的原名“冯福春”改为“冯雪峰”。

“湖畔”青春

众所周知，冯雪峰的一生都与文学结缘。他最初的文学活动，要溯源到他在省立一师所参加的“晨光文学社”。这个文学社是在“五四”文化的影响下产生的，其主要成员都是一些爱好文学，思想解放，追求进步的青年学生。除了冯雪峰之外，当时社里还有魏金枝、赵平福(柔石)、潘谟华以及汪静之。朱自清、叶圣陶等老师也对他们关怀有加，为他们在文学上的进步提供了极其珍贵的经验。在后来的回忆中，冯雪峰曾这样写道：“朱自清和叶圣陶先生……尤其是朱先生是我们从事文学习作的热烈鼓舞者，同时也是‘晨光社’的领导者。”①在师生的共同努力下，晨光社良好的文学气氛，催生出了赫赫有名的“湖畔诗人”。

“湖畔诗人”得名于1922年5月冯雪峰与应修人、潘谟华、汪静之结成“四诗友”而出版的合集《湖畔》。《湖畔》的出版和湖畔诗社的成立，多少有些偶然。当时他们几个诗人只是想合集出版诗集，没想到却成就了“湖畔诗社”的诞生。他们几位诗人写诗偏向直抒心意，率真自然，歌颂爱情、母爱、童心、自然，“他们的诗，大多感情纯朴而具天真稚气，有裸露心底儿的真实和坦率”。②

《湖畔》共收录诗作61首，其中冯雪峰17首，潘谟华16首，应修人22首，汪静之6首。由于它所传递出来的清新气息与生命活力，使它受到了当时青年人的欢迎。诗集一上市便洛阳纸贵，好评如潮。朱自清曾这样评价：“《湖畔》里的作品都带着些清新和缠绵底风格；少年的气氛充满在这些作品里。”作为现代新诗的倡导者，胡适也给予他们赞扬：“我现在看着这些彻底解放的少年诗人，就像一个缠过脚后来放脚的妇人望着那些真正天足的女孩子跳来跳去，妒在心里，喜在心头。他们给了我许多‘烟士披里纯’(inspiration)，我是很感谢的。”

---

① 冯雪峰：《〈应修人、潘谟华选集〉前言》，载《雪峰文集》第2卷，人民文学出版社1983年版，第820页。

② 陈早春、万家骥：《冯雪峰评传》，人民文学出版社2003年版，第20页。

冯雪峰的诗歌自然也得到了高度的评价，被称为“二十年代初报春的、纯真的人民诗人”。①当时同为青年的毛泽东，也相当欣赏他的诗歌创作，还专门托人带话给他，说他的诗写得非常好。冯雪峰的诗是以“明快”著称的，乐观、积极，对现实的不幸感到忧虑，对未来的美好又信心百倍。他的身上折射出来的是“五四”一代知识分子的纯真与乐观。在他的笔下，人情与自然融为一体，如山水般质朴与明澈。在给冯雪峰的信中，应修人也曾这样写道：“我觉得你底诗有一种天真的生硬。生硬在你诗里愈足以增伊底美。几次想替你换些熟练的字眼，几次又止了。《春风》是成功的……”②不过，冯雪峰也绝不是沉醉于爱情风花雪月的诗人，人世间的不幸更是让他感到愤怒与不平，为此他也写下了诸多与社会生活相关的诗作。也正是他对社会的关注，使得他的人生道路不同于一般的诗人，最终踏上了革命之路。

革命之路

1924 年，冯雪峰通过应修人的关系，由郭沫若介绍在上海的中华学艺社当事务员。此后，他与柔石等人先后奔赴北京，在北京大学旁听课程。当时冯雪峰生计窘迫，经常不得不放弃课业，去勤工谋生。残酷的现实不但没有削弱他追求理想的抱负，反倒激起了他的战斗精神。

冯雪峰在北京的几年，正是中国历史上翻天覆地，风起云涌的几年。第一次国内革命战争爆发，第一次国共合作，五卅惨案，三一八惨案……各种各样的事件接踵而至，给冯雪峰在精神上以巨大的震撼与深刻的洗礼。他开始接触马克思主义，他身上的马克思主义种子是由李大钊种下的。他钦佩李大钊的人格，认为他才是“真正革命的‘理想的人’”，也是在李大钊的影响下，他开始阅读社会科学书籍，并深入思考中国当时的现实问题。

人生即是如此，如果在和平的年代，冯雪峰或许就是一介书生，然而特定的历史却决定了他的人生往另一个方向发展。1927 年蒋介石发动四一二政变，左翼运动大受打击，损失惨重；同月 28 日，李大钊不幸遭奉系军阀杀害。接踵而至的惨剧让冯雪峰感到震惊的同时感到悲愤：“我的脑子曾经有一两分钟好像失去了感觉，有两三天我好像失去了魂魄似地没有一点主意。这个刺激，对我有最大的影响，我永远都不会忘记。”③这

① 《致冯雪峰同志追悼会唁电》，《鲁迅研究月刊》1980 年第 6 期。

② 孙琴安：《雪之歌：冯雪峰传》，浙江人民出版社 2005 年版，第 19 页。

③ 《我怎样去见鲁迅先生》，载《雪峰文集》第 4 卷，人民文学出版社 1983 年版，第 133 页。

个“最大的影响”就是使冯雪峰迅速地由一个书生成长为一名战士，在这样紧张的局势中，经张天翼介绍，他作出了其生命中最重要的一个选择：加入中国共产党。他说：“我是受了李大钊同志的殉难的刺激才加入共产党的。”

冯雪峰入党之后，自觉宣传党的革命主张，四处播撒革命的火种。在北京生活的几年中，他影响了身边的朋友，其中包括丁玲与胡也频。丁玲后来曾这样评价冯雪峰，说他“像毛主席讲的，是一颗种子，在哪个地方都能发芽，都能吸引很多的青年作家走向革命，都能提高一些同代人的认识。他不是靠在讲台上讲一些漂亮话，而是实实在在地、勤勤恳恳地在做”①。有一件事最能体现冯雪峰政治上的坚定与性格上的耿直。当时丁玲的《莎菲女士的日记》出版之后，好评如潮，只有冯雪峰泼了冷水。他觉得“莎菲太消沉了，太虚无了，作为文学的倾向是不好的”。或许从文学批评的角度而论，冯雪峰的观点有失偏颇，过于强调以政治上的进步与否来衡量文学的质量，但不可否认的是，他是真诚的，而且坚定不移地遵从马克思所倡导的现实主义。

1927 年 11 月，中共在北京的组织遭到严重破坏，冯雪峰失去了与组织的联系，其本人也遭到当局的通缉。因此他于 1928 年二三月间，逃出北京，南下上海。在戴望舒的帮助下，他在上海找到了一个较为安全的藏身之所。不过在他来上海之前，还有一个颇有意思的小故事。据施蛰存回忆，当时冯雪峰曾从北京给他们寄信，说他已打算南下。不过有一窑姐与他相好，愿与其共同南下。可惜他缺钱替她赎身，故拜托朋友们替他解燃眉之急。当时戴望舒他们收到此信大为惊讶，因为他无法想象冯雪峰会跟当时的许多青年那样去逛窑子，在他的印象中，冯雪峰在男女问题上是相当严肃的。不过虽然有不少解不开的疑团，他们还是寄钱给他。等到冯雪峰来到上海的时候，发现他只是只身一人，并没有带上传说中的窑姐。后来才知道冯雪峰借钱的真实意图，当时他为了帮助几个朋友逃离北京，才故意编造了替窑姐赎身的故事。②

在上海居住期间，冯雪峰与朋友们一起翻译和创作了大量作品，尤其是引进了大量苏联的文学作品和理论著作。尽管这种生活对他而言紧张而充实，但他依然感到烦闷，因为他一直没能跟党组织取得联系，是散兵游勇。为此，在同学陈美中的建议下，他回到了阔别五年的义乌。在那里他有两个身份，一是义乌县立初中的教师，二是任城区支

① 丁玲：《悼雪峰》，载包子衍、袁绍发编：《回忆雪峰》，中国文史出版社 1986 年版，第 47 页。
② 见施蛰存：《最后一个老朋友——冯雪峰》，《新文学史料》1983 年第 2 期。

部书记,发展中共地下组织。

在风气保守的义乌县立初中,“北大”身份的冯雪峰与周围的环境格格不入。他拒绝按部就班地讲课,授课内容完全由自己决定。在教学中,向学生讲授了大量古今中外的进步文艺作品,以这样的方式在学生中间播下进步的火种。他还组织学生成立试鸣社,这个社团除了定期阅读新文学,排演新话剧之外,还走上街头,参与社会运动。有一次,义乌县政府为了增加税收,任意地增加屠宰猪只的肉捐,引起当地群众的不满。经冯雪峰等重建的义乌县地下党组织,便以试鸣社的成员为骨干,将学生组织起来进行示威游行,在学生的影响下,市民罢市,农民罢农。在这样群情激愤的形势下,当局不得不停止了这项决定。

然而地下党的活动终究引起了当局的注意,冯雪峰也觉察到形势的严峻。在通缉令到达之前,他再次匆匆地离开故乡。然而他在义乌的这些日子,却把革命的精神带到了这个穷乡僻壤,他也成功地迈出了革命人生的第一步。

邂逅鲁迅

1928 年,冯雪峰再次回到上海。他与当时在浙江省立一师的同学、晨光社的社友柔石取得了联系。也正是后者的牵线搭桥,使冯雪峰遇到了他生命中最重要的人物:鲁迅。

冯雪峰与鲁迅的第一次合作是以编辑《科学的艺术论丛书》开始的。在《回忆鲁迅》一文中,他这样写道:“我去见他的主要目的,是我那时正从日本文翻译本转译马克思主义的文艺理论作品,碰到的疑难,没有地方可以求教,知道鲁迅先生也在从事马克思主义文艺理论的翻译工作,所根据的也是日本文译本,所以我去见他,是想请他指教,并且同他商量编一个马克思主义文艺理论的翻译丛书。”

后来这套丛书 1929 年陆续出版,丛书的全部书目都是鲁迅与冯雪峰共同拟定。其中冯雪峰翻译了卢那卡尔斯基的《艺术之社会的基础》、伏罗夫斯基的《社会的作家论》、普列汉诺夫的《艺术与社会生活》以及梅林格的《文学评论》;鲁迅则翻译了普列汉诺夫的《艺术论》、卢那卡尔斯基的《文艺与批评》等。这些理论作品的译介,无疑对当时左翼文艺的发展具有巨大的推动与激励作用。与此同时,这也为他与鲁迅之间的真正友谊打下了坚实的基础。

鲁迅曾对冯雪峰如此评价:“至于他,人很质直,是浙东人的老脾气。”许广平也持类似的看法,在她的回忆中,冯雪峰身上义乌的韧劲与执著尽显无遗:

这青年(指冯雪峰)有过多的热血,有勇猛的锐气,几乎样样事都想来一下,行不通了,立刻改变,重新再做,后来好像没见他灰心过。有时候听听他们谈话,觉得真有趣。F(指冯雪峰)说:“先生,你可以这样的做。”先生说:“不行,这样我办不到。”F又说:“先生,你可以做那样。”先生说:“似乎也不大好。”F说:“先生,你就试试看吧。”先生说:“姑且试试也可以。”于是韧的比赛,F目的达到了。①

冯雪峰与鲁迅之间的交往体现在两个方面。一方面,冯雪峰跟其他青年人一样,从他身上获取丰富的思想营养;另一方面,他也扮演了鲁迅影响者的角色。对此,陈望道予以了证实:“今天许多青年受鲁迅的影响,但他(指冯雪峰)不但受了鲁迅的影响,也时时刻刻地企图影响鲁迅的。”②冯雪峰试图在鲁迅与共产党之间扮演中间人的角色,他试图使鲁迅更多地受到共产党的影响,尤其希望他为之而奋斗的共产主义事业能得到鲁迅的坚定支持。

首先,他希望鲁迅能够协助共产党建立左翼文艺统一战线。当时中国的左翼思想界山头林立,派系斗争严重。当时中央为此专门要求作家们需要团结在一起共同战斗,尤其是要团结在鲁迅周围。为此,冯雪峰带着这个重要的使命去做鲁迅的工作,同时也尽可能消除创作社、太阳社的作家对鲁迅的误解与敌视。在此方面,冯雪峰功不可没,其中最大的功绩就是促成了“左联”的成立。1930年3月2日,中国左翼作家联盟在北四川路窦乐安路中华艺术大学召开成立大会。大会通过了“左联”的纲领和行动纲领要点,选出了鲁迅、夏衍、冯乃超、阿英、田汉、郑伯奇、洪灵菲等七人为执行委员。“左联”的成立标志着中国的革命文学发展到了一个新的阶段,左翼的文学力量得到整合与壮大。尽管“左联”作家之间的矛盾也并没有因此而得到彻底的化解,但无论如何,这对中国之后的革命进程无疑发挥了重要的影响。

其次,除了筹建“左联”之外,冯雪峰还受命动员鲁迅发起与参加“中国自由运动大同盟”。中国自由运动大同盟是以争取言论、出版、结社、集会等自由,反对国民党反动统治为宗旨的革命群众组织。鲁迅起先表示不大同意,因为他认为一成立就会马上解散,不过他还是答应了这个提议。于是,中国自由运动大同盟于1930年2月13日举行成立大会,鲁迅、郁达夫及冯雪峰等51人成为发起人。不过,“同盟”很快就遭到国民党

① 许广平:《鲁迅和青年们》。
② 楼适夷:《怀雪峰》。

当局解散,并抓捕相关人员,鲁迅也不得不在内山书店三楼和内山完造家中躲避多日。

不可否认的是,鲁迅与左翼革命之间是存在距离的。鲁迅曾在给张廷谦的信中这样写道:

> 自由运动大同盟,确有这个东西,也列有我的名字,原是下面的,不知怎地,印成传单时,却升为第二名了(第一是达夫)。近来且往学校的文艺团体演说几回,关于文学的。我本不知"运动"的人,所以凡所演讲,多与该同盟格格不入,然而有些人已以为大出风头,有些人则以为十分可恶,谣诼谤骂,又复纷纭起来。①

据冯雪峰的记录,在同李立三的谈话中鲁迅阐述过他独有的战斗方式:

> 谈话约四五十分钟,李立三的目的是希望鲁迅发个宣言,以拥护他的左倾机会主义那一套政治主张。鲁迅没有同意。谈话中李立三提到法国作家巴比塞,因为在这之前巴比塞发表过一个宣言式的东西,题目好像叫《告知识阶级》。但鲁迅说中国革命是长期的、艰巨的,不同意赤膊上阵,要采取散兵战、堑壕战、持久战的战术。鲁迅当时住在景云里,回来后他说:"今天我们是各人讲各人的。要我发表宣言很容易,可对中国革命有什么好处?那样我在中国就住不下去,只好到外国去当寓公。在中国我还能打一枪两枪。"②

尽管鲁迅与左翼阵营的分歧在所难免,学术界在这方面的争论也是一直存在的。但是,鲁迅同情并支持左翼运动,当左翼运动遭受打击的时候,他会感到痛苦和彷徨。1931年国民党秘密枪杀了"左联"的五位重要成员:李伟森、柔石、殷夫、胡也频和冯铿。在这个极其黑暗的时刻,鲁迅也愤然写下"忍看朋辈成新鬼,怒向刀丛觅小诗"这样的诗句。在共同亲历的这些事件面前,鲁迅站在了左翼的一边,与此同时,他与冯雪峰的私人友谊也得到了升华。

此后,冯雪峰因参加红军长征离开鲁迅几年之久。由于"左联"负责人的更换,鲁迅与"左联"的关系也出现变故。自1934年起,鲁迅与"左联"领导人之间频频产生摩擦,鲁迅处在一种孤立的境地。当冯雪峰再次见到鲁迅时,后者已经患了严重的肺病。他也看到了这些年"左联"的诸多人事矛盾,尤其是周扬和胡风的对立。为了维护鲁迅的地位,也为了维护左翼作家的团结,冯雪峰做了大量工作。

---

① 《鲁迅全集》第12卷,人民文学出版社1981年版,第6—7页。

② 冯雪峰:《谈有关鲁迅的一些事情》,载《雪峰文集》第4卷,人民文学出版社1986年版,第496页。

冯雪峰一直捍卫鲁迅在中国现代文艺界的重要地位，无论在其生前还是死后，冯雪峰都极其重视鲁迅对于中国现实的意义。鲁迅在世的时候，他就发表文章《关于鲁迅在文学上的地位》，认为："在中国，鲁迅作为一个艺术家是伟大的存在。在现在，中国还没有一个作家能在艺术的地位上及得他的。但作为一个思想家及社会批评家的地位，在中国，在鲁迅自己，都比艺术家的地位伟大得多。这是鲁迅的特点，也说明了现代中国社会的特点。"此论断与四年后毛泽东在《新民主主义论》的有关评价颇为吻合，毛泽东称"鲁迅是中国文化革命的主将，他不但是伟大的文学家，而且是伟大的思想家和伟大的革命家"。

在鲁迅去世之后，冯雪峰是鲁迅思想的积极捍卫者与传播者。在他的有力组织下，鲁迅的丧仪得以在国民党特务的监视下顺利举行。郑育之后来回忆道："鲁迅先生的追悼会开得那样成功，影响那么大，冯雪峰同志所起的作用是不小的。"为了继承和弘扬鲁迅的精神，冯雪峰还与胡风等人一起编辑丛刊，发表鲁迅的遗文。在抗战期间，他着力突出鲁迅在民族解放战争中的重要地位。

鲁迅逝世纪念会自1937年以后，每年10月19日都要举行一次。1937年他是发起人之一，并作了《鲁迅与中国民族及文学上的鲁迅主义》的著名演讲，以后几年未能参加。1943年和1944年七周年和八周年的活动，他又是发起人之一，但这两次活动都因特务干扰而解散；1945年九周年活动是抗战胜利后纪念鲁迅逝世第一次隆重大会，众多党内外人士都参加了纪念大会。

上海解放不久，冯雪峰就同唐弢开始筹建鲁迅纪念馆和恢复鲁迅故居的工作。在他的主持下，鲁迅著作编刊社和以后的人民文学出版社鲁编室，在短短的几年里做了大量的工作：(1)鲁迅的全部创作都根据手稿，第一次所载报刊，各版单行本作了校勘；(2)以普通初中毕业生能大致看得懂为标准，对全部创作和书信作了注释；(3)搜集和征集到了大量鲁迅的佚文和新发现的书信，计佚文106篇，书信301封；(4)初步整理了鲁迅辑录和校勘的古籍和译者；(5)搜集了部分鲁迅传记材料；(6)对鲁迅日记中牵涉的全部人物作了初步调查；(7)编写了简单的鲁迅年谱；(8)编了鲁迅文学词汇的索引草稿。①

在编写鲁迅的材料之余，冯雪峰还写了不少有关鲁迅的文章。其中1952年出版的《回忆鲁迅》，为鲁迅研究者提供了别人不甚确知或根本不可能知道的一些珍贵的资料。

---

① 陈早春、万家骥：《冯雪峰评传》，人民文学出版社2003年版，第20页。

它从作者1928年与鲁迅接触时写起,直到鲁迅逝世为止,真实地记述了鲁迅后十年怎样从一个革命民主主义者发展成为马克思主义者的战斗历程及思想感情。

漫漫长征路

共产党发展之初所遇到的环境是极其严峻的。在上海领导左翼运动期间,冯雪峰无时无刻不冒着生命的危险。有一年,江苏省委一位宣传部的干部被捕,第二天冯雪峰去找这位同志的时候就被早早埋伏在那里的特务盯住,并在街口抓住了他。在如此危险的情形下,冯雪峰挥拳反抗,同时巧妙地利用租界的优势,高呼"强盗绑票!"最终幸免于难。不过鉴于这一严峻的形势,中央决定把他调往中央苏区。为此,他告别了妻子、告别了嗷嗷待哺的儿子,以及令人敬重的鲁迅先生,辗转多时来到了江西瑞金。

在当时的中央苏区,情况也并不比上海好到哪里去。国民党对中央苏区已连续发动了四次"围剿",当地的生活条件极其艰苦。不过在那里,他结识了张闻天、瞿秋白、毛泽东等人,同时也亲眼目睹了当时中央内部的斗争。

1934年,由于中央的决策失误,第五次反"围剿"斗争失利了,红军被迫转移,自此拉开了二万五千里长征的序幕。在这场史诗般的征途中,冯雪峰也成为了其中的一员,参加了红军长征的全过程。

他首先是在红九军团做地方工作组副组长,遵义会议中央领导班子调整之后,他又从红九军团调到由第一野战纵队和第二野战纵队合编的军委纵队红色干部团上级干部队任政治教员。尽管如此,他还是跟普通战士一样,凭着自己的双腿完成全部征程。宋任穷在后来的回忆中曾这样写道:

> 当时,雪峰已经是一位颇有名望的文学家,但没有一点架子,和大家一样的装束,吃着一样的饭菜,一样地拄着棍子爬雪山过草地,历尽艰辛。一位在北京、上海等大城市生活多年的文化人,在极端艰难的长征路上,随军步行二万五千里,一直坚持到陕北,是难能可贵的。①

在"人间地狱"

冯雪峰长征之后又回到了上海,在上海主持左翼运动的工作。但由于左翼力量的矛盾与摩擦,各种山头主义、宗派主义的盛行,使得他的工作极难有效展开。他赌气之

① 宋任穷:《我有义务为雪峰同志写几句》,载包子衍、袁绍发编:《回忆雪峰》,中国文史出版社1986年版,第62页。

下放下工作，回到了家乡义乌。据相关分析，他请假回老家的“直接导因是与博古吵架和与潘汉年不和，但还可能有更深层次的原因”。①

回到家乡后，冯雪峰把全部的精力投注在小说创作中。他希望以亲身经历的长征为素材写一个长篇小说，原作《红进记》，后更名为《卢代之死》，是“关于红军从江西苏区去陕北经过那艰难、困苦的两万五千里长征的长篇巨著”。小说的主角卢代是一位农民出身的红军战士，在长征过程中，经历了血与火的洗礼，成长为一名神机妙算、智勇双全的红军师长，最后献身革命事业。小说从侧面反映了伟大的长征。1939 年元宵节前夕，冯雪峰与专程来访的青年作家骆宾基作了三次彻夜长谈，对他讲述了这部长达 50 万字的小说的情节梗概，也给他看了小说前半部的初稿。初稿于 1940 年 11 月基本完成，可惜后来这部手稿下落不明。

创作的宁静很快就被打破。1940 年五六月间，领导金华地下党的金衢特委遭受破坏，1941 年 2 月 26 日，国民党特务在义乌神坛村逮捕了冯雪峰。在宪兵四团的监狱关了两天之后，他就被投入了臭名昭著的上饶集中营的茅家岭禁闭所。

在茅家岭，政治犯们被铐上脚镣，二三十人关在一间屋子里，特务们对他们使用各种各样惨无人道的刑罚，如“老虎凳”、“老鹰飞”、“钢针刺手指”、“铁烙烧身”、“灌辣椒水”、“站笼”等等。这些刑罚之残忍，几乎是前无古人的。因此，这里也因它的罪恶而举世闻名。

除了动用酷刑之外，犯人的生活条件甚至连牲畜都不如。菜经常是没有的，只有一盆菜汤，浮几片菜叶，在上面见不到一点油花，也尝不到一丝盐味，几乎没有任何营养价值。

冯雪峰关进监狱一个多月后，许多犯人都得了痢疾、回归热等流行病。健康人与病人住在一起，相互传染，几乎每天都有人死去。冯雪峰也染上了回归热，在当时无医无药的情况下，是很难有生还希望的。幸亏他的同室难友、当年的同学郭静唐通过关系买了十几盒治疗回归热的特效药，也幸亏外科医生出身的难友毛鹏先的抢救，他才得以死里逃生。

然而一劫之后又遇一劫，回归热之后，冯雪峰又患了重病。他回归热刚好，特务便押他去修建监狱。当时正值梅雨季节，他大病初愈，却马上要干极其繁重的累活。他凭

① 陈早春、万家骥：《冯雪峰评传》，人民文学出版社 2003 年版，第 248 页。

着坚强的意志苦苦支撑。一天晚上，他拖着疲惫不堪的身子扑倒在两块高低不平的通铺床板上，被铺板接缝处刺伤了左胸部。开始他只感到像针扎一样刺痛，不久就发现皮肤红肿，里面化脓了，他的病情一天天地恶化。

最后冯雪峰能脱离那座人间地狱，还应得力于郭静唐和宦乡多次与集中营头目张超的交涉。宦乡当时是三战区的《前线日报》的编辑，与三战区军界的上层人物有些交往。再加上冯雪峰确实患病，敌人才答应“交保出外治病”。冯雪峰出狱不久，敌人才发现这位“冯福春”就是大名鼎鼎的“冯雪峰”，后悔莫及。冯雪峰死里逃生，上饶集中营的残酷经历，又为他的人生添上了浓重的一笔。

文学的抗争

除了身体力行地参加革命斗争之外，作为一位富有才华的作家，冯雪峰还用他手中的笔来批判和反抗这个专制社会。早在“左联”期间，他就编译大量进步书籍，撰写杂文抨击时政；在可怕的集中营里，他谱出了感人肺腑的《真实之歌》和《灵山歌》。集中营出来之后，他更是将大量时间投入写作，投入另一种战斗。

1943年6月初他抵达重庆，接任主编《抗战文艺》杂志。在他的主持下，杂志出现新的变化。刊物扩大了篇幅，增加了内容，跟现实社会问题相关的文章增多，风格也多姿多彩。在撰稿的作家群体中，既有茅盾、老舍、郭沫若、叶圣陶、朱自清等文坛老将，也有不少后起之秀。杂志遵循争民主、争自由、反对独裁统治、要求团结抗日的宗旨，无论是在抗战时期，还是在解放战争时期，它都发挥了重要的舆论影响力。

除编辑杂志之外，冯雪峰还创作了大量杂文。尽管在“左联”时期他就开始写杂文，但大量写作还是在40年代，这突出地体现在1944年11月由重庆作家书屋出版的文集《乡风与市风》中。冯雪峰的杂文继承了鲁迅杂文的战斗品格，针砭时弊，鞭辟入里。朱自清认为《乡风与市风》“展开了杂文的新机能、讽刺以外的批评机能”；而毛泽东称赞它是“好几年还没有看到……这样好的作品”，并挑选一些供政治局的同志阅读①；此外，他的杂文集《有进无退》收录了1944年7月至1945年7月在《抗战文艺》、《文艺杂志》、《文萃》等刊物上发表的杂文，1945年12月由重庆国际文化服务社出版。在1945年到1946年7月，冯雪峰又将那段时间的杂文结集为《跨的日子》，由上海国际文化服务出版社出版。他的杂文是诗与政论的结合，风格独特，在那个斗争的岁月里，成为有力的战斗

① 《周扬关于现代文学的一次谈话》，《新文学史料》1990年第1期。

武器。

特别值得一提的是冯雪峰的寓言创作。从1946年12月起，他开始写寓言，用寓言代替杂文，以揭露敌人、打击敌人，在这个意义上，他也成为了中国现代寓言当之无愧的奠基人。他一生共创作了大约两百篇寓言，并出版了六本集子。在1952年《〈雪峰寓言〉后记》中，他曾自述创作寓言的动机："在全国解放前两年，即1947—1948年，我在上海，曾经写了不少寓言，这是反动政权下言论极端不自由的结果。"

此外，冯雪峰还积极地阅读与思考有关文艺理论方面问题。除早年翻译大量苏联文艺理论著作外，他还根据中国现实开展理论上的原创工作。《论民主革命的文艺运动》是冯雪峰著作中最有理论价值的一部，这篇文章坚决维护以鲁迅为代表的"五四"革命文学传统，反对文艺与政治的机械结合，强调文艺与政治、主观与客观、世界观与创作、理想与现实，以及大众化与民族形式等都应在新形势下得到新的开展与实践，凸显文艺民主性的时代特征。这种提法，显示了冯雪峰独立思考的精神。

作为中国现代文学史上一位重要作家，冯雪峰的贡献也是不容抹杀的。他有自己的诗歌、杂文与寓言创作，还引进了国外先进理论思想资源，同时还不时地扶持和指导文学新人。他曾批评过丁玲的《莎菲女士的日记》，也曾热情地赞扬杜鹏程的《保卫延安》，他称赞其为"一部史诗"，"虽然在艺术上还比不上《铁流》、《水浒》及《战争与和平》那样辉煌"。①此外，还有许许多多的年轻作家如欧阳山、柳青、马加等都得到过冯雪峰的关怀与帮助。

政治运动的磨难

经历了那个动荡时代的腥风血雨，冯雪峰终于盼到了他为之奋斗一生的革命的胜利。然而，这个改天换地的新时代并没有结束对其人生的考验。历史已经告诉我们，一场山雨欲来的政治运动再一次席卷而来。这一次，他的对手不再是败退的敌人，而是昔日的同志。

1957年，毛泽东亲自发动了"反右"运动。7月下旬，丁玲、陈企霞被打成"丁玲陈企霞反党集团"，这次批判马上就波及冯雪峰等人。就在《人民日报》报道"攻破丁陈反党集团"的当天，冯雪峰所在的人民文学出版社奉命对冯雪峰进行批判。据后来相关当事

① 鉴铭：《冯雪峰为〈保卫延安〉做了哪些事》，《人民政协报》2011年1月13日。

人的说法,“反右派斗争要反冯雪峰,主要的原因也是算他的历史老账”①。

1957年9月,他与丁玲、陈企霞、艾青等一起被定为“右派分子”,并被开除党籍。对于冯雪峰来说,这无疑是极其沉重的打击。他为党的事业忠贞不贰,即便付出生命也在所不惜,却落得这般地步,确实是他做梦都没有想到的。他的人民文学出版社社长兼总编辑、作协副主席、全国文学艺术界联合会常务委员、全国人民代表大会代表等职务也被撤销,只保留全国文学艺术联合会委员、作协理事,由文艺一级降至四级。

直到1961年11月,在周恩来的提名下,中央决定摘去冯雪峰的“右派”帽子。但好事没过多久,更大的灾难降临了。1966年“文化大革命”爆发,冯雪峰又被扣上“修正主义分子”帽子被关进牛棚。

即便在这样的情况下,冯雪峰还念念不忘三件大事:一是重新入党;二是写关于鲁迅的文章;三是完成太平天国的小说。但人的生命毕竟短暂,冯雪峰最终抱着这样的遗憾匆匆离世。

冯雪峰的一生,虽不算离奇,但充满坎坷。在这条坎坷的人生道路上,他的智慧、才情、勇气以及桀骜不驯的个性,得到最大程度的体现。他义乌式的倔强与顶真,使他在这个浪潮滚滚的时代,成了一位坚定的革命战士;他的纯真与质朴,也造就了他的作品有一种出淤泥而不染的天然之美。当然,他的坏脾气也为他招惹麻烦,楼适夷就曾这样说:“雪峰同志这个人,的确缺乏恂恂儒雅的绅士气。而且对这种气味非常厌恶,照他农民的倔脾气,他得罪的同志是不少的。”而唐弢则更理解他是个怎样的人:

> 农民气质在雪峰的性格里也留下了某些弱点:严格而不免执拗,朴素而失之偏急。我曾经和他发生过几次争论。这种时候,雪峰嗓门转高,语气转急……你说他刚正不阿也罢,说他桀骜不驯也罢,总之,他沉下脸,摆出准备搏斗的公鸡一样的姿态,令人望而生畏。不过,他的诚实仍然使你相信:这个人绝不会弄虚作假,暗箭伤人,甚而至于只要相见以诚,满天乌云,随风消逝,反过来还会设身处地的接受别人的意见。②

按照冯雪峰的个性,他也许并不需要人人都来理解他。他是严肃的,严肃到近乎没有一点幽默感。但毋庸置疑的是,每个时代我们都不能失去这样耿直与顶真的人,这样

---

① 朱正:《1957年的夏季:从百家争鸣到两家争鸣》,河南人民出版社1998年版,第362页。

② 唐弢:《追怀雪峰》,载包子衍、袁绍发编:《回忆雪峰》,中国文史出版社1986年版,第108页。

执著地工作与战斗、这样勇敢而无畏的人。

第五节　吴晗:史家风骨

吴晗在《谈骨气》一文中曾经这样写道:

> 我们中国人是有骨气的。
>
> 战国时代的孟子,有几句很好的话:“富贵不能淫,贫贱不能移,威武不能屈,此之谓大丈夫。”意思是说,高官厚禄收买不了,贫穷困苦折磨不了,强暴武力威胁不了,这就是所谓大丈夫。大丈夫的这种种行为,表现出了英雄气概,我们今天就叫做有骨气。①

吴晗的这段文字,不一定是他的所有文字中最深刻的,也不一定是最优美动人的,但可能是最具标志性的。因为这段文字代表了吴晗一生的生命写照,也代表了他一生的理想追求。他甚至为了追求这样的理想人格,而付出了生命的代价。吴晗先生虽然含冤离世,但他所留给后世的宝贵精神资源,永世长存。

“蛀书虫”的求学道路

辛亥革命爆发前夜的1909年,吴晗出生于距义乌县城约20公里的吴店苦竹塘村一个知识分子家庭。苦竹塘村以塘得名,这是一个贫穷的地方,全村的土地只有700多亩,人均才一亩多点。由于频繁的自然灾害和国家的衰败,当地的人民一年到头少有吃饱饭的日子。吴晗一家的经济状况在当地算小康之家,父亲吴瑸珏是清末秀才,在当地是一个颇有学问之人。他熟悉历史掌故,写得一手好字。清末废除科举考试,断了吴瑸珏走科举的道路,他后来考入浙江高等巡警学堂,历任象山、石浦等地警佐。吴家家道殷实,有水田三十多亩,房子十数间,其中“梧轩书斋”占了三间,书斋四壁立着顶天接地的书架,架上摆满了一函函书籍卷册。年幼的吴晗常穿梭于高高的书架之间,在这里,他读到了颜乌淳孝动天地、骆宾王檄讨武则天、宗泽抗金等义乌名人的历史典故,这开拓了吴晗的视野,也培养了他独立自学的习惯。

吴晗是家中长子,父亲教子严厉。年幼的吴晗七岁时就开始接受父亲教育,每天读多少页,熟悉到什么程度,父亲都有规定。每次完不成作业父亲就对他严厉训斥,甚至用鸡毛掸打。严格的家教为吴晗打下良好的文史基础。9岁那年,偶然得见的一套绣像

① 吴晗:《吴晗全集》第八卷,中国人民大学出版社2009年版,第14页。

《三国演义》,更是让吴晗对历史产生浓厚的兴趣。但是兴趣只是熟悉历史学科的基础,要真正对历史有所贡献,还得掌握大量的知识。11 岁那年,在父亲的教导下,吴晗每天温习研读《御批通鉴辑览》。这本书极大地提高了吴晗的历史学修养,为吴晗日后从事史学研究奠定了良好的基础。

1916 年吴晗进入德育小学。国文老师杨志冰作文有文采,为人正直。有一次,杨老师讲解韩愈的《祭十二郎文》,认为吴晗上课不专心,就罚他站,要他复述课文。只见吴晗滔滔不绝,将 2 000 多字的《祭十二郎文》一字不落地背诵出来,并对内容进行透彻的讲解。杨志冰听后,顿时惊叹,欣赏吴晗"一目十行,过目不忘"的才华。此后,杨志冰经常给吴晗辅导作业,借书给他看,师生间很快建立起深厚的感情。即使十几年后吴晗去清华大学读书,还常写信给老师,与他一同探讨历史及人生问题。

吴晗少时热爱读书,还在上小学的时候就读了《三国演义》、《水浒传》、《西游记》等古典文学名著。家里的书看完了就去外面借,附近的书看完了,就跑上几十里的路去远方借。能借走的书,经常是边走边看,到家已是黄昏;借不走的书则蹲在人家门口看,看完为止。由于吴晗读书又多又快,被当地人称为"蛀书虫"。有一次假期回家,吴晗在路上看到一部自己喜爱的书,不惜把铺盖都卖掉,回家后被父亲打得浑身青紫。大妹吴浦月,为给哥哥买书,把自己积攒的压岁钱全部交给了吴晗。在金华中学读书期间,吴晗由于天资聪颖,不满足于书本知识,经常旷课溜到金华世界书店看书。在书店里,吴晗不仅读到了他喜欢的宋明笔记和古典小说,还读到了梁启超的《饮冰室文集》。读梁启超的书不仅让他接受了维新思想,在专业方面,梁启超提倡的新史学方法对吴晗日后的历史研究产生很大影响。

1925 年,吴晗中学毕业。这时的中国,各地军阀为争夺地盘而互相开战,军阀们为筹集军费,更是加重了对农民的盘剥。农村的社会经济遭到极大破坏,吴晗家也受到影响。吴晗的父亲不仅受官场排挤赋闲在家,且又身患肺病,医药费开销不少,因此家道中落,无力供他继续深造。最后,吴晗只好去小学教书。当时小学里的教员只有他一个,国文、算术、常识等课全由他一人承担,而吴晗一年的薪水颇少,只有几十个银元。即使如此,吴晗还是认真教学,诲人不倦。业余时间,吴晗不忘读书,希望继续升学。由于家里供养不起,无法让他继续升学,吴晗甚至想到去天台山当和尚,因为那儿有学问渊博的名师。为了继续求学而甘当和尚,了却尘缘,这就是"蛀书虫"的本性,可见吴晗求知之热切。

1928 年,在升学无望、和家人大吵了一顿后,吴晗毅然从金华来到杭州,考入钱塘江畔,六和塔边的之江大学。母亲得知消息后,变卖结婚时陪嫁的珠花,加上宗祠的补助,总算解决了学费。谁知，才过了一年之江大学就停办了，吴晗只好离开杭州，考入上海中国公学。

中国公学是中国人较早的民办大学，师资力量雄厚，马君武、高一涵等名师当时都在公学执教，而校长更是学术界鼎鼎有名的胡适。吴晗读完一年的预科后进入社会历史系，选修了胡适开设的“中国文化史”一课。胡适早年留学美国哥伦比亚大学，追随著名哲学家杜威学习实验主义。胡适的“中国文化史”一课重在利用“大胆假设、小心求证”的方法对“国故”进行整理，以期发扬民族文化、输出学理。吴晗上了他的课，从此服膺胡适“大胆假设，小心求证”的治学方法。受胡适课程的影响，吴晗于1930年写完处女作《西汉的经济状况》，此文大受胡适赞赏，并被推荐给大东书局。此后，吴晗为在学术上多得胡适指点，两次写信与胡适探讨《佛国记》和曹雪芹家世的学术问题。在第一封信中，吴晗写道：“除了先生以外，我实在想不出一个比先生更能用科学的方法来解决和指导路径的人。”①显然，吴晗要在学术上追随胡适。这一年，胡适被迫离开中国公学，全家搬到北平。胡适执教北大后，吴晗觉得在中国公学再念下去没有意义，于是利用《西汉的经济状况》一文所得的80元稿费当路费，追随胡适，来到了他向往已久的北平。

吴晗到达北平一个月后，经燕京大学顾颉刚教授的推荐，开始在燕京大学图书馆中日文编考部担任馆员。利用图书馆工作之便，吴晗读了半年线装书，吴晗的明史研究发轫于此。

在读线装书期间，吴晗发现《婺书》中有吴之器撰写的《胡应麟传》一书。此书记载了胡应麟的卒年为万历三十年(1602)，吴晗根据这个线索，考证了《少室山房全集》、《金华艺文志》等多部著作，指出胡应麟存年52岁，纠正了顾颉刚在《四部正讹序》一文认为胡应麟存年在60岁以上的说法，并利用考证的资料编写了《胡应麟年谱》一书。

在图书馆工作期间，吴晗除编写《胡应麟年谱》外，还补习了英文与西洋史，准备报考北大史学系。在一封致胡适的信中，吴晗写道：“英文我现在能够看书，就是文法不了了——就是数学要抱佛脚，也来不及。这真是一个致命的打击。”②半年来，吴晗的英文与西洋史都有长足长进，就是数学一窍不通。北大考试后，成绩不出所料，文史和英文都考了100分，而数学考了0分。按当时北大校规，考生只要一门课考0分就不能录取，

① 《吴晗致胡适》(1930年3月19日)，原件存中国社科院近代史研究所。

② 《吴晗致胡适》(1931年5月19日)，原件存中国社科院近代史研究所。

所以吴晗名落孙山。吴晗清华考试的成绩与北大完全一样，而当时清华也有和北大同样的规定①。

但是，“常格不破，大才难得”，清华大学最终以吴晗文史成绩优异为由，破格将他录取。据说清华这个决定轰动了北大，甚至连北大校长蒋梦麟等人都认为校规不妥，校规最终得到修改。

清华园里的“太史公”

清华大学地处北京西北郊繁盛的园林区，是在几处清代皇家园林的遗址上发展而成的。其前身清华学堂始建于1911年，经费来自于美国退还的部分庚子赔款。1925年设立大学部，开始招收四年制大学生。1928年更名为国立清华大学。清华大学早期，重视研究中华民族的优秀文化瑰宝，王国维、梁启超、陈寅恪、赵元任等著名学者都曾执教清华，文科实力盛极一时。

吴晗被清华破格录取后，家境已十分困难，一切学费只能自理。胡适得知吴晗的处境，便给清华大学代理校长翁文灏写信，希望校方照顾。在学校的帮助下，吴晗成了“工读生”，在史学系帮助整理清代档案。后来，吴晗在一份自传里说，他在清华工作每月能拿到25元，而当时人均生活费为4元左右，因此，吴晗的收入足够他生活，这也为他安心学习提供了物质条件。

在清华读书期间，吴晗根据胡适的指点，努力使自己成为一个“能整理明代史料的学者”。②他买了崇文本的《明史》，逐日点读，并根据人名、书名、记事三大类将可利用的史料按类摘录，做了几千张卡片，对于比较复杂的事件，就写在杂记簿上。在点读《明史》过程中，吴晗发现书中关于胡惟庸党案记载很多，但矛盾不少。于是他按胡适的治学路径，假设朱元璋杀胡惟庸时所宣布的罪行不成立或胡惟庸党案是个冤案，从这个假设出发，吴晗进行小心求证。

1380年，丞相胡惟庸因谋反叛国罪被朱元璋满门抄斩，并被追究同党，株连的文武官员达一万五千多人，竟都被杀掉。朱元璋杀胡惟庸的一个罪名是当时一个名叫如瑶

---

① 也有另一种不同说法。根据清华1929年级校友周培智先生在《五十年前的清华》一文中讲到录取标准时说，凡是国、英、算三门主科中“有一科目考分在85分以上，一定录取……各科平均分数及格，合乎入大学标准，也能录取”（见《清华通讯》第67期，第36页）。很多文史界名人考清华时数学都考得不好，如钱锺书先生只考了15分（见汤晏：《一代才子钱锺书》，上海人民出版社2005年版，第92页注释），季羡林先生数学考了不到10分（见《季羡林自传》，江苏文艺出版社1996年版，第272页）。

② 《胡适致吴晗》（1931年9月12日），原件存中国社科院近代史研究所。

的日本和尚带着120个武士到中国进贡，如瑶将长枪短刀裹在蜡烛里，阴谋趁进贡时与胡惟庸里应外合刺杀朱元璋。吴晗认为这显然不可能，蜡烛怎能将刀枪包裹呢？况且120个武士也无法和南京城几十万驻兵对抗。对于胡惟庸的其他罪名，吴晗也一一考证，认为都是捕风捉影。最后吴晗得出结论，权力斗争导致君臣矛盾加深才是胡惟庸被杀的主要原因。

吴晗的另一篇论文《〈金瓶梅〉的著作时代及其社会背景》考证了佛教与道教在全书所占的地位以及两者在明代社会中地位变迁情况，认为《金瓶梅》“以全书论，仍是以佛教因果轮回天堂地狱的思想作骨干”。[①]而万历年间是佛教得势的年代，嘉靖年间是道教兴盛的时代，因此《金瓶梅》成书于万历年间。这篇论文不仅考察了《金瓶梅》一书赖以产生的时代背景与社会环境，对于社会结构、意识形态变迁也有所涉及。在对史料的考证基础上对历史事实做综合分析，这突破了传统考据学的藩篱，也突破了胡适对吴晗提出的做一个“明代史料整理者”的要求，在风格上更接近梁启超提倡的新史学。其实，从发表的第一篇论文《西汉的经济状况》来看，吴晗就一直注重历史的综合分析与概括，善于发现历史规律。因此，可以说在刚从事研究历史时，吴晗就不满足于单单整理史料，他兼收清华梁启超、陈寅恪等人的优点，写出有自己特色的历史论文。

除研究明史外，吴晗还花了很多时间来整理史料。由于他曾在燕大图书馆担任馆员，在清华史学系做过清代档案整理工作，对古典文献及典籍收藏比较熟悉。吴晗认为藏书家对于保存珍贵版本、文献有巨大贡献，因此写了《两浙藏书家史略》、《江苏藏书家小史》等长达几万字的论文来纪念这些藏书家。

在上大学期间，吴晗不仅研究学术，还积极参加活动。清华大学有很多著名的刊物，如《清华周刊》[②]、《清华学报》等，这些刊物有些在全国也很有名气，如《清华周刊》的文艺组编辑就是著名的钱锺书。吴晗进入清华后，充分利用这些资源，发挥自己的聪明才智。他经常给《清华周刊》写稿，仅1931年下半年到1932年上半年，就在周刊上发表文章近20篇。由于这个原因，吴晗成了《清华周刊》的知名人物，入学第二年就被聘为该刊文史栏主任。

---

① 《〈金瓶梅〉的著作时代及其社会背景》，载《读史札记》，三联书店1956年版，第24—25页。

② 《清华周刊》始创于1914年，初名《清华周报》，系一大张，两面印，共八版。纸张格式与普通小型报纸相似。自第三期起改称《清华周刊》，用普通纸装订成册，每册印十余页（见姚崧龄：《清华早年学生刊物之回忆》）。

1934年4月的一天,吴晗和汤象龙、夏鼐、罗尔纲、梁方仲、谷霁光等十名青年史学工作者在骑河楼的清华同学会开会,商量创建史学研究会。会上通过了章程、确定史学组织名称为史学研究会,并选举汤象龙为主席,吴晗为编辑,谷霁光为文书。吴晗说:"我们组织这个会的目的,是为了经常在一起聚会,交换各人的心得,以便能对中国新史学的建设尽一点力量。"史学研究会建立后,每月集会一次,由于参加者多为青年才俊,还吸引了一些有名望的历史研究者如张荫麟、杨绍震、吴铎等人入会。史学研究会是吴晗组织的第一个研究社团,从此,吴晗的社会活动能力逐渐加强,后来竟成为著名的社会活动家。1937年"七七"事变后,史学研究会暂停活动,西南联大建立不久,研究会又活跃起来。史学研究会对于推动当时历史研究起了一定作用。研究会里的很多青年学者如夏鼐、罗尔纲、梁方仲、谷霁光等后来还成为我国史学界的专家。

吴晗不仅参加学校里的学术活动,和社会各界名流也多有联系。他和燕大国学研究所所长陈垣,研究员顾颉刚、容庚,文学院的钱穆、张尔田、邓之诚都有过交往。又由于经常跟胡适来往,也结识了一批北大教授。因此吴晗在史学界有了一定的名气,得到大家的赏识与器重,甚至一些名流还邀请他合伙办刊物。郑振铎先生办《文学季刊》,不仅请了巴金、冰心、朱自清等人当编辑,也请了尚未毕业的吴晗。在创刊号上,吴晗写了《〈金瓶梅〉的著作时代及其社会背景》一文,郑振铎看后大赞:"好极了!好极了!"①

1934年夏,吴晗顺利毕业,虽然年纪轻轻,但已是学术界公认的明史专家,因此被留在清华当助教。其实,当时除清华挽留吴晗外,中央研究院的傅斯年也认为吴晗文史功底深厚,邀请他去中央研究院工作。最终没有成功,傅斯年深以为憾。吴晗考大学时,北大最终以录取不到吴晗而后悔,毕业后,两所著名研究机构又抢着要吴晗去工作,从这两件事可见吴晗是一个难得的人才。

吴晗在清华开设《明史》和《明代社会》等课程。当时的清华历史系名家辈出,开设的课程也很多,而"在这些课程中,陈寅恪的《魏晋南北朝隋唐史》、张荫麟的《清史》、吴晗的《明史》,有较高的水平"②。作为一个年轻的讲师,他所开的课与史学泰斗陈寅恪的课齐名,实属难得!

讲课之余,吴晗继续明史研究,决心填补建州③历史空白。建州是清朝统治者龙兴

---

① 吴晗:《忆西谛先生》,载《学习集》,北京出版社1963年版,第125页。

② 《清华大学校史稿》,中华书局1981年版,第174—175页。

③ 建州,辽代时设制,治所在永霸,即今辽宁朝阳西南、大凌河南岸,以后就称这个地区为建州。

之地，为掩盖祖先臣属明朝、受明朝封号的历史，清修《明史》对建州早期历史进行掩盖与歪曲。乾隆朝修《四库全书》时又将建州史料禁毁、窜改，造成建州早期历史被隐没，当时的社会发展、生产情况以及风俗习惯等问题不明。吴晗的责任心很强，决心解决这个问题。他博览浩瀚的明史资料，发现《明实录》与朝鲜的《李朝实录》里有大量关于建州历史的资料。《明实录》有两千九百多卷，当时没有刊本；《李朝实录》共有八百多本，是李氏朝鲜27个朝代的编年史，除朝鲜历史外，还记载了朝鲜与中国往来的历史，其中就有建州初期的史料。这两部巨著，卷帙浩繁，但是吴晗还是下决心摘抄书中与中国有关的史料。

当时这两本书只有北平图书馆有，为完成摘抄任务，吴晗经常往图书馆跑。后来吴晗回忆道："我从一九三二年开始，每逢礼拜六和礼拜日都往图书馆跑，一直跑了几年，足足抄了八十本(指摘抄的《李朝实录中的有关中国史料》)。"执教清华后，吴晗经常住在城里，去图书馆就更方便了，几乎天天都去。当时去北平图书馆阅读这两部大部头著作的只有两个人，一个是白发苍苍、年逾古稀的北大史学系教授孟森，一个是朝气蓬勃、衣着简朴的小青年吴晗。这一老一少经年累月枯坐图书馆抄录《李朝实录》的场景，着实叫人感动。

几年过后，吴晗抄完了实录里的资料，总计三百多万字。这些资料内容侧重明清两朝政事、中朝关系，特别是建州女真的历史。吴晗将它装订成一部线装书，一直随身携带，即使是以后因战乱而南北奔波。1959年，为向新中国成立10周年献礼，吴晗将史料重新点校，定名《朝鲜〈李朝实录〉中之中国史料》，交中华书局出版。此书直到1980年才出版，那时吴晗已去世十几年。

在积累建州史料的基础上，吴晗着手写专题论文。他的第一篇关于建州早期历史论文《关于东北史上一位怪杰的新史料》认为建州史以李满住和努尔哈赤为代表分前后两期，搞清楚李满住的时代和活动范围也就搞通了建州早期历史。在文中，吴晗研究了李满住的家世及活动，叙述了建州女真早期的联合与迁移历史，阐明了女真与明朝的隶属关系。通过这些，建州早期历史轮廓逐渐显现。吴晗第二篇文章《后金之兴起》，概括了建州历史发展和后金兴起过程，描述了努尔哈赤的崛起，介绍了努尔哈赤在内治方面所采取的措施、后金与明朝的冲突以及后金的发展。通过这两篇文章，建州历史的空白得到填补。吴晗的一系列文章使得他成了史学界的新星，有人给他取绰号叫"太史公"。

吴晗在清华求学和执教的7年，是他一生学术研究最有创获的7年。这一时期，吴晗发表了30多篇学术论文，其中包括《胡惟庸党案考》、《〈金瓶梅〉的著作时代及其社会背景》、《明代之农民》等大部分著名明史论文。这一时期,吴晗还为他的代表作《朱元璋传》积累了大量的史料。没有此时的准备,我们很有可能就看不到写得这么精彩的《朱元璋传》。由于这些成就,吴晗成为中国近代明史研究的开拓者和奠基者。

恋恋情深

执教清华大学期间,经清华外语系蒋恩钿和经济系陈益介绍,吴晗结识了来自湖北的清华才女袁震。袁震比吴晗大3岁,出生于一个知识分子家庭,父亲也中过秀才。袁震冰雪聪明,记忆力好,小时候考试往往全班第一,在姐妹中深得祖父宠爱。1930年袁震就读于清华大学史学系。大学期间,由于回家看父亲而被传染肺病,后来发展为骨结核。从此卧病在床,生活难以自理,连吃饭、喝水都需室友照顾。室友毕业后,觉得吴晗讲义气,为人忠厚,于是将照顾袁震的重任交给他。吴晗不负重托,经常去看望袁震。由于两人所学专业相同,常在一起切磋学问,因此彼此心生爱慕。吴晗不顾袁震重病在身,多次向袁震表白,但袁震都没有接受。袁震清楚吴晗是个大有可为的青年,而自己身患重症,终身不能生育,不想连累他。她含泪对姐姐说:"我一定要把好这个关,不能害了人家一辈子。"但是,面对袁震的拒绝,吴晗来看望的次数更加频繁,在生活上对袁震更加照顾体贴。为了解决袁震经济困难问题,吴晗请她姐姐袁溥之帮忙抄写《李朝实录》,每月补助她40元。吴晗真挚的感情最终解开了袁震心中的死结,两人成为情侣。

母亲知道吴晗有女友,听说女方还是清华大学校花,史学系才女,非常高兴。但当得知女方患有骇人听闻的痨病(即肺结核),就坚决反对他们恋爱。作为家中长子,母亲绝不愿他断子绝孙。为此,很少出门的母亲千里迢迢赶赴北京,希望能说服儿子回心转意,吴晗骗母亲说:"袁震病情好多了,她不在北平,去外地疗养了。"母亲听说袁震身体有好转,于是高兴地回去了。抗战爆发后,吴晗去了云南大学任教,袁震体弱多病,卧床不起,直到1939年才到云南和吴晗团聚。那时,吴晗已经和母亲住在一起,母亲原以为袁震身体已好,常盼袁震到来,希望儿子早点结婚。等袁震来到后,母亲见她脸色苍白,行动不便,便再一次反对他们的婚姻。母亲对吴晗说在家里已为他定了亲,还用了一头牛,这个亲是有效的。但吴晗反对包办婚姻,坚决不同意她的意见。

母亲为此老泪纵横,她动员吴晗好友罗尔纲去做说服工作。罗尔纲现身说法,讲了自己过去和第一个女友的分手经过。吴晗坚决地说:"我和你的情况不一样,追你的那个女子没有病,袁震有重病,你可以从母命,我不能从母命。"①罗尔纲原以为吴晗贪恋袁

---

① 罗尔纲:《怀吴晗》,载《吴晗纪念文集》,北京出版社1984年版,第28—29页。

震貌美才抗拒母命，当他得知吴晗是因为袁震重病的原因才要结婚时，深为佩服，从此不再相劝。多年以后，罗尔纲仍然深情地回忆道："吴晗，吴晗，你在恋爱问题上，真是超凡入圣，我们不了解你，实在是惭愧无地了。"①

见罗尔纲劝说不成，母亲又对大妹吴浦月说："你哥要同她结婚，就会断子绝孙，当和尚了。"老人家还动员吴浦月去劝哥哥："同袁震结婚，今后不会有圆满的家庭生活。必须坚决的中断这门亲事，另找一个理想的对象。"吴晗听后，弹弹妹妹的脑瓜说："你现在还不懂，你还不理解我……我和你二姐（指袁震）是清华的老同学，在史学研究上有共同的语言、共同的思想感情，是志同道合的朋友，而不是利害关系的交易。一个人不能以利害关系与人相处，两个人要好，不仅应当在顺利的情况下要好，更重要的是在患难的情况下要好。不管你二姐愿不愿结婚，我都要照顾她。否则，那就是不义的人，难道你愿意自己哥哥做个不义的人吗？"②吴浦月为吴晗的话所感动，反而因此做起了母亲的思想工作。但是母亲始终不同意他们结婚，她甚至说："只要你答应不同她结婚，我可以把家乡的房屋、田产全部变卖了替她治病，替你尽心！"吴晗听后，含着热泪对母亲说："您完全错了！人的精神是不能用金钱换取的。否则，岂不成市侩了吗？我们相爱，是因为我们今生今世互相不可缺少，我不能没有她，她也不能没有我。这种同生共死的感情，是一万两黄金也买不了的！我们结婚与否，不决定于我，取决于她。她病好了，愿意结婚，我一定和她结婚，如果她不愿意结婚，我要照顾她一辈子。"③母亲最终没能说服吴晗，他俩于1939年10月结婚。④

古人说，不孝有三，无后为大。吴晗明知袁震身患重病，永远无法生育，且随时有可能卧病不起，仍毅然决然地冲破世俗的偏见，家人的阻挠，执袁震之手，共度风雨人生。如此真情，如此气魄，让人肃然起敬。

走出书斋，以笔代刀

随着1937年"七七"事变爆发，中国进入全面抗战阶段，偌大的北京已放不下一张平静的书桌。两个月后，吴晗去了云南大学任教。随着北大、清华、南开的内迁云南昆明

---

① 罗尔纲：《怀吴晗》，载《吴晗纪念文集》，北京出版社1984年版，第29页。

② 吴浦月：《怀念我的大哥》，见《吴晗和〈海瑞罢官〉》，人民出版社1979年版，第87—88页。

③ 袁溥之：《千金难买生死情——记吴晗、袁震夫妇的爱情生活》，《羊城晚报》1982年9月11日。

④ 袁震是清华大学1933届毕业生，这一届毕业生与校友结婚的共有16对（对象未必为本届）。有名的还有钱锺书与杨绛夫妇。

及重组为西南联大,①吴晗于1940年夏去了联大。②从此,联大学生反蒋抗日的精神深深地影响了这个一心为学的教授。他后来曾说:“政治来过问我了。”这里指的就是学生的爱国运动。

12月7日,日本海空军突然袭击珍珠港,太平洋战争爆发。不久,香港沦陷,大批栖身香港的名士纷纷逃到桂林、昆明等地。身为国民党行政院院长的孔祥熙,用飞机从香港抢运私产,甚至连家中几条洋狗也运过来,而不少文化名人却因坐不上飞机而滞留孤岛。消息经《大公报》披露后,沉寂的联大爆发大规模的“倒孔运动”,吴晗再也坐不住了! 在讲述中国通史的课上,吴晗大骂:“南宋亡国有个蟋蟀宰相,今天有个飞狗院长,可算媲美。过去的学生运动是虎头蛇尾,我希望这次是虎头而不是蛇尾。”③此后,吴晗上课常借古讽今,讲《明史》课常揭露统治阶级内部的权利斗争,明朝的特务统治及文字狱对思想的专制。明眼人一看就知道吴晗在针砭时弊。

1943年是吴晗政治生活中转折的一年,这年7月,经周新民、潘光旦介绍,吴晗加入了民盟组织。此后,吴晗还动员著名的诗人闻一多加入,从此,两人成为患难与共的民主斗士。在西南联大民主运动集会上,经常可见到吴晗、闻一多公开演讲的身影。吴晗演讲如机关枪扫射一样;闻一多演讲,感情充沛,如火山爆发,在学生中掀起极大的热情。因此,他们被昆明的学生称为“雄狮”与“猛虎”。共产党为帮助高级知识分子了解时事与形势,由华岗、周新民倡导,成立“西南文化研究会”,将昆明文化教育界代表人物组织起来。吴晗不但参加研究会的活动,还担任研究会办公室主任一职。研究会每两周举行集会,由一位与会者作学术报告或时事报告,大家接着讨论。吴晗很多抨击时政的杂文如《论贪污》、《说士》、《贪污史的一章》等都在这个座谈会上讲到过。

吴晗、闻一多等人还办起了秘密印刷厂,这个印刷厂为民盟印发学习资料,为地下党印宣传品之类文告。后来更承担起翻印毛泽东《新民主主义论》、《论联合政府》,朱德《论解放区战争》的任务。印刷厂在震惊中外的“一二·一”爱国进步学生运动中印刷了

---

① 西迁昆明有以下几个原因:(1)昆明为云南首府,省会所在地;(2)因有滇越铁路,可与海外相通,无论采购图书仪器或与国外文化界联系均较方便;(3)云南为边陲之地,受战事影响较小(谁知1941年后,日机经常轰炸云南);(4)气候温和,四季如春。

② 西南联大人才辈出,比如文学院,著名的教授有:闻一多、刘文典、冯友兰、朱自清、罗常培、汤用彤、郑天挺、雷海宗、沈友鼎、叶功超、陈福田、吴宓、钱锺书、冯至、贺麟、闻家驷、陈梦家、卞之琳等。

③ 王一:《吴晗与闻一多》,《光明日报》1979年3月27日。

大量文件，发挥了“精神火药库”的作用。

国民党为收服吴晗，特地派了一个吴晗老乡去当说客。这个老乡讲了半天，最后说：“以你的名望，到国民党那里，完全可以当个部长……”话还没说完，吴晗就气愤地说：“国民党祸国殃民，我饿死也不会到他们那里去做官。你走吧！”①谈话只能不欢而散。利诱不成，国民党又开始威逼。1944年暑假，原来北大、南开的教员都收到聘书，唯独清华教员没有，据说是当局要强迫学校解聘吴晗、闻一多等几位问题教授，而且扬言暗杀他们。有学生得知消息后，赶紧劝吴晗少作公开演讲。吴晗发怒了：“什么？要我少讲话？解聘了，我更自由；我是学历史的，在中国历史上，每个朝代亡国时，总有些殉国的志士，今天中国到了这种局面，也该有殉难的人了，我早就准备好了，有什么关系！”②后来，由于联大师生的争取及社会上进步人士的努力，吴晗还是收到了聘书。

1946年7月11日，民盟早期领导人李公朴在回家途中遭国民党特务暗杀，后虽抢救，终因失血过多而死亡。李公朴死前不断地喊：“为了民主……为了民主……”并要周围的人转告闻一多不要出来。7月15日，闻一多在悼念李公朴先生的大会上，发表了著名的《最后一次的讲演》，痛斥国民党政府的卑劣行径，当天下午即被国民党特务杀害。

陪袁震到上海看病的吴晗惊闻噩耗后，悲痛不已。虽然传说他的名字在暗杀名单上排在闻一多之后，但吴晗还是化悲愤为力量，拿起手中的笔与国民党作斗争。在短短的半个月时间里，吴晗写了《哭公朴》、《哭一多》、《哭亡友一多》、《闻一多先生之死》、《闻一多先生传》等文章。这些文章以清新的文笔，饱蘸感情地刻画了李公朴、闻一多先生的品质、风骨，同时也揭露了国民党的专制统治。除了纪念的文章外，吴晗还发表了抨击国民党统治的文章，如《论法统》反对国民党的一党独裁，《论暗杀政治》抗议国民党的特务统治，《论文化杀戮》抨击国民党的控制言论自由。

两个月后，清华大学开学，吴晗动身回北平。几年间，吴晗从一个信奉胡适“读书救国”论的专心治学的信徒转变为反蒋抗日的民主斗士，这个转变很大。临走前，一位学生去看望吴晗说：“吴先生，我初见你时，你和现在不一样啊！究竟是什么力量使你转变呢？”吴晗沉默了几分钟，肯定地说：“不是我自己；是时代，是历史……”③

① 朱述新：《在历史的镜子面前——记我国著名历史学家吴晗》，《文汇报》1979年3月16日。

②③ 王一：《吴晗与闻一多》，《光明日报》1979年3月27日。

走向自由天地

吴晗回到北京后,除在清华任教外,很快和民盟华北总支取得联系,当选为民盟北平市支部主任。其时,军调处执行部中共代表团成员周扬来到北平,吴晗参加了文化界欢迎周扬的集会,还邀请周扬参加北平民盟组织的座谈会,并和周扬一起参加地下党组织的中外出版界知名人士和青年的见面会。周扬在会上对解放区的情况作了介绍,吴晗也揭露了国民党杀害李公朴、闻一多的罪行。通过军调部,吴晗了解了很多关于解放区和全国的真实情况,加强了和共产党的联系。

1947 年初,军调部中共办事处被迫撤退。为了继续了解解放区的情况,经吴晗要求,军调部将一台收音机留给吴晗、沈一帆等人。此后,他们每天晚上收听解放区的新闻广播,作好记录,并通过传抄和油印等途径将消息传播出去,让更多的人了解解放区。当时,收音机还未普及,而吴晗又是个年轻的穷教授,家里突然多了一台收音机,还在房顶支上天线,会引人注意。为避免不必要的麻烦,他们经常转移这台收音机,还曾把它放在北大物理系实验室里。不停地转移阵地使得收抄传发的工作得以持续展开而未受影响。吴晗离开北平去解放区时,将收音机存放在张奚若家里,直到解放后这台收音机才物归原主。最终吴晗把它存放到北京民盟市委会,他常对民盟市委的同志说:“不要看它老旧了,样子不好看,在解放前的黑暗岁月里,它可起了了不起的作用啊!”①

解放战争时期,吴晗的家还成为地下党员、进步师生经常聚会的地方。这些人员常以打扑克、搓麻将作掩护,讨论当前形势以及民主活动的展开。不少声明、宣言就是在吴晗家起草的。当时解放区需要大批知识分子,吴晗就在这些人中物色优秀分子,设法将他们安全转移到解放区去。吴晗还利用教授的身份帮助清华大学图书馆购买了许多进步书籍,从此,清华图书馆里就多了毛泽东的著作,解放区的情况得到宣传。

1948 年春,共产党发出召开政治协商会议的号召,吴晗积极响应,有出走清华的意向。8 月,国民党正式发布了在全国逮捕爱国学生和民主人士的命令,吴晗名列其中,这促使吴晗最终离开北京,走向解放区,走向“自由天地”。几经周折,吴晗夫妇终于到达河北省平山县西柏坡,受到毛泽东、周恩来同志的亲自接见。毛泽东还就《朱元璋传》一书和吴晗畅谈了一个晚上,吴晗大有收获,解决了书中彭莹玉的下落问题。

1949 年 1 月 31 日,北平和平解放,40 岁的吴晗重新回到了清华大学,接替冯友兰文

---

①　吴晗:《清华杂忆》,载《春天集》,作家出版社 1962 年版,第 40 页。

学院院长一职，并担任历史系主任。当时，国民党在大陆的统治接近尾声，为网罗人才，国民党派专机动员大陆知名学者赴台任教。作为一个学者，吴晗多次致信学界好友，力劝他们留在大陆。经他的努力，钱锺书等著名学者最终没有离开大陆。

当副市长的明史专家

1949 年 11 月，吴晗赴苏联参加十月革命 32 周年纪念活动，途中听到自己当选北京市副市长。得知消息后，吴晗很矛盾。早在西南联大时，吴晗曾与闻一多相约："等到民主政治实现，便立刻退回书斋，去充实自己，专心著作。"①现在新中国成立了，正是功成身退，埋首书斋，做一番名山事业的时候，怎么可以走上仕途荒废学业呢？吴晗回国后，周总理亲自找他做思想工作，讲到了国家刚建，百废待兴，正是用人之际，希望吴晗承担起责任。最终吴晗接受了副市长的职位，主管文教工作。

在当副市长期间，吴晗很关注青少年成长。在他的指导下，北京市教材编审处编写了新的小学历史教材。这套教材以历史上著名人物和事件为中心，用讲故事的形式表达出来，受到了学生的欢迎。对于其他课程教材，吴晗也提出了很多建设性意见。他还倡议编了一套数学参考资料，提高了数学教学质量。为培养中小学师资力量，提高教师素质，吴晗在筹备建立北京师范大学、北京教师进修学院、北京函授大学等学校时，做了大量的工作。他担任北师大历史系名誉教授，经常过去讲课、做报告，并多次请专家过去讲课。创办电视大学时，吴晗兼任校长，每次开学或结业，吴晗都过去讲话，鼓励大家好好学习。

吴晗在做行政工作同时，并没有忘记从事学术研究。在担任北京市副市长期间，吴晗还负责出版谈迁的《国榷》，标点《资治通鉴》，改绘杨守敬的《历代舆地图》，组织开展北京文物的发掘和保护工作。

《国榷》是明代著名历史学家谈迁撰写的明史编年体史书。鉴于《明实录》很多地方忌讳失实，而各家编年史书又多肤浅伪陋，谈迁收集多种资料，广征博采，力求征信。天启元年(1621)谈迁开始撰写《国榷》，经过三十余年，六易其稿，最终完成写作。期间，谈迁曾携稿北上进京，访问明朝遗老、皇室、宦官、降臣等，阅读公家档案，详加校订。因此，这是一本难得的史书。

20 世纪 30 年代，吴晗致力于明史研究，知道中央研究院历史语言研究所藏有一部

---

① 吴晗：《我克服了"超阶级"观点》，载《春天集》，作家出版社 1961 年版，第 59 页。

晒印本《国榷》,很珍贵,不让出借。吴晗只有核对史料时,才有机会接近这部书。吴晗知道此书对明史的研究帮助很大,一直想将它公开出版。新中国成立后,经过吴晗和其他学者倡议,1958 年此书由中华书局出版。出版后,吴晗特地撰写《谈迁与国榷》、《爱国历史学家谈迁》两文,详细介绍此书的内容和史料价值,赞扬谈迁严谨的治学态度。

1954 年全国第一次人民代表大会期间,毛泽东交给吴晗两项学术重任:主持《资治通鉴》的标点和《历代舆地图》的改绘工作。

《资治通鉴》是北宋著名史学家司马光和他的助手刘攽、刘恕、范祖禹等人历时十九年编纂的一部规模空前的编年体通史巨著。全书 294 卷,300 多万字。该作在古代享有盛誉,但直到新中国成立后,原稿依旧没有分段,也没有标点符号,对于一般人来说,读起来很不方便。《历代舆地图》是一部多卷本中国历史参考地图集,分 34 图组,分订为 34 册,由杨守敬主持编纂刊刻。刻图系清初实测地图为地理底图,历代正史地理志为考订,详细说明了中国历代疆域、政区、都邑等,是中国古代最完整的一部历史地图集。

1954 年 10 月,吴晗在中国科学院第三历史研究所召集历史专家,开会讨论这两项工作的开展。在吴晗的主持下,顾颉刚、郑天挺、王崇武、贺昌群、聂崇歧、容肇祖、齐思和、张政烺、邓广铭、周一良、何兹全等著名历史学家将《资治通鉴》分段,每人负责部分工作,并按规定在一年内完成标点工作。第二年又由顾颉刚、聂崇歧、容肇祖、王崇武四人组成校对小组,拟定标点范例,力求做到体例统一。经过两年工作,标点本《资治通鉴》最终完成,由中华书局出版。之后,吴晗又主持了《史记》、《汉书》、《后汉书》、《三国志》前四史的标点工作,为后来全面标点二十四史工作打下良好基础。

在那次会上还成立了改绘《历代舆地图》的工作小组。翌年,经讨论,决定由复旦大学谭其骧教授主持具体改绘工作。为更好地完成任务,吴晗几乎每年邀请专家开会,掌握改绘进度,并及时处理改绘过程中遇到的难题。1966 年"文革"爆发,谭其骧先生作为"反动学术权威"被关入牛棚,三年后始恢复工作。1974 年《中国历史地图集》①完成并出版内部版,1982 年起陆续出版了 1 至 8 册。《中国历史地图集》是研究我国历代行政区划不可多得的资料。

除主持学术书籍出版外,吴晗还做了大量历史知识普及工作。早在 1935 年,吴晗和好友张荫麟就曾探讨过历史知识的普及问题,吴晗还拟定几十个题目,要编辑一套《中

① 《历代舆地图》后来改称《中国历史地图集》。

国历史小丛书》。主管文教工作后，吴晗的宿愿总算得以实现。

1959年，第一批《中国历史小丛书》由中华书局出版。这套小丛书以青少年学生、文化程度不高的机关干部和农民为读者对象，以历史上的主要事件、人物、制度为主题，通过简明的语言、生动的事例来展现中华民族五千年历史。小丛书出版后，受到社会各界欢迎。出版到一百本时，著名历史学家李侃对它评价道："一本一本孤立起来看，似乎是片断的，零碎的，但是从整套丛书总和来看，却是相当完整而有系统的。"①吴晗为《中国历史小丛书》以及同时期编辑的《外国历史小丛书》倾注了大量心血，丛书的出版对历史知识的普及起到了重要作用。

此外，吴晗还两次修改《朱元璋传》，参与《前线》杂志"三家村"专栏写作，支持建设首都博物馆，倡议修缮戒台寺、雍和宫，在保护文物、传播文化方面作出突出贡献。

《海瑞罢官》与"文化大革命"

1957年反右扩大化，伤及一批知识分子及官员，很多人怕招惹是非，不敢说真话。毛泽东认识到这个问题后，批评了这种现象。有一次毛泽东翻阅《明史・海瑞传》，为海瑞"刚正不阿，直言敢谏"的精神所感动，因此想找历史学家研究海瑞。吴晗得知消息后，写了《海瑞骂皇帝》、《海瑞》、《清官海瑞》等文章，赞扬海瑞敢说真话，敢说实话的精神。

1959年9月，经过和北京京剧团著名演员马连良探讨，吴晗决定将海瑞的故事编成一出戏。剧本经过多次修改，最终定名为《海瑞罢官》。1961年，《海瑞罢官》由北京京剧团演出，受到文化界称颂。京剧演员、历史学家、文学家纷纷发表文章称赞这个剧本写得好。廖沫沙在2月16日的《北京晚报》上发表文章祝贺，认为《海瑞罢官》打破"史"与"戏"的界限。侯外庐表示："海瑞一剧是有收获的。"②毛泽东也称赞："剧本文字写得不错。"③

然而，正当大家一致认为《海瑞罢官》写得好时，江青却认为此剧问题很大，提出要批《海瑞罢官》。1965年初，江青到达上海，与张春桥、姚文元组成批判《海瑞罢官》写作班子，由姚文元执笔写文章。

经过半年多炮制，1965年11月10日的上海《文汇报》突然刊发了姚文元的《评新编

① 李侃：《读〈中国历史小丛书〉》，《人民日报》1962年10月11日。

② 侯外庐：《从"兄弟"谈到历史剧的一些问题》，《北京晚报》1961年3月9日。

③ 袁溥之：《忆吴晗同志二三事》，《北京盟讯》1981年第3期。

历史剧〈海瑞罢官〉》。文章捕风捉影地把《海瑞罢官》中所写的“退田”、“平冤狱”同“单干风”、“翻案风”联系在一起,诬陷《海瑞罢官》“并不是芬芳的香花,而是一株毒草”。当吴晗看到这篇上纲上线的文字时,十分气愤,认为这简直是栽赃陷害。然而,毛泽东却赞同这篇文章的观点,并将其看作是“甩石头”,用以打破他所不满的那种沉寂局面。1966年4月,《人民日报》、《红旗》杂志等报刊先后发表《〈海瑞骂皇帝〉和〈海瑞罢官〉的反动实质》、《〈海瑞骂皇帝〉和〈海瑞罢官〉是反党反社会主义的大毒草》等文章,将嘉靖皇帝罢了海瑞的官比作庐山会议上撤销彭德怀职务一事,使对《海瑞罢官》的批判带上更为浓重的政治色彩。自此,《评新编历史剧〈海瑞罢官〉》成为了“文化大革命”的导火索。

1966年5月16日,中共中央发出了《五一六通知》,宣布撤销《二月提纲》和彭真为组长的“文化革命五人小组”。《通知》不仅为批判吴晗定了性,还为“文化大革命”定了性,不仅将矛头指向邓拓、吴晗、廖沫沙等文人,还将矛头指向彭真这样的资深政治家,刘少奇、邓小平这样的中央政治局常委、中央委员会总书记。看完通知后,吴晗原先的希望破灭了,他说:“我再也不写什么自我批评了。”袁震说:“吴晗现在才明白,被揪的不只是吴晗一个人。”紧接这个通知的是一场狂风暴雨式的政治运动。

就在《五一六通知》发表的第二天夜晚,和吴晗一起为“三家村”专栏写作的好友邓拓服安眠药离开了人间。吴晗在人间也遭受了残酷的精神、肉体摧残。被鼓动的群众半夜三更闯进吴晗的院子,在墙上贴满“该死”、“砸烂”等标语,外国友人送给吴晗的礼物被当作“四旧”砸烂,连电视机也没能幸免于难。吴晗女儿吴小彦从3岁起画的画也在一片“这是什么玩意儿”的斥骂声中被付之一炬。此后,吴晗经常三天两头被揪出去游斗,造反派让吴晗跪在烈日下,将晒得滚烫的沙子往吴晗的脖子里灌。他们还常用皮带抽他,揪他的头发,拧他的耳朵,想尽各种办法侮辱他。

面对残酷的折磨,吴晗依旧保持乐观的战斗精神,有时批斗回来,吴晗还不忘安慰家人:“今天看见彭真、薄一波啦,人家都是那么老的干部,我是陪绑的,怕什么?”他还对在“文革”后期被迫害致死的女儿吴小彦说:“只要我不死,就要和姚文元斗到底!”1968年3月,康生、谢富治、江青一伙以“叛徒”罪名将吴晗逮捕,送进监狱,对吴晗的迫害在升级,家属也受到牵连。同年4月,长年生病的袁震被送进“劳改队”实行“群众专政”。1969年3月17日,袁震被允许回家看病,住在楼上的万里还特地送去一锅红豆稀粥,谁知这竟成了袁震最后的晚餐。当晚,袁震突然发病,送到医院后没过多久便告别了人世。

1969 年 10 月 11 日，突然有人来接吴小彦和吴彰去见吴晗。自从妈妈死了以后，姐弟俩只能相依为命。听说能见到父亲，他们十分高兴。但是他们出门后，看到的却是医院的车子，姐弟俩立刻预感到有不祥的事情发生。果然，有人对他们说："你爸爸今天早晨死了。"小彦听后嚎啕大哭："我爸爸怎么不想看我们呀？"那人说："昨晚他提出过要见你们，我们不知道你们住在哪儿。"姐弟俩听后痛哭流涕，连在场的医生都感动流泪了。

在"文革"中，吴晗在肉体跟精神的双重迫害下，在妻离子散，骨肉分离的残酷现实下，敢于直面惨淡的人生，毫不屈服，挺着知识分子的脊梁声称要和姚文元一伙斗争到底。在一系列事情中，吴晗表现出他在《谈骨气》一文中提到的"富贵不能淫，贫贱不能移，威武不能屈"的大丈夫气节。吴晗是一个铁骨铮铮、顶天立地的大丈夫。

真理必叫你得以自由

1976 年 10 月 6 日，党中央采取果断措施一举粉碎了"四人帮"反革命集团，十年动乱自此结束。1978 年 12 月，具有伟大历史意义的中共十一届三中全会召开，会议决定对"四人帮"造成的冤假错案进行平反，指出："只有坚决地平反假案、纠正错案、昭雪冤案，才能够巩固党和人民的团结。"1979 年 7 月，中共中央对"四人帮"及其顾问康生制造的"三家村反党集团"的冤案进行平反，恢复了吴晗的政治名誉及党籍。9 月 14 日，在八宝山革命公墓举行了吴晗和夫人袁震的追悼会，叶剑英、邓小平、李先念、乌兰夫、方毅、邓颖超、胡耀邦、彭真等党和国家领导人出席。悼词高度评价了吴晗不断革命坚持战斗的一生、全心全意为人民服务的一生。

1983 年 12 月，彭真为苏双碧、王宏志写的《吴晗传》题名，对吴晗一生作了客观的评价：吴晗同志从一个勤奋治学追求真理不断进步的历史学家和爱国的民主主义者转变为共产主义者的道路是本世纪我国知识分子前进的光明大道。

1984 年，吴晗诞辰 75 周年，母校清华大学为纪念吴晗在清华园里建了一座"晗亭"，邓小平写了亲笔题词。9 月，吴晗家乡苦竹塘的故居被修复。这年深秋，义乌举行了隆重的纪念吴晗活动。"三家村"唯一幸存的"村友"廖沫沙千里迢迢赶来参加。到苦竹塘后，廖沫沙坐在独轮车上，频频向吴晗故乡的父老乡亲致意，缓缓走向吴晗故居。一进故居，廖沫沙就声泪俱下地说："吴晗老弟，我来迟了！"

2005 年冬至，吴晗、袁震之墓迁移至苦竹塘村旁一公里处的"春晗公园"内，原国务院总理朱镕基亲自题写"吴晗袁震之墓"六个大字。

2009 年，在吴晗诞生 100 周年之际，中国人民大学出版社出版了由常君实辑集的 10

卷本《吴晗全集》。

吴晗虽然身负冤案,被迫害致死,但公道自在人心,真相终会大白,历史终归会有公正的评判。只要走的路正确,努力去做了,即使一时受到冤枉,身负罪名,但真理必叫你得以自由,罪名终将被洗刷。

吴晗的一生,早年奉行"读书救国"论,不断学习,探索真理,成为一代明史大家;中年面对国民党的反动统治,为争取民主拍案而起,大声疾呼,成为著名的民主斗士;新中国成立后,担任北京市副市长,着手文教工作,主持出版一大批普及性及学术性著作,培养了一批人才,为祖国的文化事业作出巨大贡献;晚年虽遭受"四人帮"迫害,但坚强不屈,与反动势力对抗到底,表现了一个大丈夫的骨气。统观吴晗的一生,他是一个探索真理、热爱自由、追求民主的爱国知识分子,一个讲骨气、有魄力的大丈夫。

斯人已逝,但精神永存。透过厚厚的500多万字的《吴晗全集》,我们仍能感受到字里行间闪烁着的思想灵光和斗争精神,仍能听到这位先人为民主、为真理而发出的呐喊。

第六章　义乌名士文化的继往开来

正如今日中国在世界上的崛起一样，当代义乌的经济社会发展早已今非昔比，它的影响力已经遍及全球。不过，饮水总需思源，数典不可忘祖，历史上的名人志士尽管一个个离我们远去了，但由他们的人格与思想积淀起来的文化资源却时时刻刻地对当代义乌的发展产生着深远的影响。首先，这些优秀的精神气质以另一种表现形式发生于现代义乌蓬勃向上的经济发展过程中；其次，在当代文化产业的发展浪潮中，义乌的名士资源将对义乌的现代旅游与文化教育事业产生重要的影响；第三，新一代义乌人的辉煌成就也离不开历史上名士文化土壤的滋养，名士文化传统也将被一代又一代的义乌人传承发扬下去。

第一节　名士文化与义乌现代经济

高速发展的经济与廉价实惠的商品已经成为当代义乌的代名词，今天义乌已成为位列“福布斯中国大陆最佳商业城市”排行榜和全国百强县(市)前列的经济强市。据2008年7月7日的《中国青年报》报道，当时第八届全国县域经济基本竞争力与科学发展评价报告，评出了全国县域经济百强县(市)，其中前10名分别为：江苏江阴市、江苏昆山市、江苏张家港市、江苏常熟市(以上并列第一)、江苏吴江市、浙江慈溪市、江苏太仓市、福建晋江市、江苏宜兴市、浙江义乌市、浙江余姚市、山东荣成市。义乌在其中排名第八，已经成为中国现代经济发展中的极其重要的地区。

另据最新统计资料显示，1993—2009年，义乌的地区生产总值从40.9亿元增长至519.5亿元，增长了11.7倍；人均GDP从6 992元提高到71 457元，增长了9.2倍；财政总收入由1.79亿元上升至70.81亿元，增长了38.6倍；市场成交总额由45.2亿元增长至556.1亿元，增长了11.3倍，连续19年居全国各大专业市场榜首，2005年被联合国与世界银行、摩根士丹利公司等世界权威机构评价为“全球最大的小商品批发市场”；城镇居民人均年可支配收入和农村居民人均年纯收入从3 484元、1 724元提高至30 841元、12 899元，分别增长7.9倍、6.5倍；金融机构存款余额从26亿元增长到1 254亿元，增长

47.2 倍；城区面积由 10 平方公里扩大到 84 平方公里，增长了 7.4 倍；城市人口从 16 万人增加至 93 万人，增长了 4.8 倍。①

从改革开放初到现在，义乌的社会经济发展经历了这样几个重要阶段：

小商品市场起步与初创时期（1979—1987）：第一代小商品市场建于 1982 年，1978 年义乌廿三里稠城等地的农民自发在镇区马路两侧摆起地摊，逐步形成时间、地点相对固定的"马路市场"。1982 年义乌政府毅然作出了开放小商品市场的决策，"马路市场"被改造扩建为"稠城小百货市场"。1984 年小商品市场摊位发展到 1 887 个，年成交额 2 400 万元。第二代小商品市场建成于 1984 年，当时义乌县提出"兴商建县"的发展战略，把发展小商品市场放在了义乌经济社会发展的首要地位，大力发展小商品市场经济，这个阶段实现了由"马路市场"向"以场代市"的转变；第三代小商品市场建于 1986 年，由于市场的发展需要，义乌在篁园路建造第三代小商品市场。市场主体从一元开始向多元化方向发展，1987 年小商品市场成交额为 2 亿元。

小商品市场的壮大与拓展时期（1988—2001）：在这个时期，义乌小商品市场经过民间创立与积累，政府帮助与扶持，逐步形成一定规模并逐渐辐射到周边地区乃至全国的小商品市场。1991 年义乌小商品市场年交易额达到 10.25 亿元，成为全国第一大小商品市场。1992 年至 1994 年第四代小商品市场建成，小商品市场的营业面积达到 46 万平方米，市场成交额达到 211.97 亿元。

小商品市场全面发展与走向世界时期（2002—2006）：2001 年义乌市明确提出建设国际商贸城市的总体目标，开始建设具有标志性建筑的"国际商贸城"市场，进一步提升市场的软硬环境，使义乌小商品市场与国际贸易接轨。这一阶段义乌小商品市场呈现三个特点：一是市场档次和信息化水平不断提升；二是企业规模继续扩大，经营者素质不断提高，形成多种市场形态共存的格局；三是会展经济迅速崛起，向国际商贸中心的方向发展。目前，义乌与世界 212 个国家和地区有着贸易往来。

就资源条件而论，义乌的经济发展并不具备优势：从地理资源看，义乌多山，土地贫瘠，资源匮乏，缺乏交通和区域优势；从国家战略看，义乌也从未得到过重视，从未享受过优惠政策；从对外关系看，义乌身处内陆，各方面条件都不足以吸引大量外资进驻投

① 骆立军：《亲历义乌改革发展（1978—2010）》，http://szb.yiwu.gov.cn/ywfz/2010JK2/shgc201002/201011/t20101111_289127.html。

资。然而就是在这样恶劣的发展条件下，义乌由一个土地贫瘠、经济落后的农业小县，一跃发展成为经济强县；一个原本只是在马路边、棚架下交易的农村小集市，在短短几十年的发展中，从起初的简易马路市场，到第二代的棚架市场，直到现今全球最大的小商品批发市场和十大国家级产业基地。①其令人惊异的变化，的确可说是创造了经济发展中的奇迹。义乌的经济发展因此而引起海内外经济学家的兴趣，一时各种关于“义乌经验”、“义乌模式”的探讨甚嚣尘上。

为什么是义乌？为什么义乌能创造如此伟大的经济奇迹呢？各路专家各有各的说法，但在总结原因的时候都涉及义乌深厚历史文化底蕴在现代经济发展中所扮演的角色。2006年4月30日，中共浙江省委、浙江省人民政府发布《关于学习推广义乌发展经验的通知》，决定在全省学习、推广义乌发展经验，通知将“义乌经验”归结为六点：一是兴商建市；二是产业联动；三是城乡统筹；四是和谐发展；五是丰厚底蕴；六是党政有为。在对“义乌经验”的总结中，明确地指出了丰厚的文化底蕴对于义乌现代经济发展所具有的意义。

的确，义乌市场的萌芽与义乌源远流长的历史文化发展有密切的内在联系。有学者就认为，义乌市场的文化渊源是商业历史文化的另一分支，即小商品交换所内生的底层百姓的商业习俗文化。据考古发现，义乌早在春秋战国时期就可能出现一定规模的市井交易，在稠城地区大量出土的古井遗址可以为证。②进入汉代以后，根据考古发现那个时候商品生产相当发达。③西汉末年，中原动荡促使大批士族、手工业者和农民迁移到浙江，给这个地区带来了先进的生产技术，到东汉，义乌在全国的地位开始上升；南北朝时期，由于佛教兴盛，寺庙经济蓬勃发展起来；而在唐代，义乌出现了盐商；在宋代，随着经济的发展，义乌出现了民众安居乐业的景象。在南宋初年还出现了取代笨重金属货币的纸币——会子。新钱币的出现，是商品经济发达，社会进步的重要标志。当时的义乌以丝织、酿酒、陶瓷最为发达。据《宋史》记载，那时的义乌人“人性柔慧，尚浮屠之教。

① 十大国家级产业基地分别为：中国袜业名城、CBC全国化妆品产业基地、中国拉链产业基地、中国制笔工贸基地、中国无缝针织服饰名城、中国工艺品工贸基地、中国流行饰品工贸之都、中国商品包装印刷产业基地、中国丝带名城、中国合成革工贸基地。

② 2000年5月，在市区兴建绣湖广场工程中，发现了春秋战国时代水井一口、汉代古井十多处。人口大规模聚居之地与饮水之“井”、交易之“市”有密切联系。

③ 化工路墓群五铢钱，稠城北郊汉墓小半两钱和五铢钱的出土，以及今天的义乌市王莽货泉的出土，从侧面反映出两汉乌伤商业流通的信息。

俗奢糜而无积聚，厚于滋味。善进取，急图利，而奇技之巧出焉”。

元朝时期，当时属于婺州路的义乌经济也空前繁荣。到明清之际，义乌有人开始脱离农业生产，转而从事专门的工商业。例如洪武年间，义乌下骆宅村骆得源“家甚富，充千石长，征一至七都钱粮”，家粮甚多，次子骆征信就开始做粮食生意，经营“南粮北运”。此外，工商业集市也开始兴起，当时有集市约 16 个，构成了密集的商业网络。在此期间，海外贸易的发展也开启了一个新的阶段。冯允奇是已知的从事外贸的第一人，而到了清代乾隆年间，开始出现“鸡毛换糖”这一商业活动，也被视为义乌市场发展的源头。民国时期，义乌第一家银行义乌东浦农民银行建立，对外贸易频繁。义乌的商业发展有着深厚的历史传统。

除了商业文化因素之外，名士文化对于现代经济所产生的影响，同样不可忽视。虽然看上去名士风范与现代经济似乎风马牛不相及，但细致考察之后，我们同样会发现它对义乌现代经济的发展之间的深刻关联。

首先，义乌名士精神中的刚烈无畏精神在市场经济时代得到了新的发展空间。这在“鸡毛换糖”的故事里就可见一斑，在极其困难的经济条件下，义乌人硬是坚忍不拔地走出了一条新路来；此外在计划经济的时代，义乌人往往敢为天下先。在整个国家的经济思维还处于僵化状态的时候，硬是敢于开拓，敢于进行商业贸易。尽管这种精神在义乌名士和商人身上所呈现的具体形式有所不同，但它们的内涵是完全一致的。

其次，义乌名士文化中的“义利并举”思想，对义乌现代经济的腾飞起到了关键性的影响。在前面的篇幅中我们已经谈到，义乌包括整个浙江，由于与中国的政治文化中心距离遥远，受到正统文化的影响相对较少。它的边缘地位有利于非正统思想的产生与传播。尽管也属于儒学的分支，但义乌名士对待“义利”的看法已经与正统儒学之间产生了很大的分歧。当正统儒家对“利”嗤之以鼻，对从事商业的人报以鄙夷的眼光之时，义乌的大儒们却对这些报以极大的同情与宽容，更加务实。用当时代表人物叶适的话来说：“古人之称曰：利，义之和。其次曰：义，利之本”，“然则虽和义，犹不害为纯义也；虽废利，犹不害其为专利也”。他的意思是，利是义的伴随，义是利的根本，即便把义和利放在一起谈论，也没有妨害义的纯粹性；即便讲义不讲利，也并不妨害利的专一性。义乌名士对待义利的看法更平衡，也更合理。这样的价值取向是对商业活动的积极鼓励，在信守道德底线的前提下，追求更多的利益并不是一件让人抬不起头的事情。义乌经济正是在这样观念的鼓励下，迅速而蓬勃地发展起来。

当然，在对“利”重视的同时，名士文化中对“义”的强调同样不可忽视。义乌商人在追求利益的同时，并未丧失诚信原则。义乌商人在获得财富的同时，还能承担起相应的社会责任感，在解决社会就业岗位、捐款慈善事业、抗震救灾等方面都作出了有益的贡献。

第三，义乌名士文化中的“经世济民”情结在当今的义乌执政者身上也有所体现。著名经济学家厉以宁曾说：“义乌能实现‘小商品、大市场’，重要的一点就是有了服务型的政府。义乌市把政府的角色定位在调控有度的有为政府上。”从谢高华到楼国华，历任义乌相关领导都在义乌经济的腾飞中，起到了重要的作用。从改革开放初期县委书记谢高华提出“四个允许”，为小商品市场的萌芽提供了良好的政策环境，20多年来，“兴商建县”的总体战略一直未变。历届党政领导班子始终遵循抓市场就是抓经济的理念，一如既往地推进专业市场的主体培育、硬件完善、功能扩展和业态提升。与此同时，当地政府还善于根据不断变化着的实际情况，与时俱进地提出符合当时客观情况的具体发展战略和举措。

曾任义乌市市长的周启水就曾作过形象的比喻：“历届市委、市政府对小商品城的发展支持好像是修路，最早时修出一条小路，又有人将小路修成机耕路，再加宽修成柏油路。我们的责任是继续往前修，把它修成高速公路，两边再好好绿化一番。也就是说，让义乌老百姓的致富路越走越宽。”①正是在这些具体的行动中，义乌的执政者依然发扬着前贤勤政爱民、心忧天下的优良传统。

第二节　名士文化与义乌现代旅游

义乌丰厚的人文底蕴与名人资源所带来的影响是多方面的，名士精神成为现代经济社会发展的引擎，也进一步为提升义乌社会的文化素养奠定基石；名士资源的存在，也为义乌现代旅游的发展提供了重要的契机。

名人对于现代旅游资源的开发意义重大。从现今中国各地的旅游发展来看，名人故居纷纷被开发成为旅游景点，名人的手迹、衣物、用品等被视为珍品加以保存，并陈列出来供游人观赏。在很多时候，那些风光秀美的自然景致，也由于曾有名士诵诗作词而倍显光彩。宋濂就曾这样描述婺州地区的山水：

① 《有所为而有所不为：二访义乌市市长周启水》，载王卫平、张锦春编：《义乌：没有围墙的城市》，中国轻工业出版社2000年版，第15—16页。

> 权德舆称东阳为山水佳地，今自北山言之，潜岳之峰如宝莲花屹然中居，而三洞、双溪之胜，映带后先，佳则诚佳矣。有若先达诸公，咸文章巨儒，同生于一时，同出于一郡，岂非尤佳者乎？何以言之？人物固藉乎山川而生，而山川则专倚乎人物为之引重，而此诸公其显而在上者，则已羽仪文化，流声四方；其隐而在下者，又能播芳誉于天朝，蔚为当世儒宗，此非人之瑰杰益以昭夫地灵者欤？……呜呼！北山之雄丽不减于昔，生祥下瑞，当无时而休也，恶知无俊伟叠兴以继诸公之轨辙哉？①

在他看来，山水之美若没有“人物之引重”就未必能成为风景名胜。平心而论，相较于浙江的其他地区，义乌在旅游资源方面的优势并不突出，人们到义乌往往出于商业的目的，很少会想到专程跑到义乌旅游。因此，义乌的旅游资源有待开发；深厚的名士文化资源的存在，使得义乌旅游资源具有巨大的开发潜力。根据义乌市最新通过的《义乌市“十二五”旅游发展规划》，义乌市将在义东、义南、义西、义北分别规划开发华溪、丹溪、上溪、苏溪等四个乡村旅游集群。②

因此，我们完全有信心看到，在义乌经济发展的同时，人们也会对人文自然资源有所重视。以下就从义乌的几个具有代表性的旅游景点出发，既旨在呈现名士与义乌旅游的关联，也在于展望义乌现代旅游事业的未来。

名人故里

骆宾王公园　这是一个以纪念唐代义乌籍著名诗人骆宾王为内容的历史文化公园。公园建在城中中路，相传骆宾王7岁时咏鹅的骆家塘一带。公园入口处建有仿唐牌坊照壁。整座公园以骆宾王的生活经历为素材，以自然山水为主体，由劲节虚怀、咏鹅、

---

① 宋濂：《题北山纪游卷后》，载罗月霞编：《宋濂全集》，浙江古籍出版社1999年版，第554页。

② 根据“十二五”规划：在华溪集群，将通过整合地处丁店村的骆宾王墓、葛塘村的古窑址、娄山塘的黄溍纪念馆等旅游资源，形成一条历史文化旅游线，并通过做大华溪森林公园旅游基地，打造拨浪鼓主题公园等，规划开发廿三里街道乡村旅游集群。在丹溪集群中，将以义乌最高峰大寒尖为主要亮点，开发“财商论剑”项目；依托丹溪景区、柏峰水库，挖掘丹溪生态文化资源，开发乡村生态“养生”休闲旅游度假基地；整合冯雪峰故居、戚家军纪念馆、二乔故里、朱一新故居、雅端村、雅治街村等，形成古村名人旅游线；以羊印村为基础，形成一串农家乐特色旅游村。上溪集群以黄山八面厅的古建筑艺术为亮点，以岩口湖生态山水和十里桃花坞为基地，通过整合吴晗故居、普济桥、下宅祠堂（金萧支队第八大队成立地）、沿华村（恒古桥）、萧皇岩（抗倭亭、萧皇太子庙）、千丈岩、分水塘陈望道故居等乡村生态文化旅游资源，形成红色旅游线，并依托贝家等特色村庄，开发特色农家乐旅游村，集成开发上溪乡村旅游集群。苏溪集群以古越历史文化资源——勾嵊寺为亮点，以苏溪里西岗竹海生态资源为休闲旅游度假基地，通过整合齐庐山、虞复墓、杜门书院、瑞丰禅寺、滴水岩及大陈“商祖”文化（勾践、范蠡的故事）、苏溪“孝义”文化等，形成历史文化旅游线，集成开发苏溪—大陈乡村旅游集群。

风萧水寒、白云精舍和云林幽居等6个景区组成。它展现了这位杰出诗人才华横溢、品质高洁、仕途坎坷、命运壮烈的一生。据史书记载:“公有墓在婺义乌县东北三十里上枫塘之原,八百年完整如故……”,“前建石坊后竖石碑,四周皆环以石,如城状,诚巨观也”。现存墓为1989年12月重修,该墓坐北朝南,墓已呈半锥形,墓道依旧呈环状。墓前置六柱五间三楼牌坊式墓碑,明间嵌着清道光二十二年(1842)修建的“唐侍御史谥文忠骆公赠淑人范氏合墓”墓碑,墓周围松柏常青,为义乌市级文物保护单位。

宗泽故居 元丁存《题宗留守故居》:“王室多方难,经营守汴都。竭谋心报国,戮力愿擒俘。落叶封苔砌,虚簷乱曙乌。当时过河语,千载共嗟吁。”

徐侨遗迹 赤岸镇东岩书舍遗址,系南宋著名理学家徐侨晚年讲学场所,曾在此培养出朱元龙、康植、王世杰、龚应之等多名进士而声名远扬。书舍和庵已毁,仅东岩残存石刻“东岩庵”三个正楷大字,笔力雄浑,传为徐侨所书。石刻全长约1.70米,高0.70米。

千年文化古村落大元 距离国际商贸城大约8公里的距离,那里是吴百朋与倪仁吉的故里。现村里保存的古迹多。如七幢、尚书府、大照壁、仰止堂等。七幢始建于明弘治年间,后修建于清乾隆年间,原有五进五开间,现存第三、四进和左右厢房,共16间,相互对称。吴百朋纪念祠位于江东街道大元村南部,南山水库大坝脚下,是大元村吴氏后裔为纪念先祖、明朝抗倭名臣吴百朋而建的一座纪念性建筑。大殿正中塑有吴百朋像,并陈列了吴百朋的事迹,庭院四周有红墙围绕,这里环境宜人,鸟语花香。此外,吴百朋墓立于江东街道山口村的青龙山,墓已沉,墓址尚能辨识,近年进行了修整,并新立墓碑,上书“吴百朋王氏合墓”。1995年3月24日被公布为义乌市级文物保护单位。①

丹溪陵园 坐落在赤岸东朱村的山林中,是一个以自然山水为骨架的历史生动、人物丰满、风景迷人的田园风光式纪念园林。这里,不仅有湖光山色,小桥流水,更有旷世名医、金元四大医家之一朱丹溪的遗迹,有寓寄后人崇敬之情的各式亭台、馆园、碑廊。陵园内丹溪庙历史遗址处,现建有格局规正、殿宇恢宏的朱丹溪纪念馆。馆的正厅有一高大的丹溪铜像。后进院落为丹溪诊所、陈列室、碑廊,陈列着丹溪著作及当代名人的字画作品。

朱一新故居 位于赤岸镇朱店村。因朱一新当年曾任监察御史,故其故居称为“大夫第”。建于清光绪十四年(1888)前后,原建筑群规模宏大,雕琢精细。但故居历经百余年风雨,已破败不堪。后经媒体多次披露,义乌市政府近年来拨款修缮故居,现已修葺

① 义乌市博物馆编:《乌伤遗珍:义乌市文化遗产图志》,文物出版社2008年版,第35页。

一新。朱一新故居是一座18间四合院楼房，它不只雕梁画栋，还有许多独特之处。楼下有46扇木门，每扇木门上部是雕花的明窗，下部是用独块木棉树板阴刻而成的名人字画。各扇门图案不同，精致无比。在朱一新故居两间书房内还有两堵木板墙，每堵墙由名人字画拼成，文字墙还在，国画墙已被盗一空。沿天井走廊边，设有"美人靠"长背椅，长20余米。这样的长椅颇为罕见，这次已全部修复。此次同时修复的还有朱一新之弟朱怀新故居18间四合院楼房，"大夫第"门面及过道房，三处连为一体。这些古建筑文化底蕴浓厚，是义南山区一颗璀璨的文化明珠。①

陈望道故居　一幢建于清宣统年间的庭院建筑。一进五开间，左右厢房各2间，开间前檐有天井，设有照墙。古居右角不远处是陈家的柴屋。1919年，陈望道从日本留学回来，因提倡思想解放，被当局以"非孝"、"废孔"和"共产"、"共妻"的罪名查办时，回到家乡，并在这柴屋中首译了《共产党宣言》中译本。后来，柴屋焚于火中，而他翻译的经典著作，却为中国革命"盗取"了"天火"，照亮了革命者的道路。陈望道故居陈列着他的生平事迹、照片和部分珍贵书籍，是让人们了解革命历史的绝好教材。

冯雪峰故居　著名的作家、文艺理论家、社会活动家冯雪峰出生在义乌市赤岸镇神坛村。雪峰故居是一座建于清宣统二年的四合院。中间一个天井，厅堂中摆着冯雪峰的塑像，陈列着生平事迹照片及国家领导和文化名人的题词。冯雪峰作为现代文学史上的开拓者，作为唯一参加过二万五千里长征的作家，作为党和鲁迅之间的"架桥人"，他的卓著功绩，深为后人崇仰。

吴晗故居　著名历史学家吴晗故居在吴店镇苦竹塘村，是1924年建的院落式民居建筑。一进五开间，左右厢房各一间。房前是花园。故居大门上方嵌原国家副主席乌兰夫亲笔题写的"吴晗同志故居"青石匾额。照墙内壁左右分别嵌有原全国人大常务委员会委员长彭真亲笔题词和吴晗生平简介的青石碑刻。东厢房是旧时吴晗父亲的书斋，右厢房曾是吴晗的卧室兼书房。吴晗就在这儿度过了童年和少年时代。故居中堂悬挂着吴晗的油画像和一组生平照片，画像两旁的木板上刻着廖沫沙悼念吴晗的题词："留取丹心照汗青"，"文章憎命达，魑魅喜人过"。这题词是吴晗一生的写照。吴晗作为"文化大革命"动乱中第一个屈死的名人，于1969年就早早地离开了人世。但历史是公正的，其冤狱早已得到平反。邓小平亲笔题写的清华园内的"晗亭"和这座故居，便是留

---

①　毛春贤：《义乌商报》2010年8月17日。

在人们心中的两座永恒的纪念碑。

戚家军纪念馆　位于赤岸镇乔亭村，建在村对面一片山体浑圆、起伏有致的低平峡谷中。气势宏伟的两檐城楼巍然屹立，城楼两侧由青条石砌成的“长城”，顺着地势，蜿蜒至南北两座山上。走近城楼，“凯旋楼”三个字闪着金光。因为，戚家军是义乌人的骄傲。当年戚继光在浙东抗倭，在义乌招了3 000名义乌兵，这些将士扫荡沿海倭患，戍守北方边疆，英勇善战，坚忍刻苦，被称为“兵样”。仅明朝一代，因军功被授予平章元帅、将军、副总兵、参将、千总、把总、千户等武职的就有228名。现纪念馆北面的蟹形山上，就有这些武官的墓葬群。

黄山八面厅　位于上溪镇黄山村，始建于清嘉庆年间。座西南朝东北，建筑呈矩形平面，占地约3 000平方米。中轴线上依次有花厅、门厅、大厅、堂楼，中轴线两侧分别有4个三合院，整个建筑布局严谨、规整、对称、尊卑有序。梁架结构气势宏伟，采用冬瓜梁型制。建筑雕刻分为石雕、砖雕和木雕。布满地袱、石踬的石雕，以缠枝花卉、道八仙、凤纹为题材。门厅正立面上以道家人物故事为题材的砖雕，线条流畅。值得一提的是木雕工艺，雀替、牛腿、格扇、挑头等都雕刻人物故事、动物和花卉图案，人物塑造讲究造型的优美，性格的刻画。动物花卉写实逼真，集线雕、浅浮雕、高浮雕、镂雕、透雕等工艺于一体，与徽派建筑的雕刻相比更加注重雕刻力度和流畅线条，是东阳木雕的顶峰之作。它是宗祠与居住相结合的典型浙中民居，体现了我国大家族的伦理观念与小家庭的生活习惯。同时，它又是一座艺术的殿堂，古代雕刻艺术的博物馆，具有很高的艺术价值。

稠州公园　位于城区稠州中路与南门街交汇处，东临中国小商品城，南邻义乌江。占地约60亩，其中人工湖面积11.5亩。总投资约315万元。1990年2月建成正式开放。以传统江南园林的造园手法为主，吸收了现代园林的建园手法。以水体为中心，绿化为主体，假山庭院、亭台楼阁等园林建筑小品点缀其中，形成一个“虽由人作，宛自天开”的自然优美的游览胜地。环绕湖面设游乐、娴静小憩、名人纪念和歌舞娱乐四个区。其中名人纪念区荟萃了义乌历史上主要名人：有文学史上“初唐四杰”之一的骆宾王、有“金元四大名医”之一的朱丹溪、有宋代抗金名将宗泽，还有当代的陈望道、冯雪峰和吴晗，使游人了解义乌的历史文化。

义乌名人曾经游历的山水名胜

绣湖　又名绣川，位于义乌市城区。明初宋濂《重浚绣川湖记》称其“广袤九里三十步”。其四周群峰环绕，云霞掩映，景色如绣，所以取名绣湖。

宋元期间，义乌人民喜爱这个风景秀丽的地方，当地官员便在湖边建造亭台楼阁，种植花草树木，使绣湖成为义乌著名的风景点。明正统年间(1436—1449)，知县刘同，县丞刘杰，会同龚永吉、朱肇等人在绣湖边饮酒赏玩。酒过三巡，诗兴大发，就把绣湖风景概括为“绣湖八景”：驿楼晚照、烟寺晓钟、花岛红云、柳洲画舫、湖亭渔市、画桥系马、松梢落月、荷荡惊鸥。他们创作了大量的诗篇歌咏绣湖八景，并汇集成册，流传至今。

绣湖之美，与历朝历代义乌地方官员的着力经营是分不开的。历史上的绣湖前后共浚治过 15 次。北宋大观三年(1109)，知县徐秉哲筑堤植柳以通往来，即后来所说的绣湖八景之一的“柳洲”，并造塔建寺，绣湖景色益胜。

除了地方的名士官员打造了绣湖之美以外，绣湖的绮丽景色也引来无数文人墨客写下动人篇章。如元代金涓有《湖西稿》、《青村稿》；明县丞刘杰有《绣川集》，金江有《华川文派录》，金世俨有《吏隐绣水》；清冯迈有《绣川积玉》；民国张应铭有《绣水应声》等。他们的作品中留下了精彩的诗句，为绣湖之美更平添了几分浪漫。

大安寺塔　义乌境内现存最早的砖木结构建筑，坐落在义乌绣湖畔，宋代建造，明永乐年间顶层倒塌，四层和五层重新修复，此后还进行过局部修补。大安寺塔修造之时，“有塔无级”，为六面楼阁式砖木混结构。塔内有盘旋而上的木扶梯，塔身有飞檐回廊，可供人登临观览。此后历代少有人管理，经风雨侵蚀，残损较为严重，顶层还曾因塔体倾斜而倒塌，后又重砌。到 20 世纪 90 年代，大安寺塔仅存塔体空筒，塔顶荡然无存，木结构腐朽，塔身倾斜，塔砖严重风化，显得老态龙钟。2004 年，义乌市文物部门委托省文物考古所古建筑研究专家设计制定了大安寺塔修复保护方案，按北宋大观年间砖木结构塔的形状，恢复塔檐、回廊和塔刹；从现存的残高 26.50 米恢复到 34.85 米。修复后的大安寺塔成为绣湖公园的标志性景观。

双林寺　宋英宗赐名“宝林禅寺”，俗称宝林寺。位于义乌市佛堂镇的云黄山麓。自梁已历 1 500 余年，历史上高僧辈出，声名远播东瀛，是东方著名的佛教圣地。

据省文物考古资料记载，双林寺是浙东建寺早、规模大、影响较广的寺院，建寺年代比佛教天台宗发源地国清寺还早 55 年。由于历代帝王恩赐和佛门弟子的帮助，双林寺规模日益宏大，香火长盛不衰。到北宋时，仅僧舍就有 1 200 多间。南宋宁宗嘉定年间评定天下禅宗丛林，选出五山十刹，其中双林寺名列十刹之四，与杭州灵隐寺、天台国清寺齐名。明代《重修双林禅寺序》云：“乌伤上游，古刹双林，在震旦国中，称庄严第一。”

1958年的"大跃进"运动,使这座江南名刹毁于一旦,取而代之的是一座人工挖掘的双林水库,寺址湮没于一汪碧水当中。

双林之遗迹甚多,如傅大士的舍利塔虽历经1 500余年的历史沧桑,现仍矗立在云黄山巅,以及义乌现存最早的传世文物铁罗汉等。最著名的是双林铁塔,造于五代后周时期,迄今已有1 000多年。该塔原建于寺内,左右各一座,为八面五层,仿木结构,楼阁式。其中一座毁于战乱,另一座也只残存两层。铁塔上的图案,线条流畅,形象生动,结构严谨。它是佛教艺术中的精品,也是研究五代铸造工艺的珍贵文物。据专家说,这样满布精美纹饰而又年代久远的铁塔,在全国尚无第二处。

1994年,义乌市人民政府决定修复双林寺,以期重现江南古刹昔日风采。1995年,世界佛教名人、美籍华人夏荆山大居士专程前来双林寺指导选址。1996年,作为义乌市旅游业的重点项目双林寺风景旅游区第一期工程——双林禅寺大雄宝殿正式奠基动工。1997年,双林寺大雄宝殿屹立在云黄山麓。恢弘的建筑,庄严的殿堂,生动的佛像,重现了双林寺的昔日神韵。

滴水岩　"苏溪亭上草漫漫,谁倚东风十二栏。"这是唐朝戴叔伦所作《过苏溪》中的诗句。如今,苏溪之上山环水萦、林木郁深、清气袭人的那种景致已减色许多。所幸的是,苏溪之上滴水岩景区的风景却倍增秀色,令诸多游人倚栏观赏,畅游忘返。

滴水岩坐落在苏溪镇内,又称水竹洞天。相传朱元璋率将士经苏溪憩息时在溪里喝水,觉得苏溪的水特别清甜可口,且看溪水中竹影摇曳,山上秀竹叠翠风姿绰约,遂美其名为水竹洞天。再加上长年有水从巨岩上滴下,又称滴水洞天。进入景区,沿巨岩拾级而上就是胡公殿。殿内不仅有胡则塑像,还有宋朝抗金名将宗泽的塑像。出胡公殿,绕石级而上,是弥勒寺。出弥勒寺沿南侧巨岩登高约20余米,这里一座新建成的七层宝塔格外吸引游人。游人可沿塔内的石级盘旋而上,不仅能欣赏塔上的石狮、石龙和内壁的千尊佛像,而且每登一层,还可沿塔外的走廊绕一圈,观赏一番山下的景致。直到登上塔顶,苏溪新貌尽收眼底。

一峰塔　自明迄今,年代久远,塔仍巍然屹立于钓鱼矶山上。塔为六面七层楼阁式砖木结构,塔高约40米,塔身底层内径3.65米,内面宽2.05米,外面宽3.88米,塔壁厚1.56米,塔座面宽4.20米,每层有腰檐,出檐较浅。每层辟拱券门和壁画佛龛各三座,是目前义乌市内保存较好的古塔。据明代华溪人虞德烨著《重创钓鱼岩一峰塔记》云:"去邑治五里许,隔水东南,群峰迤逦,临江而抱邑,峰绝突兀,巨石锁之,是谓钓鱼岩。峭壁急湍，林木蓊郁，亦通邑奇观也。岩故有塔，与绣湖远近映带，上应文昌之宿。塔创于汉，仍于唐宋，圮于胜国。”

钓鱼岩古塔“始创于汉”这一说法，有待商榷。但可以肯定，唐宋以前已有古塔，唐宋间曾重建之，元代又圮，迄明代重建时已毁三百多年。宋元以前，骆宾王、宗泽、徐侨、黄溍都曾登临揽胜，因风吟啸。此后明代知县张维枢因素慕骆宾王等先生，觅其登临吟啸故址，追忆前贤，但见塔圮荒芜，仅存残烟乱草，不禁感慨。于是与诸人共谋修塔一事，工始于当年，三十年告竣，建浮屠五级，题之曰“一峰塔”。一峰塔在作用上非同于一般的佛塔，它矗立于西江桥畔，堪舆上讲起到镇守风水，锁住水口之作用，民间俗称风水塔。另一方面，塔又关乎一邑之文运，因而又称文峰塔。崇祯年间知县熊人霖曾捐资在蟠山之麓建西江桥，又于江北迁建文昌阁以镇之，营建普渡禅林寺庙以守护之，这年秋，本县一榜中三魁，是应文明之运也。次年，熊人霖将“一峰塔”命名为“龙光塔”，“以鱼之为龙，祈多士也”。

德胜岩　在义乌城北后宅镇内。因山峦稠叠，又称稠岩。海拔 381.7 米，登岩远眺，群山连绵不断，景色蔚然壮观，是古往今来登高揽胜的好去处。德胜岩上的奇石怪洞甚多，有上岩洞、洪岩洞、蝙蝠洞、冠山、九龙抢珠岩等。山巅上还趴着一只巨大的乌龟，大自然的鬼斧神工所造就的乌龟的逼真形态令人叫绝。德胜岩上有一座庙，旧称赫灵行庙。始建于元初，系为纪念宋兵部侍郎胡则而建。庙中殿宇壮观，香火颇盛。相传早在元朝时，就为邑人所慕。文人学士纷至沓来，留下了不少吟赏风月的诗篇。

第三节　名士文化与当代义乌人

如果说义乌的民俗风情孕育了历史上优秀杰出的名士豪杰的话，那么同样，义乌名士所积淀起来的文化底蕴，同样也影响和塑造着今日的义乌民众。人们通常在解读“精英”与“民间”关系的时候，总是习惯于将两者对立起来；其实两者之间的联系与互动是相当频繁的，就如英国文化史家彼得·伯克(Peter Burke)所言，“在高雅文化和大众文化之间可能存在着许多关系”。①因此义乌历史上作为精英的名士文化对民间文化所产生的影响，也是不容忽视的。

很早就有人注意到这个问题，在 1987 年的《义乌县志》中就曾有这样一段话，称颂本县民情风俗：“颜宗流风薰被，民多尊长孝亲，忠心为国”，“崇礼仪，尚孝义”，“勤劳俭朴，

① 彼得·伯克：《欧洲近代早期的大众文化》，杨豫等译，上海人民出版社 2005 年版，第 5 页。

鲠直好武”。这里“颜宗流风”中的“颜宗”指颜乌和宗泽，也就是说以颜乌和宗泽为代表的义乌名人，对义乌民间尊长孝亲，忠义为国的风尚产生了重要的影响。南宋时期的黄中辅曾这样写道：“他时忠孝之风，接颜踵宗，则公之遗德滋多，讵可忘所自云？”关于宗泽“忠简”精神对后世的影响，明代朱湘在《义乌宗堂忠简公祠碑记》中也有专门的描述：

国初吾邑若王忠文公祎，靖难之时，若楼公琏、龚公泰，皆抱忠不屈、视死如归、英风特节、响应后先，此虽山川间植，谓非闻公之风而兴起不可也。

可以这样说，颜乌的“孝顺”和宗泽的“忠简”早已超越了他们自身，经过时光的跨越和历史的淘洗，已经内化为义乌大众性格中的重要部分。名士文化在塑造、巩固以及发展义乌地区民俗风尚方面，确实有着巨大的能量。

当然，并不是说“颜宗流风”仅仅意味着唯有颜乌与宗泽在对义乌产生影响，我们在前文中提到的诸多名士，像骆宾王、徐侨、朱丹溪、倪仁吉、黄中辅、朱丹溪、冯雪峰、吴晗等都对义乌人的性格与气质产生了潜移默化的影响，他们所代表的忠孝、气节、刚烈、经世与文采，也都为他们的后代一一继承，并发扬光大。

在20世纪三四十年代的抗战时期，义乌人继承了先辈的精神，有人曾这样评价：“志节如骆临海（骆宾王）之不事伪朝，武功如宗爷（宗泽）之留守东京，他如戚南塘（戚继光）之三千骠骑，吴襄毅（吴百朋）之平剿十八窟，伟绩丰功，皆足以惊天地，垂千古。”①就如江征帆在诗中所言：“宾王草檄气冲天，宗泽兴师靖寇烟。乌伤子女多奇志，杀敌前哨贼胆寒。”②可以想见，尽管今天的义乌社会形态发生了巨大变化，但历史上名人志士的优秀品质将继续在今天的义乌人身上留存，并发扬光大。

首先，义乌人耿介正直、急公好义的精神在新的时代得到继承发扬。这一点淋漓尽致地体现在义乌女性王选身上。美国历史学家谢尔顿·H.哈里斯曾这样评价道：“只要有两个王选这样的中国女人，就可以让日本沉没。”一次偶然的机会，让王选③了解到抗

---

① 义乌县政府：《抗战建国五周年告义乌民众书》，载《义乌大事记》。

② 江征帆：《重返义乌抗日根据地》，载《历代名人咏义乌》（义乌丛书精选本）。

③ 王选（1952—），女，祖籍浙江省义乌市崇山村，生于上海。1969年作为知识青年在崇山村插队4年，1973年被推荐到杭州大学学习英语，1976年毕业后回义乌中学当英语教师，1984年调回杭州外语学校任教，1987年留学日本，1989年获筑波大学教育学硕士学位，1995年开始关注日本在义乌的细菌战，并放弃留学计划，辞去教师工作，走上对日诉讼索赔之路。1998年被推举为中国细菌战受害者诉讼团团长；2002年当选“CCTV感动中国2002年年度十大人物”，同年也被《南方周末》、《中国妇女》评为年度人物。2010年入选由香港凤凰新媒体推出的影响百年历史的100位杰出女性，与克拉拉·蔡特金、居里夫人、撒切尔夫人、宋庆龄、玛丽莲·梦露、希拉里·克林顿等国际杰出女性齐名。

战期间日军曾在义乌崇山村——即她的祖籍所在地——发动过惨绝人寰的细菌战。那次由臭名昭著的731部队所发动的战争，最终造成了鼠疫大流行，无数人因而毙命的悲惨结局。为此，王选放弃了令人羡慕的留学美国计划，放弃了待遇优厚的教师职业，毅然走上对日索赔之路。她觉得她需要为家乡的父老做点什么，为这个民族的尊严做点什么，还要为人间的正义做点什么。她说："我们打官司绝不是为了钱，而是为了明确战争责任，是为了寻求公正、正义、人权这些人类社会最基本的价值！"

她参加了由日本市民团体"日军细菌战历史事实揭露会"出资援助的在中国进行的细菌战受害者调查。她带着两名日本学者一年数趟前往义乌崇山村调查取证。就这样从一个村开始，挨家挨户调查当年日本细菌战受害的农民，进而发展到整个义乌，然后是宁波，再就是江西、湖南……从1995年到1999年，王选多次辗转在这几个地方坚持不懈。1998年她被推举为中国细菌战受害者诉讼原告团团长。她不断往来于日本与中国，调查、取证、开庭、败诉、再上诉、再取证、再开庭。直到2007年，经历40多次开庭后，她代表的义乌细菌战受害者对日索赔的诉讼才告一段落。不过，王选的工作并没有得到太多的支持，无论是民间还是政府，她只能孤身奋战。偶尔演讲的酬劳、史料部门给她收集资料的酬劳，在不同刊物发表文章的稿费都被她用作调查费，或者分给不同的人，帮她做表格的小青年，抗日老兵，细菌战受害者……自己几乎剩不下什么，大多数时候需要倒贴。①

2002年，王选当选"CCTV感动中国2002年年度十大人物"。感动中国的颁奖辞是：她用柔弱的肩头担负起历史的使命，她用正义的利剑戳穿弥天的谎言，她用坚毅和执著还原历史的真相。她奔走在一条看不见尽头的诉讼之路上，和她相伴的是一群满身历史创伤的老人。她不仅仅是在为日本细菌战中的中国受害者讨还公道，更是为整个人类赖以生存的大规则寻求支撑的力量，告诉世界该如何面对伤害，面对耻辱，面对谎言，面对罪恶，为人类如何继承和延续历史提供了注解。

其次，传统义乌士大夫的忠孝与忧国精神在当代也有了新的发展。在今天的义乌地方官员身上继承与延续了这种勤政为民，廉洁奉公的优良品质。在改革开放初期，当时的义乌县委书记谢高华思想开放，决策果断，为义乌后来的经济崛起打下了坚实的基础。即便在当时计划经济占主导的时代，义乌政府也采取"无为"政策，政府遵循义乌当

---

① 见《王选：一个女人和日本细菌战的较量》，《东莞时报》2010年4月6日。

地民情，并没有对商业活动进行严厉打压。1982 年 9 月 5 日，在经过大量调查之后，义乌县委作了一个在当时看来极其大胆的决定：开放位于义乌湖清门的小商品市场，关于这个决策的出台，谢高华至今记忆犹新：

在深入调查的基础上，县委常委们也统一了思想，达成共识，认为应该开放义乌小商品市场。但是，在当时既无明确的政策又无先例的状况下，县委要发出开放小商品市场这样的通告，是要担风险的。一些同志难免会有些顾虑。……于是，我明确表态：开放义乌小商品市场，出了问题我负责，我宁可不要“乌纱帽”。①

这种为百姓而宁丢乌纱帽的精神，在历史上的义乌官员身上并不鲜见。此后，根据小商品经济发展的新需要，谢高华又适时提出了“四个允许”，即“允许转包责任田，允许从事长途贩运，允许开放城乡市场，允许多渠道竞争”。这在当时打消了经营者的顾虑，为小商品市场的萌芽提供了良好的政策环境。②作为义乌地方改革的先行者，谢高华一直备受义乌百姓的好评，称他为神州第一市的“接生人”。

第三，“义利并重，经世济民”的思想在当代消费主义时代的环境中也获得了进一步的提升。义乌人在经济活动中的闯劲是出了名的，但在正当逐利的同时，义乌人也讲究诚信，富于公共精神。原义乌市市长吴蔚荣曾形象地将诚信称为义乌人的“第二个身份证”。义乌商人叶美芳曾多次将别人多付的钱退回去，“对商品的质量问题从不护短，是什么货就是什么货”，“经商十多年来，没有本领，没有本钱，靠的就是诚信经商这一条”。③当今的义乌，无论城市改造、市场建设、交通发展还是第三产业开发等，主要是利用民间资金，“年年高楼大厦，政府一毛不拔”，这句俗话生动地体现了义乌人对公共事务的热忱。据称，当代的义乌老板，在社会公益活动上极为热心，表现出相当强烈的公共责任意识。他们中几乎没有人试图凭借自己手中的财富而跻身政府部门，这和国内其他地区的现象形成鲜明的对比。④

最后，义乌人继续发扬勤耕好学的精神，在当代大胆创新，人才辈出。在科学上，有科学家方粮，他参与研制的超级计算机“天河一号”力压此前排名第一的美国“美洲虎”超级计算机，雄居首位。在艺术方面，有画家金心明、何加林、胡良勇与金鉴才，他们在

① 《忆义乌小商品市场的兴起》，载浙江省政协文史资料委员会编：《小商品大市场：义乌中国小商品城创业者回忆》。

② 黄祖辉、张栋梁编著：《为什么是义乌》，浙江人民出版社 2007 年版，第 27—28 页。

③④ 《义乌发展之文化探源》，社会科学文献出版社 2007 年版，第 194、293 页。

逐渐地改变那种认为义乌人只会赚钱的成见。①还有义乌人吴立群，如今已是国内优秀的音乐制作人之一。他任吉他手的《阿姐鼓》，被称为"在世界范围内真正有影响力的一张中国唱片"。他为影片《可可西里》制作的音乐曾获得金鸡奖最佳电影音乐提名。此外，他还为电影《集结号》配乐，参与北京奥运会火炬传递配乐，并与他人合作制作广州亚运会会歌。②在2010年"义乌十大给力人物"的评选中，业余诗人张旭的一首《站在车站门口，我的眼睛湿润了》，感动了千千万万外来务工者。③在他们中间，有知名学者与艺人，颇具影响力；也有默默无闻的小人物，用自己的心灵与双手，为这片土地的文化添砖加瓦。他们共同地以一种谦虚、开放、包容的心态来面对新的时代，踏实工作，真诚创造，让我们看到义乌文化未来的希望。

当然，这并不是今天的义乌社会已经完美无缺，义乌文化已达到很高的境界。对于当代的义乌，也有不少客观中肯的批评。有人认为义乌的商人文化还有提升的必要："义乌商人这些年在捐献慈善事业、捐款捐物支援四川抗震救灾等方面都有出色表现，但像'宁波帮'一样支持公益事业的大手笔似乎还未曾见到。而衡量一个商人成功的根本标准，不仅仅是看其财富，而是对社会的贡献大小。否则，商人形象在人们心目中就不够完美。"④这更是说明义乌若需要在文化境界上有所提升，更需要继承与发扬历史传统中的优秀文化。唯有尊重历史、理解历史，历史才能真正为今天所用，义乌深厚的人文精神才能得到更好的弘扬，义乌的明天才会更加美好。

---

① 《让义乌籍书画家"回归家乡"》，《义乌商报》2008年4月7日。

② 见百度百科"劳仔"：http://baike.baidu.com/view/184512.htm。

③ 见《都市快报》2010年2月25日。

④ 王授武：《迅速崛起的义乌商人何时赶上"宁波帮"》，《金华日报》2010年1月5日。

参考文献

一、义乌相关文献

《义乌市志》,上海人民出版社 2011 年版。

《义乌县志》(嘉庆),义乌市地方志办公室,1997 年版。

《义乌县志》,浙江人民出版社 1987 年版。

义乌市政协文史委员会编:《义乌文史资料》,2004 年版。

义乌市文联编:《天南海北义乌人》,中国文联出版社 2004 年版。

《义乌旧影》,浙江古籍出版社 2006 年版。

《义乌墨韵》,浙江古籍出版社 2006 年版。

《历代名人咏义乌》,浙江古籍出版社 2006 年版。

义乌名人丛书编纂委员会:《义乌名人》,中国文史出版社 2000 年版。

义乌名人丛书编纂委员会:《义乌名人传》,中国文史出版社 2001 年版。

义乌名人丛书编纂委员会:《义乌名人录》,中国文史出版社 2002 年版。

王晓军主编:《义乌文化名人》,浙江人民出版社 2010 年版。

楼亚群主编:《义乌民间故事》,浙江人民出版社 2009 年版。

陈允金主编:《义乌风俗简志》,浙江省义乌县文化馆 1985 年版。

义乌教育志编纂委员会:《义乌教育志》,浙江教育出版社 2007 年版。

中共浙江省宣传部等编:《解码义乌》,浙江人民出版社 2007 年版。

中国社会科学院《义乌发展之文化探源》课题组:《义乌发展之文化探源》,社会科学文献出版社 2007 年版。

虞国强:《义乌明珠:华溪山水人物志略》,中国计量出版社 2004 年版。

吴高彬:《乌伤遗珍:义乌市文化遗产图志》,文物出版社 2008 年版。

王卫平、张锦春编:《义乌:没有围墙的城市》,中国轻工业出版社 2000 年版。

毛旭峰主编:《可爱的义乌》,新华出版社 1996 年版。

浙江省义乌市文联编:《义乌人:〈辉煌五十年〉征文集》,1999 年版。

鲍川:《鲁迅与义乌人》,中国文联出版社 2004 年版。
黄祖辉、张栋梁:《为什么是义乌》,浙江人民出版社 2007 年版。
楼小明主编:《走进义乌》,杭州出版社 2008 年版。
刘金祥等编:《义乌刘金氏宗谱汇编》。
许庆军:《走进义乌:中国小商品城探秘》,中共党史出版社 2007 年版。
黄平:《发现义乌》,浙江人民出版社 2007 年版。
马雪芹:《一代医宗:朱震亨传》,浙江人民出版社 2006 年版。
骆有云、刘俊义主编:《义乌名家诗选》,义乌市志办公室 1999 年版。

二、义乌名人作品及其研究

傅大士

慧皎、道宣等:《高僧传合集》,上海古籍出版社 2011 年版。
楼颖:《善慧大士语录》。
张勇:《傅大士研究》,巴蜀书社 2000 年版。
汤用彤:《汉魏两晋南北朝佛教史》,河北教育出版社 1996 年版。
忽滑谷快天:《中国禅学思想史》,上海古籍出版社 1994 年版。
丁福保:《丁福保佛学大辞典》(电子版)。
蓝吉富主编:《中华佛教百科全书》(电子版)。
南怀瑾:《禅话》,复旦大学出版社 2003 年版。
赵福莲:《傅大士评传》,上海人民出版社 2012 年版。

骆宾王

骆宾王:《骆丞集》,中华书局 1985 年版。
骆宾王:《骆宾王文集》,上海古籍出版社 1994 年版。
骆宾王:《骆宾王诗集》,中国文史出版社 1999 年版。
骆宾王:《骆宾王文集》,浙江古籍出版社 2006 年版。
骆宾王:《骆宾王集》,岳麓书社 2001 年版。
陈熙晋:《骆临海集笺注》,上海古籍出版社 1985 年版。
姜光斗:《从骆宾王墓说起》,黄山书舍 2002 年版。
浙江省古代文学学会编著:《骆宾王研究论文集》,杭州大学出版社 1993 年版。
骆祥发:《骆宾王诗评注》,北京出版社 1989 年版。

杨柳、骆祥发:《骆宾王评传》,北京出版社 1987 年版。

朱丹溪

朱震亨:《丹溪医集》,人民卫生出版社 2001 年版。

田思胜等编:《朱丹溪医学全书》,中国中医药出版社 2006 年版。

温瑞书编:《朱丹溪医方精要》,河北科学技术出版社 2004 年版。

章真如:《朱丹溪学术考论》,中国中医药出版社 1994 年版。

诸葛佩整理:《名医朱丹溪的传说》,浙江文艺出版社 1984 年版。

宗泽

宗泽:《宗泽全集》,华艺出版社 1996 年版。

宗泽:《宗泽集》,浙江古籍出版社 1984 年版。

雷雨、朱宝庆:《宗泽全传:一代名臣的传奇人生》,长征出版社 2005 年版。

赵品才编著:《宗泽传》,杭州大学出版社 1993 年版。

许序雅等著:《宗泽评传》,中国社会科学出版社 1993 年版。

刘益安编著:《宗泽守汴京》,河南人民出版社 1981 年版。

吴太等:《宗泽》,上海人民出版社 1965 年版。

胡昭静:《李纲和宗泽》,中华书局 1960 年版。

丁慰长:《宗泽》,浙江人民出版社 1957 年版。

李茂高、李一峰:《宗泽的故事》,少年儿童出版社 1986 年版。

张毓芬:《李纲和宗泽的抗金斗争》,四联出版社 1954 年版。

黄溍

黄溍:《黄溍全集》,天津古籍出版社 2008 年版。

倪仁吉

倪仁吉:《凝香阁诗稿》,浙江古籍出版社 2006 年版。

楼小明等编:《倪仁吉诞辰四百周年纪念文集》,中国美术学院出版社 2007 年版。

王凌:《凝香:寻访倪仁吉》,福建省通俗文艺研究会编,2009 年版。

朱一新

朱荃宜等:《直臣名师:朱一新传》,浙江人民出版社 2008 年版。

陈无咎

姜洪军等主编:《陈无咎医学八书》,中国中医药出版社 2010 年版。

陈望道

陈望道:《陈望道文集》,上海人民出版社 1990 年版。

陈望道:《陈望道学术著作五种》,复旦大学出版社 2005 年版。

邓明以:《陈望道传》,复旦大学出版社 2005 年版。

周维强:《太白之风:陈望道传》,浙江人民出版社 2006 年版。

张岚等主编:《陈望道先生纪念集》,复旦大学出版社 2006 年版。

复旦大学语言文学所编:《陈望道先生诞辰 100 周年纪念文集》,学林出版社 1992 年版。

冯雪峰

冯雪峰:《冯雪峰选集》,人民文学出版社 2003 年版。

冯雪峰:《冯雪峰忆鲁迅》,河北教育出版社 2000 年版。

包子衍等编:《冯雪峰纪念集》,人民文学出版社 2003 年版。

陈早春、万家骥:《冯雪峰评传》,人民文学出版社 2003 年版。

吴长华:《冯雪峰评传》,上海书店 1995 年版。

支克坚:《冯雪峰论》,陕西人民出版社 1992 年版。

孙琴安:《雪之歌:冯雪峰传》,浙江人民出版社 2005 年版。

徐庆全:《周扬与冯雪峰》,湖北人民出版社 2005 年版。

吴晗

常君实编:《吴晗全集》,中国人民大学出版社 2009 年版。

宋连生:《吴晗的后二十年》,湖北人民出版社 2009 年版。

王宏志:《吴晗》,人民出版社 1987 年版。

王宏志主编:《怀念吴晗:百年诞辰纪念》,中国社会科学出版社 2009 年版。

刘光永:《清官梦:吴晗传》,浙江人民出版社 2005 年版。

王宏志:《吴晗画传》,团结出版社 2004 年版。

苏双碧、王宏志:《吴晗传》,上海人民出版社 1998 年版。

马紫梅:《时代之子吴晗》,中国社会科学出版社 1996 年版。

北京市历史学会编:《吴晗纪念文集》,北京出版社 1984 年版。

李又宁:《吴晗传》,香港明报出版社 1973 年版。

王西彦

王西彦:《王西彦选集》,四川文艺出版社 1986 年版。

王省新选编:《王西彦文集》,华夏出版社2000年版。
艾以等编:《王西彦研究资料》,北京十月文艺出版社1996年版。
王西彦:《王西彦全集》,上海人民出版社2012年版。

三、浙江社会文化相关文献

《浙江通史》,浙江人民出版社2005年版。
万斌主编:《浙江文化概论》,浙江人民出版社2010年版。
余德余:《浙江文化简史》,人民出版社2006年版。
卢敦基主编:《浙江历史文化研究》,浙江大学出版社2009年版。
胡学彦:《浙江:文化之邦》,浙江教育出版社1989年版。
沈善洪:《浙江文化史》,浙江大学出版社2009年版。
滕复:《浙江文化史》,浙江人民出版社1992年版。
吴光主编:《浙江文化史话丛书》,宁波出版社1999年版。
蒋祖怡:《浙江十大文化名人》,浙江人民出版社1987年版。
陈耀东等编:《浙籍文化名人评传》,浙江大学出版社2003年版。
《今日浙江》杂志社编:《浙江溯源》,2001年版。
潘正文:《两浙人文传统与百年浙江文学》,中国社会科学出版社2010年版。
李寿福等编:《浙江名人与世界文化》,杭州大学出版社1991年版。
浙江省衢州市政府编:《儒学与浙江文化》,中国广播电视出版社1993年版。
陈荣富:《浙江佛寺史话》,宁波出版社1999年版。
朱海滨:《近世浙江文化地理研究》,复旦大学出版社2011年版。
《徐霞客在浙江》,浙江教育出版社1998年版。
吕福新主编:《浙商人文精神》,中国发展出版社2008年版。
陈望衡:《越中名士文化论》,人民出版社2010年版。
朱志勇:《越文化精神论》,人民出版社2010年版。
田芳萌编:《浙江凭什么》,台海出版社2003年版。
祝兆炬:《越中人文精神研究》,百花洲文艺出版社2006年版。
卢敦基:《人龙文虎:陈亮传》,浙江人民出版社2006年版。

四、社会文化与思想史文献

朱熹:《四书章句集注》,中华书局 1983 年版。

王利器:《颜氏家训集解》(增补本),中华书局 1993 年版。

顾炎武:《日知录集释》,上海古籍出版社 2006 年版。

陈寅恪:《唐代政治史述论稿》,生活·读书·新知三联书店 2001 年版。

陈寅恪:《金明馆丛稿初编》,生活·读书·新知三联书店 2001 年版。

陈寅恪:《寒柳堂集》,生活·读书·新知三联书店 2001 年版。

牟宗三:《才性与玄理》,台湾学生书局 1985 年版。

余英时:《士与中国文化》,上海人民出版社 2003 年版。

余英时:《现代儒学的回顾与展望》,生活·读书·新知三联书店 2004 年版。

余英时:《朱熹的历史世界》,生活·读书·新知三联书店 2011 年版。

雷海宗:《中国的兵》,中华书局 2005 年版。

田余庆:《东晋门阀政治》,北京大学出版社 2005 年版。

宫崎市定:《九品官人法研究》,中华书局 2008 年版。

冯友兰:《中国哲学简史》,天津社会科学院出版社 2005 年版。

杨东莼:《中国学术史讲话》,江苏教育出版社 2005 年版。

闻一多:《唐诗杂论》,上海古籍出版社 1998 年版。

杨国强:《晚清的士人与世相》,生活·读书·新知三联书店 2008 年版。

钱杭:《中国宗族史研究入门》,复旦大学出版社 2009 年版。

侯仁之:《历史地理学的视野》,生活·读书·新知三联书店 2009 年版。

费孝通:《中国士绅》,赵旭东等译,生活·读书·新知三联书店 2009 年版。

本杰明·史华慈:《古代中国的思想世界》,程钢译,江苏人民出版社 2004 年版。

徐岱:《侠士道:金庸小说与中国精神》,北京大学出版社 2009 年版。

高彦颐:《闺塾师:明末清初江南的才女文化》,李志生译,江苏人民出版社 2005 年版。

乔纳森·德瓦尔德:《欧洲贵族:1400—1800》,姜德福译,商务印书馆 2008 年版。

彼得·伯克:《欧洲近代早期的大众文化》,杨豫、王海良译,上海人民出版社 2005 年版。

阿·德芒戎:《人文地理学问题》,葛以德译,商务印书馆 1993 年版。

后 记

作为中国改革开放三十年中经济发展最为活跃的地区之一,义乌早已声名远扬,举世瞩目。然而经济上快速发展的义乌在让人们印象深刻的同时,却在无意中遮蔽了一个更为深沉的“文化义乌”。

借助此次研究的契机,笔者得以走近义乌,第一次近距离地观察了义乌的社会、文化与历史传统。在大量文献资料的阅读中,一个钟灵毓秀、人文荟萃的“文化义乌”跃然纸上。在研究的过程中笔者逐渐感到,义乌的“文化软实力”同样不容小觑,它甚至成为义乌经济腾飞的内在动力。本书通过对义乌历史上志士仁人的考察来集中展示义乌式的人格特质与行事原则,以及其对义乌文化的贡献。本书也尝试突破单一的名人传记罗列,从文化的高度整体上把握义乌的名士传统。

本书系《义乌丛书》重大课题的子项目的最终成果。借此机会感谢义乌市志编辑部与浙江省社会科学院给予我们的充分信任。感谢省社科院的卢敦基先生与周静女士,如果没有他们的鼓励与支持,这项研究工作就不可能顺利展开。此外还要感谢义乌市志编辑部方锦沛老师的辛勤劳动,他对初稿的批评建议为本书的修改工作提供了很大帮助。

鉴于相关文献资料与时间精力上的限制,该课题尚存继续拓展的空间。相信随着义乌地方志研究的进一步深入,义乌名士文化资源将得到更多的发掘与充实。我们也期待在未来有进一步对此作修订与完善的机会,也真诚地希望聆听关心义乌文化发展的各界朋友的批评指正。

范 昀 陈圣荣

2013 年 6 月 1 日于杭州

图书在版编目(CIP)数据

义乌名士文化/义乌丛书编纂委员会编;范昀,陈圣荣著.—上海:上海人民出版社,2016
(义乌丛书)
ISBN 978-7-208-12273-4

Ⅰ.①义… Ⅱ.①义… ②范… ③陈… Ⅲ.①名人-人物研究-义乌市 Ⅳ.①K820.855.3

中国版本图书馆CIP数据核字(2014)第094425号

责任编辑 楼岚岚
封面设计 甘晓培

·义乌丛书·
义乌名士文化
义乌丛书编纂委员会 编
范 昀 陈圣荣 著
世纪出版集团
上海人民出版社出版
(200001 上海福建中路193号 www.ewen.co)
世纪出版集团发行中心发行 浙江新华数码印务有限公司印刷
开本 720×1000 1/16 印张 14 插页 3 字数 233,000
2016年8月第1版 2016年8月第1次印刷
ISBN 978-7-208-12273-4/K·2218
定价 48.00元